インタラクティブゼミナール

新しい多文化社会論

共に拓く共創・協働の時代

万城目正雄・川村千鶴子編著

edited by Masao Manjome and Chizuko Kawamura

Interactive Seminar : Co-Creation through Multicultural Synergy

東海大学出版部

Interactive Seminar : Co-Creation through Multicultural Synergy

edited by Masao MANJOME and Chizuko KAWAMURA
Tokai University Press, 2020
Printed in Japan
ISBN978-4-486-02187-2

はじめに

　2018年12月に出入国管理及び難民認定法（入管法）が改正され，2019年4月に施行された．この法改正を契機に，外国人材の受入れ拡大と受け入れた外国人との共生社会づくりに向けた政策が動き出した．

　本書は，外国人受入れをめぐる新しい政策展開を踏まえ，異なる文化的背景を持つ人々と共に拓く「共創・協働」の時代をキーワードに，これからの新しい多文化社会について，インタラクティブに学び，議論することを目的としている．

　そのため，本書では，出入国管理政策と改正入管法の基礎知識から国内・国外の多文化社会の実践例を交えた第Ⅰ部から第Ⅲ部までの3部の構成としている．多文化社会をめぐるテーマを，法学，政治学，社会学，経済学など学際的なアプローチから包括的に検討した15の章を用意した．

　第Ⅰ部では，「出入国管理政策と改正入管法の基礎知識」と題して，日本の出入国管理政策では，どのような政策が採用されているのか，新しい多文化社会を検討するための基礎知識となる制度・政策について解説・検討している．具体的には，2018年の改正入管法，在留外国人の人権と法，自治体の外国人住民政策と社会保障，留学生，日系人，技能実習生，特定技能外国人の受入れをめぐる個別具体的な政策課題が扱われている．

　第Ⅱ部は，「多文化『共創』社会の実践に向けた課題」についての議論である．外国人高齢者への健康支援とケアマネジメント，日本語教育，企業経営におけるダイバーシティ・マネジメント，共創の概念と地域社会・大学の役割に関する議論を通じて，「生活者」として，外国人も平等で安心して暮らせる多文化「共創」社会に向けた論点を整理し，問題を提起している．

　第Ⅲ部では，「海外での多文化『共創』から」と題して，諸外国の政策について議論している．アジア，中東，ヨーロッパ，アメリカでは，いかなる政策が採用され，どのような経験が積み重ねられてきたのだろうか，韓国，トルコ，ドイツ，アメリカにおける多文化社会の政策・実践例を紹介している．そして，これらの議論を踏まえ，終章では，日本における共に拓く共創・協働の時代の新しい多文化社会論を展開している．

本書の活用に当たっては，最初に，「インタラクティブゼミナールにようこそ！　本書の対象と活用術」を開いていただきたい．インタラクティブに多文化社会を検討する本書の使い方が紹介されている．

　多文化社会では，外国人との「共創・協働」を通じて，多様性が生み出す活力を，新しい価値の創出へと結び付けるための実践知と多文化社会の在り方を模索する複眼的理解とビジョンの共有が求められることとなろう．各章の解説・議論を通じて，多文化社会を形成する制度・政策を理解し，自ら課題を発見し，解決の方法を探ることを通じて，いかに外国人を受入れ，共創・協働を実践し，地域の担い手となり，架け橋となれるのか，多文化社会の創造に向けて，本書が，大学・自治体・企業・市民など，多くの人々とインタラクティブに語り合うテキストとして活用していただければ望外の幸せである．

　本書は，多文化社会研究会のメンバーが執筆に当たった．多文化社会研究会は，1989年の発足以来，30年間にわたり「共創・協働」をキーワードに多文化社会に関する領域横断的な学際的研究を積み重ねてきた．本書は，多文化社会研究会の30年の節目の年に発刊したものでもある．

　最後に，本書の編集・出版に当たっては東海大学出版部稲英史氏に大変お世話になった．また，田志口克己氏には企画に尽力していただいた．記して感謝の意を表したい．

2020年2月

万城目正雄

目　次

インタラクティブゼミナールにようこそ！
本書の対象と活用術

川村千鶴子

1．はじめに

　　　「最大の悲劇は悪人の圧政や残酷さではなく，善人の沈黙である」

　1963年，公民権運動の指導者マーチン・ルーサー・キング牧師がこのような警鐘を鳴らしてから，すでに半世紀がすぎた．日本には「善人の沈黙」に危機感を感じている意識の高い若者や中高年者が増えている．「無関心」ではいられない．世界地図を広げてみよう．世界各地で隣国同士の対立が絶えない．歴史的な感情，戦後補償を求める動き，領土問題や資源をめぐる争い，人権や環境問題に関するトラブルも大きなテロの被害もある．シリア危機から９年目を迎えた．紛争や迫害から7080万人もの人々が住みなれた故郷を追われている．世界の難民の数は第二次大戦後最大となった．難民の大多数が難民発生地域周辺国に集中し，難民滞在国のほとんどが開発途上国である．難民に関するグローバル・コンパクトが採択されるなど，紛争地から離れた国での積極的な難民受入れを含め，支援が議論されているが，日本の難民認定率は近年１％を切ったままだ．混迷と危機感が連鎖し，異質なものを排除しがちな不確実な時代に生きている．経済至上主義や自国中心主義が台頭し，他者への排外主義が叫ばれ，多文化主義は絵空事へと追いやられてしまう危機感もあった．
　先の見えない時代だからこそ，サイレント・マジョリティの仲間入りをしてはいけないと決意する意識の高い若者や社会人が増えている．国籍・民族・文化・宗教などの違いに起因する差別を取り除き，さらにさまざまな経路で学習歴格差，所得格差，健康格差，情報格差を生み，社会の分断を深めていることに気づきと危機感を持つ若者や社会人に出会う．

新しい多文化社会の創造とは，良い仕事と幸せな暮らしを求める海外の人々を惹き付け共創することができる日本社会の創造である．同時に，そのことが多言語化・多文化化している幼少期を海外ですごした日本人，国際結婚による日本国籍取得者とその子ども，帰化人など「日本国籍保有者」など多様な文化的背景を持った日本人が生き生きと暮らせる社会である．

　日本は今，多文化意識が地域の根底から生まれている歴史的な転換期にある．

　インタラクティブゼミナールの扉を開いてくださってありがとう！　インタラクティブとは，無関心の殻を破り，異論・反論も歓迎される関係性重視の対話空間だ．執筆陣は，国際政治学，法学，社会学，経営学，経済学，看護学，教育学，人類学，日本語教育などそれぞれ学際的専門性を持ちつつ本書の共創・協働に総力を結集した．移民政策と新しい多文化社会論は，与えられるものではない．基礎的知識を得て，誰もが主体的に関わる身近なテーマである．

2．本書の対象

　本書は，国際的な人の動きや移民政策を主体的に考えようとするあらゆる人を対象にしている．大学・高校・日本語学校・専門学校などの教育機関，医療機関，行政の方々を始め，零細企業や中小企業の経営者や従業員の方々や，自己実現を目指す外国人の方々にも読んでいただけるように工夫している．中小企業の現場で，農家の一室で，建設工事の事務所で，介護施設の一室で，ページをめくるごとに基礎的知識を整理し，対話が始まる．疑問を発し，自由闊達に議論してほしい．このようにインタラクティブゼミナールはノン・フォーマルな学び舎でも，家庭の中でもできる．多様な人々との偶発的な出会いを大切にしよう．対話が安心感を培い，意見交換から課題を整理してみよう．職場や生活の場が学び舎となれば，共創・協働は新たな価値を生み出すに違いない．

3．PBL（Project-Based Learning）とは何か

　大学の授業は，従来のような全国的に画一的な知識習得型の教育による教師の講義中心ではなくなった．PBL（Project-Based Learning）とは，「課題解決型学習」で，講義形式教育と一線を画している．PBL の起源は1960〜70年代

に北米で実施された医学教育にさかのぼる．PBL が医学教育で開発・実施された背景は，生物医学的知見が日進月歩で急速に拡大・革新することに対して，従来型の教育体系では対応できず，臨床医学的実践において新しい学びが必要とされたからである⁽¹⁾．今や，人手不足の介護施設・農家・建設現場・道路工事・ホテルなどで，外国人技能実習生や特定技能の外国人と共に働き，双方に成果をもたらす研修が必須である．大学，社会人，企業幹部など幅広い教育手法として確立された手法を，新入社員教育に実施される OJT（On the Job Training）において活用してみよう．技能実習生や留学生など参加者を中心とした多文化共創型人材開発，人材育成をデザインしてみよう．

４．OJT（On the Job Training）のデザインと多様性をいかす経営理念

国際社会に出て最初に受けた企業研修の楽しさは，生涯忘れないものである．多言語が飛び交う企業研修は多様な職場仲間を包摂し，グローバルな視座を広げて，アクティブ・ラーニング（Active Learning）の手法を取り入れている．多様性を活かす組織作りの第一歩である．幅広い教育手法として確立されてきた参加者中心の能動的学び（Participant Centered Learning）である．認知力，倫理的，社会的能力，教養，知識，経験を含めた汎用的能力の育成を図る．外国人と協働し，多様な人々と共に暮らし，いかにして幸福度の高い多文化社会を創っていくのか．中国・アセアン諸国・アフリカ諸国の人々と共にダイバーシティ経営が進む時代となった．

本書を読み進むにつれて抗しがたい議論が，続出するかもしれない．ファシリテーターは，異論・反論を排除せず，上手にハンドリングしてみよう．基礎知識の修得とリテラシーを共有し，参加者が共感と実践，対話と討論を通して，相互に当事者性を共有することにある．企業研修としても積極的な異文化接触と現実の問題発見・問題解決を通した体験型の学習方法（PBL）を取り入れていくことの意義は，地域の多様性に対応しつつ，普遍的な共創意識を育成する取組みに変えることができる．かつての日本の「国民教育」は，全国的に画一的で知識の習得重視であったが，新しい多文化社会は，「日本人性」の問い直しから始まる．グローバルな視点から多様な人々と価値を共創する．多様な人々の暮らす多文化社会に適応する「共創社会」を主眼とするカリキュラム改

革を必要としている．グローバル市民育成のための教育カリキュラムのニーズが高まり，中小企業や零細企業においても，外国人と共に働く経営理念が必要になった．グローバル市民の人生から，トランスナショナルな公共圏や親密圏の形成を学ぶことができる．それが多文化共創アクティブ・ラーニングの主眼である．多様性重視の学びが，想像力と創造力を伸ばすことに着目してきた．ビジネスの世界・教育機関・医療機関では，メディア・リテラシー，制度・法律の壁，医療の現場，労働と雇用制度，入管法と在留資格など複雑な問題を発見し，疑問視し，問題解決の道を拓く力を獲得する能力こそが求められる．「国とは何か」，「国境とは何か」，「国際法と国内法の関係性」，「国籍とは何か」など湧き上がる疑問に挑戦してみよう．それが，「多様性」を活力にする日本社会の形成を考える土壌を肥やすことになる．そうした人材育成の成果は，対症療法的でないビジョンある出入国管理政策と社会統合政策の基礎となりうる．出入国管理政策や社会統合政策は，一握りの専門家が決めることではない．内発的な移民政策は多様性にもまれて成長した若者こそが提言し推進できる政策なのである．

5．本書の活用術

（1）各章のキーワードに着目しよう．

調べてみると民族や国によって，その言葉の意味が微妙に違うこともある．それを見つけ出し議論することによってリテラシーを共有できる．

（2）学際的実践授業

多様な参加者，他学部，他大学他分野との学びを大切にする．人文科学，社会科学，理工，医・薬・看護・スポーツなど・他大学，留学生，企業や地域との協働と学びが可能である．IT機器を上手に利用して偏りのない多様な映像・動画を流してみよう[1]．

（3）CBL（Community Based Learning）によるフィールドワーク

当事者視点の涵養，他者理解の促進，現場での課題発見．PBLに加えて，地域との連携を重視するCBLにより持続可能な多文化社会への貢献を実践する．参加者の自律性を伸ばし，多様な社会への想像力や共感を養う．地域の国際交流イベント，図書館，博物館の見学と参画．交通機関，駅，医療機関など

公共施設の活用．報告を行いながら自己評価し，意見交換をしてみよう．地域に密着した実践活動が展開する．インタラクティブゼミナールの効果は，長期的な視野と生活の質の向上に繋がっている．

（4）オーラル・ヒストリー（OH：Oral History）とは，歴史に「生の声」を与える行為である．当事者の人生の「語り」を聴取し，当事者と対話する．ライフサイクルの視座を持ち，歴史的変遷を捉えてみると，過去・現在・未来を展望できるようになる．参加者相互の OH の聴取の結果を発表し合う．

（5）各章には複数のディスカッションテーマが示されている

対話的能動性とは，異論反論を恐れず，実践知を活かし，他者の発言から気付きを得る．共創的課題解決力を付け，格差の分断を防ぐ．多様な人々の協働と連携が新たな価値を創出するプロセスは，多様性の組織を進化させ，内発的社会統合のビジョンを萌芽させる．

（6）プレゼンテーション

明確な課題設定，確かな根拠に基づく分析，現実的・実効的な解決をいかにして提案できるだろうか．答えは1つではない．一人ひとりの創造性をあたたかく見守るインタラクティブゼミナールのあり方を検討してみよう．

（7）ITC（情報通信技術）の活用

情報の共有，記録，写真，モデル化，白地図や図表の作成，統計的分析など Study Skills の向上が欠かせない．テレビや新聞，雑誌などに対して，インタラクティブメディアとは Facebook や Twitter など情報伝達が双方向のメディアを意味している．SNS では情報を提供されるだけではなく，自分自身も情報提供者側に回る．技能実習生の大半は，スマホを駆使し，受入企業や監理団体のきめ細かい指導の成果は，インタラクティブメディアによって送出国にも寸時に伝達される．

6．持続可能な社会開発

近年，日本全国に「共創」を冠する学部やセンターが創設され，意欲的な学生たちが集っている(2)．それらの共創学部は，多文化共創アクティブ・ラーニングも着目している(3)．留学生，難民，障がい者，高齢者，LGBT，一人親家庭，無国籍者，無戸籍者など，実に多様な人々との出会いの中で多元価値

社会を形成している．多文化共創社会とは，相互ケアを通して幸福度の高い社会を創造する新しい多文化社会を目指している．

　国と自治体，企業，教育機関，医療機関，市民セクターの主体的協働が新たな「共創価値」を生み出している．法律や制度の壁，医療の現場，労働と雇用制度，入管法と在留資格など複雑な問題を発見し，疑問視し，問題解決力が求められている．多文化社会に湧き上がる疑問を議論する場は，大学や高校の教室から建設現場，工場や介護現場や農家の一室でも，外国人材を受け入れた研修会ができる．多様性を活力にする地域の人々と連携し，それぞれの文化的多様性を楽しみ，双方型日本語教育，災害時訓練，入管法・労働法などを理解するアクティブ・ラーニングが可能になった．

7．おわりに

　アジアで初めてのラグビーワールドカップが閉幕した．ラグビーの歴史・世界観・選手の国際移動から国際政治経済学の方法論を編み出す．相撲界ファンであれば，力士が日本国籍を取得して親方になったことから国籍取得と帰化について考えることもできる．音楽に没頭する若者は，音楽を通して多文化社会の形成を考える．料理好きな人はスローフードを探究し，フェアトレードのあり方を研究できる．オリンピック・パラリンピックでは，難民グループも参加しており難民とはどんな人なのかを考えるきっかけとなる．読者それぞれの個性をいかした方法論を自ら考えて実践して，新しい共創価値を共有しよう．在留外国人統計（2019年6月末）では，在留外国人総数は約190カ国・283万人，内，永住者と特別永住者を合わせて約110万人となり世代間サイクルも進んだ．かくして多文化社会は，同化から統合へのパラダイムチェンジを可能にし，共創価値を生み出すことになる．課題解決という目標に向かって参加者は意欲的に取り組むことができる．

　多文化社会研究とは，外国人の問題ではなく，実は日本人と日本社会の探究でもある．多様性を活力にして共創社会に貢献する知恵や実践力は，一方的に教えることではない．読者が，新しい多文化社会のあり方をデザインし，リーダーとなれば望外の喜びである[4]．

本書巻末資料の効果的な使い方

　本書の巻末資料には在留資格一覧（p. 245）から始まり，在留資格別在留外国人数の推移（p. 251）や都道府県別・在留資格別外国人労働者数の一覧（p. 254）などもある．読者の居住地域の推移に着目し，地域史年表を作成してみると，地域特性が浮き彫りになる．ぜひやってみよう！　実に地道な作業だが，統計データの解読は，地域を可視化し，議題発見の解決策に繋がる．共に働く外国人は，地域を支える大事な構成員であり，多文化共創社会とは，「持ちつ持たれつの社会」であることが明確になってくる．文化交流の蓄積と統計データを明晰化することは，多文化共創力と共創価値を生み出し，持続可能な新しい多文化社会論の構築に繋がるだろう．国際的な人の移動に関連する持続可能な開発目標（SDGs）が，身近なテーマとなり幸せな未来へのインタラクティブな対話が始まる．

＊　　　　　　＊　　　　　　＊

　本書の後見返しにはアジア福祉教育財団難民事業本部 RHQ が作成した『世界難民地図』がある．アフガニスタンとパキスタンに着目してみよう．（URL も参照）

　アフガニスタンの情勢不安が続き，パキスタンには約140万人以上のアフガン難民が避難生活を続けている．そしてアフガニスタンには210万人以上の国内避難民が生きている．

　2019年12月4日朝，アフガニスタン東部で襲撃された中村哲医師が亡くなられた．武力に頼らない平和を追求し，戦乱が続くアフガニスタンの地で人々の平和のために農業復活のために用水路をつくり，大地に緑を取り戻す活動を続けてこられた．辺境山岳部で医療活動や井戸掘り活動を続けてこられた中村氏の遺骨は，いずれ緑の大地に分骨されるという．

　「平和は目的ではなく結果でしかない．」

　読者はどのように受け止められたであろう．

　筆者も1970年にパキスタンのカラチの壮大な砂漠地帯で，餓死寸前の大勢の人々と遭遇したことがあった．ジープでその場を去って以来，彼らを置き去りにして国際協力や多文化社会論を論じることの虚しさと無力感を痛感してきた．

その痛みから，「国民国家」とか「日本人」というナショナル・アイデンティティを超越することを学ぶことができたと思う．

日本国籍を持っていながら異文化を内在する日本人が増加している．しかし，日本人の多様性を表出する統計資料がないことも指摘できる．

インタラクティブゼミナールでは，衝撃的な出会いの体験を語り合うことも大切だろう．人間は，人と人の間を生きていることを相互に実感できる．

注
（1）関西医科大学看護学部の授業では，講義（座学）→演習（技術演習）→臨地実習という流れでカリキュラムが組まれアクティブ・ラーニングの手法が取り入れられている．例えば①グループワークと発表，②シミュレーション学習，③ロールプレイング，④臨床現場における体験学習など．課外学習として，難民や外国人支援などを行っている団体や機関へ行き，現場の実践家や当事者の方を交えて意見交換を行う場を持つことも，学生にとって良い刺激になる．
（2）共創の時代を迎え「共創」を冠する学部．九州大学共創学部，愛媛大学社会共創学部，九州産業大学地域共創学部，大阪大学共創機構社学共創本部，広島大学総合科学部国際共創学科，浜松学院大学現代コミュニケーション学部地域共創学科，茨城大学人文社会科学部国際地域・共創メジャー，大分大学理工学部共創理工学科，崇城大学地域共創センター，芝浦工業大学地域共創センター，仁愛大学地域共創センターなど．
（3）2018年にスタートした九州大学共創学部の狙い（ホームページを参照）
　　①課題構想力：現実の問題に対応するため適切に課題を設定し，既存の学知を組み合わせて解決方策を模索する力．②協働実践力：構想した課題解決方策について他者と議論し，他者の知見や能力をも組み合わせる形で協働し，実現可能な解決方策を創造する力．③国際コミュニケーション力：課題が生じている現場で，解決策の実行のために多くの人にその内容を説明し，理解と協力を得る力．④共創的課題解決力：「共創」の理念を実現するために必要な，「能動的学習能力」，「課題構想力」，「協働実践力」，「国際コミュニケーション力」の4つの力を総合して実際の課題解決に取り組む力を培っている．
　　愛媛大学社会共創学部では，さまざまな地域社会の持続可能な発展のために，地域の人達と協働しながら，課題解決策を企画・立案することができ，地域社会を価値創造へと導く力を備えた人材を育成することを理念としている．
（4）一般財団法人自治体国際化協会多文化共生部多文化共生課では，2006年から地域の「日本人も外国人も共に暮らしやすいまちづくり」を目指し専門的知識を備えた人材を『多文化共生マネージャー』として認定し，多文化共生を推進する人材の育成や効果的な活用を支援してきた．2019年3月までに513名が認定を受けて活躍してきた．

第 I 部

出入国管理政策と改正入管法の基礎知識

神奈川県の全型メーカーで学ぶベトナム人技能実習生
（写真提供：株式会社リード技研）

第1章

入国管理とは何か
：日本の政策展開と2018年入管法改正

明石純一

1．はじめに

　入国管理は，その制度を備える国の対外的な開放性や閉鎖性を写し出す鏡のようなものである．自国籍を持たない，つまりは外国人と呼ばれる人々にとって，その国は入りやすいか，暮らしやすいか，学びやすいか，働きやすいか．はたまた，逃れやすいのか．渡航後，本人の行動の自由がどれほど許容されるのか．いかなる種類の権利が保障されるのか，または制限されるのか．どのような条件のもとで，母国の家族の呼び寄せや永住が認められるのか．

　このような一連の問いへの回答の多くは，当該国が定めるルールを知ることによって得られる．入国管理は，唯一ではないが根幹的なその1つであり，そこには，外国人に対する受入国政府のスタンスが凝縮されている．その基本的諸性質を学びつつ，日本の入国管理の歴史的変遷や2018年の入管法改正についての理解を深めることが，本章の目的である．

2．入国管理の諸性質

　入国管理には，国際慣習上，国家の裁量が広く認められている．とくに外国人に対して受入国政府が行使する影響力は大きい．入国（と再入国），滞在（とその更新），就労を含む諸活動の可否に加えて，収容や退去に至るまで，さまざまな局面において，当局は外国人を管理する．国民がその国籍国に入国（つまり帰国）する自由や，自国での滞在や就労を含む諸活動の権利が原則的に保障されているのとは対照的である．

　入国管理は，国家，国境，国民，国籍など，普段さほど強く意識されないも

図表1-1　外国人の法的地位をめぐる法源やルール

法源やルール	性質と内容例（主に日本を想定）
憲法	明文の規定は不在. ゆえに憲法解釈に委ねられる（文言説と性質説など）.
国際法／国際規範	難民条約加入による国内法制の整備. 移民や難民に関するグローバルコンパクト. 批准や履行状況.
各種法令	出入国管理及び難民認定法（国籍法など, その他関連する法律）, 政省令や告示などの行政立法.
基本計画やガイドライン	出入国在留管理基本計画や永住許可に関するガイドラインなど. 原則公開.
審査要領や行政通達	入国・在留審査要領など. 法令の解釈や執行の基準を示す. 原則非公開.
行政官の判断	在留資格の取得や更新許可の個々の判断. 羈束（きそく）行為と裁量行為が混じる. 後者の典型としては, 在留特別許可など.

出所：筆者作成

のを顕在化させる. つまり「国」という存在を際立たせる. 入国時に提示が求められるパスポート（旅券）やビザ（査証）の機能を想起してみよう. 個の身分をそれが属する国が証明し, 別の国がその身分を含め渡航の目的や滞在中の活動内容を了解することにより, 人の越境が可能となる. 主権に根差し, 受入国政府の専権事項である入国管理は, ゆえに今日の国際社会を基礎づけている仕組みである.

　入国管理にはこの種の普遍性があるとはいえ, そのルールは単層的ではない. さまざまなレベルの法源や規範が, 外国人の法的地位を直接的かつ間接的に規定する. 憲法, 各種国際法（やそれらの批准および履行状況）, 外国人の入国や滞在などを規定する法律や下位の法令, 基本計画やガイドラインのような取決め, 原則非公開の行政通達など, さらにはそれらを受けての現場での裁量的判断などにより, 入国管理の内容は複層的に決められる（図表1-1）. 同表には示していないが, 個別の行政判断に対する不服申立や, 訴訟や裁判に代表される司法手続なども, さらに敷衍すれば, 自治体の施策や非営利団体の（NPOなど）の支援活動といった地域社会の取組みもまた, 個々の外国人の境遇を左右する.

　国際レベルのルールにしても, 入国管理に関わるのは, 図表1-1にもある難民条約（および難民議定書）のようなハードローには限定されない. 例えば,

2018年12月に採択された移民や難民に関するグローバル・コンパクトといった法的拘束力を持たないソフトローもまた，国家がその国際合意を支持し，合意された志向性を自国の政策・法制度に取り入れるのであれば，有形無形の影響を同国の入国管理のあり様におよぼすだろう．本章で扱う日本は難民条約に加入しており，上述の2つのグローバル・コンパクトも支持している．一方で，こうした国際法や国際規範から距離を置くのであれば，その判断も，入国管理の性質に，つまりは当該国と外国人との関係性に作用する．

　また，入国管理が外国人を対象にしている以上，その外国人の多様性や例外性も考慮される．例えば，「外交官」という立場を持つ外国人に対して，「外交関係に関するウィーン条約」（1961年）は「特権」を認めており，当該外国人に対する特例措置を国内法で定めていることが常である．日本においては，在日米軍には「日米地位協定」（1960年）が適用される．在日韓国人には「日韓法的地位協定」（1965年）があった [1]．

　受入国は，国際慣習，そして固有の歴史的事情や政治的理由などを踏まえつつ，自国に入国しようとする，あるいは滞在している外国人を，目的ごとに分類し，異なる法的地位を付している．日本では在留資格（キーワード解説1）と呼ばれる制度をもとに，その入国，滞在，就労，家族呼び寄せの可否，また，永住の可能性やその条件について，対象が細分化されている．このように入国管理は，国民と外国人の違いのみならず，外国人の間に差異を作り出す．

　さらに入国管理は，上に述べたような多層性と共に，関係性からも理解されるべきであろう．入国管理は，必ずしも自己完結的な法執行領域ではない．他の政策領域とリンクし，互いに干渉し合いながら，その方向性や中身が定まっていく．図表1-2は，それを示した概念図である．

　入国管理は，物理的な意味では，外国人の出入国，在留，活動を制御する一連の手続きである．しかし冒頭に述べたように，入国管理がその国の対外的姿勢の一部でありえる以上，外交政策の側面を持つ．海外から人を招き入れるということは，自文化の伝達や異文化との接触を促す以上，文化政策の一環でもあろう．難民の受入れは，外交性を帯びた人権・人道分野の政策である．外国からの働き手の受入れは，経済力や生産性の向上に資すると同時に，国内労働者に影響をおよぼしうるという意味で，国内産業そして雇用と関係する．労働者の移動はサービス貿易の一種であるから，入国管理と通商政策は切り離せな

図表1-2　入国管理と他の政策領域
出所：筆者作成

い間柄にある．また，入国管理は，治安や安全保障の性格を備えている．移住先に永住し国籍を取得する人々もいる．つまり人口政策的な要素を多分に有する．ホスト国の言語や教育分野の政策に無縁ということはありえない．図には触れていないが，入国管理は観光政策と不可分の関係にある．

　こうした多面性は，政策立案者に悩ましい状況をもたらす．一例をあげれば，留学生や研究者の海外からの受入れは，学術交流を促し受入国のソフトパワーの増強に資するが，同時に，国のハードパワーの源泉である最先端の技術や知識の国際流出に転じるかもしれない．ゆえに国益にとっては両義的な方策である．ならば入国管理に関わる政策は，どのような力学のもと立案され，実施されるのか．その過程が可視化されることは多くはないが，さまざまな政策的関心や利害の調整により入国管理は実質化する．そこには，国家主権，市場原理，時には人権規範が複雑に絡み合う動態的な性質が見出せる．そして，時の国内事情や国際情勢いかんで，形成される争点や優先される論理が変化する．

3．戦後日本の入国管理の展開

　前節の最後に述べた「優先される論理」というものを日本の事例にあてはめ

てみよう．現代の日本の入国管理には，人手不足を軽減，解消すべく海外から労働力を確保するという論理が，いうなれば産業的な事情が，かつてに比べて色濃く反映されている，と説明できるだろう．事実，近年の日本には，働くことを目的として入国，滞在する外国人の数が増えている．日本側が，彼（女）らを招き入れているともいえる．

　外国人の受入れをめぐる戦後の日本の政策展開を振り返ると，便宜的に，4つの期間に分類できるであろう．海外からの労働者の受入れに無関心，あるいは消極的であった昭和期（とくに戦後期），公的な方針としては慎重でありつつも，受入れの枠組みが整え始められた平成前期，受入れのルートが拡張，多様化した平成後期，そして新在留資格「特定技能」での受入れが始まる令和期である．本節では始めの3つの時期，次節では最後の1つを扱う．

　戦後期の日本における入国管理の対象，すなわち外国人と呼ばれる人々の大半は，久しく，もとは日本国籍を有していた在日コリアンを主とする永住者であった．「オールドカマー」と呼ばれるグループである．入国管理の中身はといえば，彼（女）らの在留面での管理がもっぱらであった．1989年，つまり平成元年12月における入管法改正（翌年施行）や関連する制度整備は，外国人が日本で就労するルートを拡充した．結果として，南米から来日した日系三世やアジア出身の研修生，その後には技能実習生が日本の労働市場に参入する．

　1991年には入管特例法が施行されていたことを思い返してみたい．この法は，オールドカマーを，一般の入国管理から外すものであった．そして日本の入国管理は，文字通りの入国管理へと変貌していく．実際のところ，オールドカマーは，平成に入った時点ではなお，日本に暮らす100万人ほどの外国人の過半数を占めていた．しかしやがてオールドカマーとニューカマーの数は拮抗し，1990年代には前者が後者に逆転されている．そして俗に「ニューカマー」と称される彼（女）らは，平成前期の1990年代以降長らく，日本で働く外国人を代表するのである．

　なお2009年には，「新しい在留資格制度」の導入を含む改正入管法が成立している．「外国人登録制度」（キーワード解説2）の廃止と共に，その3年後の2012年に導入された「在留カード」は，オールドカマーには適用されない．入国管理の対象の「新旧交代」がここに完成をみたともいえるし，ニューカマーもまた，当局の意識の中で，在留管理の本格的な対象とされたともいえる．

図表1-3　外国人の就労に関する近年の政策動向

政策項目・対象	安倍政権以前の動向・対応	安倍政権期の動向・対応
高度人材	2012年に外国人高度人材ポイント制を導入.	2013年にポイント制の要件など見直し. 2014年改正入管法により在留資格「高度専門職」新設 (2015年). 日本版グリーンカード導入 (2017年).
技能実習制度	2010年に独立の在留資格として成立, 在留期間は3年まで.	技能実習に関する新法制定により, 最大5年までの受入れが可能に.「介護」を対象職種に追加.
介護	該当する就労資格はなし. 技能実習の対象職種としては認められず.	2016年改正入管法により, 在留資格「介護」の新設. 技能実習の対象にも加えられる (上欄). 2018年改正入管法により新設された特定技能1号の対象.
EPA (経済連携協定)	2008年インドネシア, 翌年はフィリピンから.	2014年にベトナムが追加.
特区制度	研修生, 技能実習生, 情報処理技術者, 研究者などの受入れに関する特例措置.	特区における家事支援人材, 創業人材の受入れ開始. クールジャパン関連事業 (外国人海外需要開拓支援など活動促進事業), 農業分野 (農業支援外国人受入事業), 金融・フィンテック分野での受入れ.
留学生	30万人計画, 就職活動のための滞在の許可.	企業とのマッチング推進 (「外国人材活躍推進プログラム」). 就職率向上のための要件の緩和.
その他	その他	日系四世の受入れ (2018年). 日本料理海外普及人材育成事業や製造業外国人従業員受入事業.

出所：筆者作成

　上の制度変更をみた2012年は, その末に, 安倍第二次内閣が発足した年であった. 同政権下の政策展開は, 外国人の就労に関して入国管理上の条件緩和が進んだという点で特徴的である. 個別の動向について解説する紙幅はここにないが, 図表1-3から, 受入れルートの多様化が顕著に進んだ平成後期の状況がみてとれる.

　その背景は何か. 2013年における2020年オリンピック・パラリンピック東京開催の決定は, 景気回復や失業率の低下と共に, 外国人労働者の受入れが政策的に進められた誘因として指摘できる. さっそく2014年には建設分野にて「受入れ緊急措置」がなされ, 翌2015年の「日本再興戦略改訂2015」では,「経済・社会基盤の持続可能性」のための外国人の受入れという発想が示された. この年には「技能実習法案」が提出され, 後年成立している. 今の技能実習生

には，条件付きではあるが，最長5年間の日本での就労が認められている．

　2016年には自民党が「『共生の時代』に向けた外国人労働者受入れの基本的考え方」をまとめている．この方針は，日本の従前の「慎重」な受入れの見直しを迫るものであった．それに応じるかのように，同年の入管法改正により在留資格「介護」が新設され，翌2017年には技能実習の対象職種としても「介護」が追加された．つまり現政権下の受入れ政策は，日本の景気や人手不足に順応的に立案，実施されてきた．それが一種の完成をみたのが，改正入管法が成立し施行された2018年末から翌年，すなわち令和元年にかけてである．

4．新時代「令和」の入国管理：2018年入管法改正

　2018年の入管法改正はしかし，よく指摘されるように，歴史的な政策転換といえるのだろうか[2]．こうした問いへの回答を考える作業もまた，日本の入国管理の実質的な理解を深める上で有用である．具体的には，同改正により新設された在留資格「特定技能」（キーワード解説3）の1号を中心に，上述の入管法改正の日本社会への影響を考えてみよう．

　まず，「歴史的な政策展開」ではないという主張が成立するとすれば，その根拠は，「特定技能」導入の定量的効果に求められる．2018年入管法改正は，上の在留資格のもと，5年間で上限34.5万人の外国出身の働き手を増加させうる．しかし直近の外国人労働者の増加分は1年間で18万人であることを考えると，在留資格「特定技能」の1号を経て5年間で受け入れる数の半数が，同在留資格の導入前の1年間で増えているという計算になる．しかも34.5万人という数字は，同在留資格における入国者総数の上限である．滞在は上限で5年とされているから，当初は増える一途であったとしても，年を経て日本からの出国者も同様に増える．その結果，長期的にみれば，その就労者数の増加率は鈍るかもしれない．さらに，2019年12月時点で就業者数が6700万人を超える日本の労働市場の規模を念頭に置くならば，同改正で増える新規労働者の参入がおよぼしうるマクロレベルでの影響は限定的である．すなわち，国家経済全体からは局所的なインパクトに留まる．

　一方で，今回の入管法改正は，やはり大きな転機であるという見方も妥当性を有する．同改正により，労働力不足を理由とした海外からの働き手の受入れ

が容認された．日本は従来の立場から決別をはたしたのであり，この点は強調されてもよいだろう．言い直せば，古くは日系三世，研修生，技能実習生などの受入れにより「サイドドア」と揶揄されてきた日本の外国人労働者政策の「正常化」の初動プロセスとして，2018年の入管法改正には歴史的な転機としての意味がある．企業や事業主にとっては，2018年入管法改正による「特定技能」の新設により，これまで表立って認められていなかった分野において，外国人を雇うことが法令によって正式な手段とされ，何ら変則的・例外的な人材確保の手法ではなくなった．

さらに，「特定技能」による受入れが長期的には拡大運用される可能性もある．日本の外国人労働者の代名詞ともいえる技能実習生の受入れの過去を振り返ると，受入れを認める産業や職種，人数，期間，そのすべてが拡張している．このような展開が「特定技能」に限って現れないといえるだろうか．今後の状況如何により，この在留資格が大きく「化ける」可能性は否定できない．ちなみに，2008年に始まった経済連携協定（EPA）での看護・介護分野での外国人の受入れ（コラム1参照），2012年に導入された高度人材ポイント制，2018年の「日系四世の更なる受入制度」など，受入れに関する条件緩和や拡大運用がなされてきたのは，技能実習制度に限ったことではない．

5．おわりに

本章では，第一に入国管理の原理や性質，第二に戦後日本の入国管理の今日に至るまでの変遷，第三にその「転換」とされた2018年入管法改正について，とくに新在留資格「特定技能」を中心に整理し，論点をまとめてきた．三点目の入管法改正についていえば，その全体の政策的含意や日本社会への影響の検証が今後待たれる．本章では，時勢を鑑みて，日本における外国人の就労をめぐる政策・法制度に対して比較的多く言及してきたが，それは，入国管理を構成する重要ながらも1つの要素にすぎないことに留意したい．

本章では一部を除き触れていないが，入国管理の名が付かないまでも，入国管理が対象とする外国人を取り巻く社会環境に作用する他の政策・法制度面での政府の取組みの例は，近年の日本では事欠かない．例えば，2016年の「ヘイトスピーチ対策法」や「技能実習法」，2019年の「日本語教育推進法」といっ

た新法の成立があげられる⁽³⁾. 2018年入管法改正と同年同月に示された「外国人材受入れ・共生のための総合的対応策」にも，200億円以上の予算配分がなされ，その効果が注視されている.

　結局のところ，入国管理は，外国人という存在を第一義的な対象としつつも，他の多くの政策と連動することで，大げさにいえば，国や社会のグランドデザインに関わっている．ひいては，受入国の対外的イメージや国際社会でのポジションにも結び付く．こうした性質は，入国管理の役割と機能を俯瞰的かつ多角的に理解することの重要さを，国境を越える人の移動・移住が活発化している現代に生きる私たちに，改めて気付かせるのである.

注
（1）協定実施のために同年「入管特別法」が制定されている．この法の対象とならない新世代の誕生といった背景や，朝鮮籍や台湾籍との差の解消の必要性から，1991年には「入管特例法（日本国との平和条約に基づき日本の国籍を離脱した者等の出入国管理に関する特例法）」が成立している.
（2）同改正とあわせて，「法務省設置法の一部を改正する法律」も改正され，翌2019年4月に法務省の入国管理局は同省の外局である出入国在留管理庁に格上げされている．もっとも，従前の入国管理局の業務にも在留管理は含まれている.
（3）各法の正式名称は，それぞれ「本邦外出身者に対する不当な差別的言動の解消に向けた取組の推進に関する法律」，「外国人の技能実習の適正な実施及び技能実習生の保護に関する法律」，「日本語教育の推進に関する法律」である.

参考文献一覧
明石純一（2010）『入国管理政策：「1990年体制」の成立と展開』ナカニシヤ出版.
大久保史郎ほか編（2017）『人の国際移動と現代日本の法：人身取引，外国人労働，入管法制』日本評論社.
髙宅茂・瀧川修吾（2018）『外国人の受入れと日本社会』日本加除出版.

事前学習の内容

1．日本の入国管理の基本的方針について，参考文献や，法務省の『入管白書』・『基本計画』といった政府資料を読み，その内容を整理する．政府資料については，ウェブ（法務省出入国在留管理庁）から入手する．
2．日本の入国管理に関係するさまざまなルールを調べる．上と同様にウェブから関係資料を入手する．
3．2018年の入管法改正に言及した新聞記事などを複数集め，異なる意見や評価を整理し，照らし合わせる．

ディスカッションテーマ，ロールプレイのテーマ

1．事前学習で取り上げた資料の内容に基づき，日本の入国管理が歴史的にどのように変化してきたのか，なぜ変化してきたのかを考える．
2．ある外国人の入国・滞在を促し，別の外国人の入国・滞在を制約するルールには，どのような理由や根拠があるのか．政府の主張・見解の妥当性について考察する．
3．受入国の政策立案者，さまざまな省庁，企業経営者（大企業と中小零細企業），労働者（国民），当事者である外国人などの立場を想定し，ロールプレイを試みる．さまざまな立場から，どのような政策であれば満足できるか，合意に達することができるか，議論や交渉を行う．

キーワード解説

1．「在留資格」
　これを取得することで，外国人は日本に合法的に滞在することができる．入国するために必要な査証（ビザ）とは異なる．入管法に規定されており，就労の内容などが定められている資格や，活動に制限のない資格など，合せて29種類ある（2019年8月現在）．巻末資料に一覧があるので参照のこと．なお，在日米軍やその家族は適用外である．

2．「外国人登録」
　戦後長らく，外国人（外交官などを除く）の居住や身分関係の把握のために，市区町村により実施されていた制度．「在留カード」の導入に伴い廃止されて

いる．かつては指紋の登録が義務づけられており，違反者に対する罰則規定もあったが，2000年に全廃された．

3.「特定技能」

1号と2号に分かれている．前者では，人手不足が深刻と目される14の職種において，技能実習2号を修了した外国人や，技能および日本語試験を合格した外国人の雇用が可能となる．「特定技能」の2号では，現時点のところ，建設や造船・船用工業での就労しか認められない．雇用を前提とするが滞在上限が課されておらず，条件によっては家族滞在も認められる．

日本における EPA 外国人看護師・介護福祉士の受入れ

村雲和美

　日本では，2008年より経済連携協定（Economic Partnership Agreement，以下 EPA）による外国人看護師・介護福祉士の受入れが始まった．日本政府（外務省）によれば，EPA は，「貿易の自由化に加え，投資，人の移動，知的財産の保護や競争政策におけるルール作り，様々な分野での協力の要素等を含む，幅広い経済関係の強化を目的とする協定」であり，今現在10を超える国と締結している．

　日本において EPA の枠組みで看護師・介護福祉士を受け入れている国は，2008年より始まったインドネシア，翌年からのフィリピン，2014年に受入れが開始されたベトナムの三国である．毎年，母国の看護師資格など一定の要件を満たす外国人が，日本の看護師・介護福祉士の国家資格取得を目的に来日する．これら三国から，看護師200名，介護福祉士300名の合計500名までを上限として受け入れている．厚生労働省によると，2018年8月現在で受入れ累計は5600人を超えた．

　彼（女）らは，1年間の日本語研修を受けた後，受入れ病院・介護施設において就労しながら国家試験の勉強をしている．滞在期間には制限があり，看護師は3年，介護福祉士は4年が上限である．原則，滞在期間中に国家試験に合格できなければ母国に帰国する決まりであるが，不合格の場合でも，条件付きで，1年までの延長滞在や，2018年12月の入管法改正により新設された「特定技能」の1号への移行が認められるようになっている．

　こうした対応からも，EPA の枠組みでの受入れは今後も持続することが予想される．2019年6月に筆者がインドネシア・ジャカルタで調査をした際には，看護師候補者38名，介護福祉士候補者300名の合計338名が訪日前のオリエンテーションを受けていた．日本で働くという夢や，国家試験に合格する強い意志を持つ人々である．「日本でこれまでの仕事内容を役立てたい．自身のキャリアを日本で形成し，将来は日本で住みたい」という希望に燃え，目を輝かして話す彼（女）らの姿が強く印象に残っている．インドネシア政府も日本政府に対して自国のとくに介護福祉士候補者のさらなる受入れ増員を希望しており，これまでの EPA の枠組みを評価している．

しかし課題はある．その1つとして，国家試験の合格率があげられる．2019年のEPA看護師の合格率は17.7％であった．EPA以外の全体の合格率は91.0％であり，両者の数字はかけ離れている．また，同年のEPAの介護福祉士は50.7％の合格率であった．EPA以外の全体の合格率は70.8％であり，看護師試験ほどではないが，それにしても大きな差がある．理由の1つは，外国人看護師・介護福祉士の候補者を受け入れる病院や介護施設の国家試験までの対応がさまざまだからである．学習支援や就労環境が劣悪であったり，看護や介護の就労以外を強要したりする病院や介護施設の存在も残念ながら報告されている．もちろん，受入れのお手本となる病院や施設もある．さらに，帰国した不合格者に対して再受験を支援する自治体もある．

　それでも，EPAの枠組みで来日する看護師・介護福祉士候補者の存在は，今もあまり知られていないのが実情である．本コラムを読んで初めて知る読者もいるかもしれない．しかしすでにEPAでの受入れ開始から10年がすぎた．自分や家族が入院・入所したときに外国人看護師・介護福祉士がケアしてくれたら，そして彼（女）らがインドネシア，フィリピン，ベトナム出身者であったら，EPAの枠組みで来日し狭き門の国家試験に合格したか，合格を目指す人かもしれない．日本の医療や介護を支える外国人看護師・介護福祉士は，この先の日本でますます身近な存在になっていくだろう．

第2章

日本に在留する外国人の人権*

秋山　肇

1．はじめに

　2018年末現在，法務省によると日本には過去最高となる273万1093人の外国人が在留している [1]．日本に在留する外国人にはどのような権利が保障されているのだろうか．日本を含め多くの国において，人権は法により保障されている．その一方で，法と現実は異なることがあるため，外国人に保障される権利を明らかにするためには，法と現実双方の分析が必要である．本章では，法的にどのような権利が日本に在留する外国人に保障されており，現実にどのような課題があるのかを概観する．

　本章の目標は，外国人の人権保障に関する法と現実を学び，今後の外国人の人権保障について考えることである．第一に，権利と法の関係を歴史的な展開を踏まえて紹介する．法学を学んだ経験のない読者も理解が進むように，法の基本から解説する．第二に，日本国民と外国人では保障される権利が異なることを踏まえ，外国人と対比するために，まず日本国民に保障される権利を概観し，日本国籍の取得方法を紹介する．第三に国内法における外国人の権利を，第四に国際法における外国人の権利を，それぞれ法規定の観点から分析する．第五に，外国人が抱える人権問題の論点を法規定と現実の両面から分析し，外国人の人権保障のあり方について検討する．

＊本章の草稿に有益なコメントをくださった中村安菜准教授（日本女子体育大学）に感謝申し上げる．

2．人権と法

（1）人権とは何か

　人権とは何であろうか．一般的には人が人であることにより，生まれながらに有する権利といわれる．すなわち外国人を含め，人であれば誰にでも認められるべき権利が人権である．では具体的にどのような権利が人権となりうるのだろうか．さまざまな考え方があるがここでは，国家と権利の関係性に基づく区分を紹介する[2]．第一に，個人が自由な意思を持ち活動する権利，自由権である．国家から干渉されない権利であり，「国家からの自由」と呼ばれる．第二に，政治に参加できる権利，参政権である．立法府である国会では政治家が議論を行い，国内で施行される法を制定している．法は個人を拘束するため，立法への関与は個人の権利を守るために重要である．議員や首長を選ぶ選挙権および自らが議員や首長に立候補する被選挙権を合わせて参政権と呼ばれる．国家に関与する権利であり，「国家への自由」と呼ばれる．第三に，人間らしい社会的な生活を送る権利，社会権である．生活が困窮している際に食料，衣服などの補助を受けられる権利である．国家に個人領域への積極的な関与を求める権利であり，「国家による自由」と呼ばれる．

（2）法と人権の関連

　では，法は人権とどのような関連があるのだろうか．法の機能として個人と国家の権利義務関係の規律があげられるが，人権保障はその一例である．ここで重要なのは，一般的に人権保障の主体は国家であると考えられている点である．その基盤となるのが，国家は正統な（legitimate）暴力を独占しているとの理解である[3]．例えば国内法の立法は各国の立法府で行われ，法律違反を取り締まる警察が存在する．私人が勝手に「立法行為」を行い，その違反を取り締まることは認められていない．すなわち，国家は正統な暴力を独占しているのである．

　人権思想の展開により，正統な暴力を独占している国家が人権を保障する主体として認識されるようになった．歴史的にはしばしば，国家が人権侵害を引き起こしていた．例えば18世紀までフランスでは王が主権を有し，個人は王の

所有物であると考えられていた．この時代に王政を批判する者は逮捕された．
そこでフランス市民は自らの人権保障を要請するため立ち上がり，フランス革命によって王を失脚させた．イギリスやアメリカでも人権思想が発展し，のちに人権思想は国際的な広がりをみせた．その結果，各国の主権者は王から国民に変化した．そして国家による人権保障の装置として法が位置付けられるようになり，国家が人権保障の主体となった[4]．法による人権保障とは，人権侵害となりうる状況を防ぐ法を制定し，国家に人権保障の義務を課すことなのである．

　法には国内法と国際法の2種類がある．国内法は，一国内のみで効力を有する．すなわち，日本の国内法は日本国内のみで効力を有する．日本において国内法は，「唯一の立法機関」である国会で審議され制定される[5]．日本の国内法でもっとも重要なのは，第二次世界大戦終了後の1947年に施行された日本国憲法であり，憲法に反する国内法は無効である．基本的人権の尊重は日本国憲法の1つの柱であり[6]，これに基づいて憲法や法律に人権規定がある．日本政府は国内法が規定する人権を保障する義務を負う．

　国際法は国際社会における法であり，主に慣習法および条約により構成される．複数の国に拘束力がおよぶ点が国際法の特徴である．第二次世界大戦後，人権問題が国際的に注目され，国際法が人権に関する規定を置くようになった．国際法といっても，すべての国家を拘束するとは限らない．多くの国家がある慣行を行っており[7]，それが法的に要請されていると信じて行っている場合[8]，慣習法が確立しているといわれる．慣習法は基本的にすべての国家を拘束する．しかし本章で主に取り上げる条約は，当該条約に拘束されることに同意した「締約国」しか法的に拘束しない．よって日本は，自国が拘束されることに同意した条約にしか拘束されない．日本は，市民的および政治的権利に関する国際規約（自由権規約），経済的，社会的および文化的権利に関する国際規約（社会権規約），子どもの権利条約等の締約国であり，日本政府はこれらの条約を履行する義務を有する．

　法規定は問題発生前に規範を設定するため，問題が起きた際に，事実認定や法規定の解釈など，法の適用について改めて検討する必要がある．この役割を担うのが裁判所である．国内法に関しては日本の裁判所が法規定の解釈を行っている．国際人権法に関しては条約ごとに，当該条約を監督する委員会が設け

られ，権威的な解釈を行っている．本章では日本の裁判所や条約の委員会の見解を参照し，外国人に認められる権利を明らかにする．

　国際法が人権保障を規定しているとはいえ，人権保障の主体は国家である．よって，日本の裁判所の見解が日本における人権保障のために重要である．しかし，日本の裁判所は必ずしも国際法を援用して判断を行っていない [9]．そのため，国際法で人権が規定されることと，国家による人権保障は別個の問題である点には留意が必要である [10]．

3．「日本国民」と「外国人」

　人権はすべての人に保障されるべき権利であるが，現実には国籍により人権保障の程度が異なる．まず日本における日本国民と外国人の定義を確認しておこう．日本国籍を有する人を，日本国民と呼ぶ [11]．そして，日本国籍を有していない人を外国人と呼ぶ [12]．

　日本において日本国民には，広範な権利が認められている．まず，日本に入国する権利が認められていると考えられ，国際条約である自由権規約でもこの権利が保障されている [13]．また，日本国憲法第3章「国民の権利及び義務」，すなわち第10条から第40条に規定される権利は基本的にすべてが日本国民に認められる [14]．自由権では，身体の自由や，思想・良心の自由，信教の自由，学問の自由，表現の自由，集会・結社の自由，公務就任権を含む職業選択の自由等が保障されている [15]．参政権では，年齢制限等があるものの，選挙権と被選挙権が保障されている．社会権では，生存権，教育を受ける権利，労働基本権等が保障されている．

　では，誰が日本国籍を有するのだろうか．まず，日本国民を父もしくは母に持つ子は，日本国籍を取得する．また，日本で出生し，父母が共に不明である，もしくは無国籍である場合も，日本国籍を取得する [16]．これらは出生時の自動的な国籍取得である．この他に，帰化により出生後に日本国籍を取得することもある．例えばどの国籍も取得せず日本で出生し [17]，3年以上日本に住所がある子どもは，素行が善良であるなどの要件を満たせば，日本への帰化申請が可能になる [18]．また，5年以上日本で生活していれば，他の要件を満たすことで日本への帰化申請が可能になる [19]．ただ，帰化は法務大臣の裁量であ

り，帰化申請により日本国籍を取得できるとは限らず，出生時の自動的な国籍取得とは性質が異なる．「外国人」であった人も帰化により日本国民としての権利を保障される[20]．

4．国内法における外国人の権利：法規定の観点から

（1）外国人一般に認められる権利と認められない権利

　憲法第3章は「国民の権利及び義務」を規定しているが，日本国民のみに保障される権利のリストではない．1978年のマクリーン判決で最高裁判所は，「基本的人権の保障は，権利の性質上日本国民のみを対象としていると解されるものを除き，わが国に在留する外国人に対しても等しく及ぶ」とした[21]．よって国内法においては原則，外国人に日本国民と同様の権利が認められるものの，「権利の性質上日本国民のみを対象としていると解される」権利は保障されない．

　在留資格およびその有無によって認められる権利は異なるが，外国人一般に認められない権利として主に，入国・在留の権利，参政権があげられる．日本国民が日本に入国する権利は認められている一方で，外国人が日本に入国する権利は認められていない[22]．

　参政権も，外国人には保障されない．憲法の原則の1つは国民主権であり，国民のみに保障されている国政参政権はその例である[23]．よって，外国人は国政選挙での投票や，国政選挙への立候補ができない．地方選挙についても選挙権や被選挙権は，国民のみに認められている[24]．ただ，今後「永住者等」の在留資格を有する外国人に地方参政権を認める法改正を行うことは憲法上禁止されていないとの最高裁の見解がある[25]．

　また，憲法上の自由権および社会権のすべてが外国人に保障されるわけではない．自由権に関する問題としては，入国時の指紋や顔写真などの個人情報の採取，職業選択の自由の一類型である公務就任権があげられる．2001年の米国同時多発テロを契機として，2006年以降，特別永住者や「外交」，「公用」の在留資格を持つ者以外の16歳以上の外国人について，入国の際に指紋や写真などの個人識別情報の提出が求められている[26]．これがプライバシーの権利に反するとの指摘もある[27]．また，公務員は国家権力を行使していると考えられ，

外国人の公務就任権には一定の制限がある．しかし技術的な労務に従事するなど，「国家意思の形成」に必ずしも影響をおよぼさない公務員に外国人が就任することは認められると考えられている⁽²⁸⁾．

　社会権に関する問題としては，生活保護および教育権があげられる．生活保護とは，生活に困窮する人に「健康で文化的な生活水準を維持する」ための最低限度の生活が保障される制度である⁽²⁹⁾．この対象は「国民」であり，法的には日本国民のみが生活保護の対象となっている⁽³⁰⁾．教育権についても憲法第26条第1項は，「国民」の教育を受ける権利を規定しており，法的に外国人は教育権の主体とみなされていない⁽³¹⁾．

（2）在留資格およびその有無によって異なる権利

　上記に加え，在留資格およびその有無によって，さらに権利が制限されることがある．日本に滞在する外国人は認められる権利が制限される度合いによって，「永住者等」,「その他の正規滞在者」,「非正規滞在者」に分けることができる．「永住者等」は制限される権利がもっとも少なく，「非正規滞在者」は制限される権利がもっとも多い．

　ここで「永住者等」とは，日本の旧植民地出身者で，終戦前から日本国内に滞在していた人およびその子孫である「特別永住者」,日本国民の配偶者もしくは日本国民の子として出生した人等である「日本人の配偶者等」,法務大臣により永住を認められた「永住者」,永住者の配偶者もしくは永住者の子として日本で出生した人である「永住者の配偶者等」,法務大臣が居住を認めた日系三世などの「定住者」を指す．「特別永住者」および「永住者」に在留期限はないが，その他の3つの在留資格には最長5年の在留期限がある．「永住者等」は，本人の身分をもとに在留資格が認められているため，「身分又は地位に基づく在留資格」という．これらの在留資格を有する外国人には，外国人一般に制限される権利以外，とくに制限はみられない．

　「その他の正規滞在者」とは，「永住者等」以外の在留資格を有する外国人を指す．2019年8月現在，その他の在留資格は25存在する⁽³²⁾．「永住者等」と「その他の正規滞在者」は，双方とも日本での滞在を政府が認めたことを示す在留資格を有しているが，「その他の正規滞在者」は「活動に基づく在留資格」であることが「永住者等」と異なる．この違いが制限される権利にも関係

している.「その他の正規滞在者」が日本に入国する際には，入国の目的に応じて1つの在留資格が付与される. 就労活動は基本的に，在留資格によって認められた範囲しか行うことができない[33]. 日本における職業選択の自由が制限されていると議論することもできよう.

「非正規滞在者」とは，どの在留資格も有さず日本国内に滞在している外国人を指す.「非正規滞在者」にはさまざまな背景を持つ人がいる[34]. 有効なパスポートおよび日本政府による有効な上陸許可の証印を保持しないで日本に滞在すると，収容所に収容され，退去強制となる可能性がある. これは人身の自由を制限する. 収容の結果として，居住・移転の自由や，職業選択の自由，教育を受ける権利等が否定され，重大な人権侵害をもたらす[35].

5. 国際法における外国人の権利：法規定の観点から

国際法は外国人にどのような権利を保障しているのだろうか. ここではとくに国内法との違いに焦点をあてて論じる. 第一に，外国人一般の入国・在留の権利は国際法も認めていない. しかし，自由権規約第12条第4項は「何人も自国に入国する権利を恣意的に奪われない」と規定しており，自由権規約を監督する自由権規約委員会は，この「自国」には，「自国とみなすほどに密接な関係のある」在留国を含むとの見解を示している[36]. そのため，「特別永住者」など，日本ととくに強い結び付きを持つ外国人には入国の権利が認められるべきであるとの見解もありうる.

社会権規約に関しては，生活保護や教育，労働権に関連した論点がある. 同規約第9条はすべての者の社会保障への権利を，第13条はすべての者の教育への権利を規定している[37]. また国内法において，「その他の正規滞在者」には職業選択の自由が日本への入国後制限されているが，社会権規約第6条第1項は，「すべての者が自由に選択し又は承諾する労働によって生計を立てる機会を得る権利」を有すると規定している[38]. しかし社会権に関連して重要なのは社会権規約第2条が，同規約に規定される権利の「漸進的」な達成を規定している点である. すなわち，社会権規約に規定される権利の即時的保障は締約国に義務づけられていない[39]. そのため，現時点で社会権規約にリストされている権利が保障されていないからといって国際法違反であると議論するのは困

難である.

　上記は，憲法で国民には保障されているものの外国人に保障されていない権利が，国際法により外国人にも保障されうる権利の一例である．これ以外に，憲法に規定されていないものの国際法に規定される権利がある．例えば，自由権規約第24条第3項および子どもの権利条約第7条が規定する子どもの国籍取得権である．国民の決定は，国家の構成員を決定する機能を有しており，国家の根幹に関わる問題である．よって憲法第10条は「日本国民たる要件は，法律でこれを定める」と規定しており，国内法では国籍取得を権利として捉えていない．その一方で，国際法では子どもの国籍取得を権利として認識している．例えば，日本が国内における無国籍児の国籍取得権を保障しているといえるか，との論点がある (40).

　このように，国内法が網羅していない権利を国際法が網羅することもあるが，国際法が国内裁判で適用されず，国際法に規定される権利の保障に困難があることは先述のとおりである (41). これは国際法の限界ということもできよう．しかし，自由権規約，社会権規約等の日本が締約国となった条約，すなわち日本が法的に拘束されることに同意した条約に，人権保障を義務づける規定があり，日本はこれらの条約に法的に拘束されるのである．法実務上，国際法をそのまま適用することは困難であっても，学術が国際法を分析する必要があり，必要に応じて実務に働きかける責任もある．

6．外国人の抱える人権問題の論点：法規定と現実

（1）外国人に保障されている権利

　これまでは法規定に着目して議論してきたが，現実にはどのように外国人の権利が保障されているのだろうか．法的に外国人は生活保護の対象および教育権の主体ではないが，行政実務において外国人も生活保護の対象および教育権の主体となっている．生活保護については，永住者，定住者，認定された難民がその対象となっている (42). 教育権について，文部科学省は日本が社会権規約等の締約国であることに鑑み，公立の小中学校で外国人を無償で受け入れている (43). これらの事例は，国際法のみが網羅する権利が保障されている事例である (44). ただ外国人の場合は日本国民と異なり，親が特定の手続きを取ら

なければ学校に入学することができない．この点は，教育権の実質的保障のために検討すべき課題である．

「永住者等」の権利の論点としては，入国が権利として認められていないことがあげられる．日本と結び付きの強い「永住者等」には在留権が認められるべきであるとの自由権規約の解釈も考えられるが，日本において入国は「永住者等」の権利として認められていない．また「永住者等」には生活の基盤が日本にある人もおり，日本での参政権を認める必要があるのではないか，との議論もある．

「その他の正規滞在者」については，先述のとおり職業選択の自由が問題となりうる[45]．これに関連した問題として指摘されるのが技能実習制度である．「人材育成を通じた［中略］国際協力」の推進を目的とした技能実習制度では[46]，受入機関での実習を前提として実習生が来日するため，実習先の変更が困難であるといわれている[47]．また2019年4月に施行された改正入管法における新たな在留資格である「特定技能」についても，事前に決まった業種での労働が規定され，他の業種への変更が容易ではない[48]．これらは，「その他の正規滞在者」の人権問題となる可能性がある．

「非正規滞在者」に関しては，人身の自由が保障されておらず，政府や役所に自らの存在を把握されると収容される恐れがあるとの問題があげられる．そのため，政府や役所による人権保障を受けることが困難である．また，法の文言上は，「非正規滞在者」を含む外国人が社会保障の範囲に含まれているようにみえる一方で，「非正規滞在者」は実務上社会保障の対象となっていない．具体的には，国民健康保険や国民年金が「非正規滞在者」に認められていない[49]．よって「非正規滞在者」には多くの権利が認められていない現実がある．

（2）なぜ外国人の権利は制限されるのか

ここで考えたいのは，なぜ日本国民と比べて，外国人の権利は制限されるのか，という点である．国籍国による人権保障が想定されているとの理由が考えられる．国家が人権保障の主体であり，自国の構成員である国民の人権を国籍国が保障すべきであるとの考え方が，今日の人権保障の根底にある．そしてこの考え方には，すべての人が国籍によって人権保障を期待できる国籍国と繋が

りを有しているとの前提がある.

　しかし，ここで重要な論点がある．国籍国に人権保障を期待できるか明らかでない点である．移動手段が安価になっていることもあり，他国への移動が比較的容易になった結果，国籍国外で生活することも不思議ではなくなってきた．国籍国外にいる際に，国籍国による国民の人権保障が困難な場合もあるだろう．また，無国籍者や国籍国で迫害を受ける危険性を有する難民もいる．こういった人々に権利を保障する国籍国は存在しない可能性がある．それであれば，滞在国に人権保障を要請するのは自然な流れではないだろうか．今日では国境を越えた移動が増加し [50]，日本には270万人を越える外国人が中長期在留している．今後さらに多くの人が国境を越えるようになると，国籍の位置付けが変化し，国籍にかかわらず在留している人の権利を保障することが求められる時代が来るのかもしれない．外国人に保障される権利を法と現実の両面から分析するとともに，今後の国籍と人権の関係性についても検討していく必要がある．

7．おわりに：私たちは何ができるだろうか

　本章は，人権と法の歴史をまとめた上で，国内法，国際法が保障する外国人の権利を概観し，現実に保障されている，あるいは保障されていない権利について検討した．

　本章を読んで，外国人に十分な権利が保障されていると思われたであろうか．それとも人権保障が不十分であると思われたであろうか．十分だと思われた皆さんは，現在保障されている権利が保障され続けるように今後の立法や司法の動きを確認してほしい．不十分であると思われた皆さんには何ができるのだろうか．まず日本国民であれば，立法，司法，行政の側面から関与することができる．立法，すなわち国内法を制定するのは国会議員である [51]．18歳以上の日本国民に与えられている参政権を行使し，立法に自らの意見を反映させることができる．外国人の人権について候補者が有している見解や政策を確認し，投票する候補者の検討する際の1つの指針とすることで，外国人の権利を手厚く保障する法律が今後制定されるかもしれない．もしくは，自ら国会議員に立候補することもできる [52]．また，司法試験に合格し司法修習を終了すれば，裁判官や弁護士等になる道が開け，制定された法の解釈および適用を行う司法

に携わることができる．裁判官となれば，事案を法に照らして判決や決定を下すことができる．弁護士となれば依頼人の立場に立って，人権保障のために既存の法を使って裁判を戦うこともできる．法務省や外務省の公務員となれば，国内法の改正や制定の必要性を議論し，日本が条約の締約国になるかといった判断に関与することができる．

　外国人も，さまざまな形で外国人の人権保障に貢献することができる．例えば，外国人も弁護士になることができる．また請願権は外国人にも認められており，国会に外国人の人権保障を求める署名を提出することが可能である．

　入管法改正によって，より多くの外国人が日本で生活するようになるとの指摘がある．今日の社会は国籍が異なる人々が生活する基盤となる権利をいかに保障できるか，という課題に直面している．権利は法にもともと書かれている，もしくは自動的に保障されてきたものではない．フランス革命の歴史からもわかるように，人権はその重要性を主張することで認められてきたものである．現状をただ肯定するだけでなく，絶えず現状は望ましい状況なのか，もしくは変化が望ましいのか，変化にはどのような課題があるのかを考えてほしい．外国人の権利を保障するのは一人ひとりの主体的な行動なのである．

注

（1）法務省（2019）．

（2）これは日本の憲法学においてしばしば言及される区分である．芦部（2015, pp. 83-84）参照．

（3）ヴェーバー（1980, p. 9）参照．これは，法学および政治学における国家の基本的な理解であると考えられている．

（4）神野（2016, pp. 17-24）参照．

（5）日本国憲法第41条．

（6）1889年に日本で初めて制定された大日本帝国憲法は主権が天皇にあるとし，「人権」に関する規定は置かれていなかった．

（7）一般慣行と呼ぶ．

（8）国家によるこのような信念を，法的信念と呼ぶ．

（9）齊藤（2000, p. 34）参照．

（10）しかし日本国憲法第98条第2項は「日本国が締結した条約及び確立された国際法規は，これを誠実に遵守することを必要とする」としており，日本政府が国

際法を遵守する必要性は国内法からも導き出されることは重要な点である.

(11) 他の国籍を有していても，日本国籍を有していれば日本国民である.

(12) いずれの国籍も有していない無国籍者も，日本国籍を有していないため，外国人とされる.

(13) 「5．国際法における外国人の権利：法規定の観点から」参照.

(14) ただ憲法で保障される人権は，公共の福祉のもとで制限が課される．憲法第13条参照.

(15) 公務就任権については，参政権の一部として位置付ける見解もある．水谷（2016, p. 214）参照.

(16) 国籍法第2条.

(17) 例えば，他の国籍を有する両親から日本で生まれた子が該当することがある.

(18) 国籍法第8条4号.

(19) 国籍法第6条1号.

(20) しかし国籍は個人のアイデンティティに密接に関わっていることもあり，日本国内に滞在するすべての外国人が充実した権利保障のために日本国籍取得を望むわけではないことには留意する必要がある.

(21) 近藤（2015a, p. 12）参照.

(22) なお，1992年の森川キャサリーン事件最高裁判決では，在留資格を有する外国人が外国に出国した場合にも，再入国の自由は保障されないとの見解が示された．芦部（2015, pp. 94-96）参照.

(23) 国民主権と選挙権の関連は水谷（2016, pp. 200-201）参照.

(24) 公職選挙法第9条，第10条.

(25) なお，特定の地方公共団体（都道府県・市区町村）内のみで効力を発する条例の制定や改廃などのために住民投票を実施することができるが，この住民投票においては外国人に投票権を認めている地方公共団体もある．菅原（2015, pp. 99-106; 115-118）．在留資格については「4．（2）在留資格およびその有無によって異なる権利」参照.

(26) 出入国管理及び難民認定法（入管法）第6条第3項.

(27) 近藤（2015b, pp. 33-34）参照.

(28) 後藤（2013, p. 48）.

(29) 生活保護法第3条.

(30) 実態については「6．外国人の抱える人権問題の論点：法規定と現実」参照.

(31) 武内（2010, p. 847）．実態については「6．外国人の抱える人権問題の論点：法規定と現実」参照.

(32) 2019年4月に追加された「特定技能」を含む.

(33) 資格外活動の許可を受けた場合は，条件付きで資格外の活動を行うことができる．難波（2015, p. 145）.

(34) 例えば，在留資格を取得しないで日本に入国するケースや，入国時には在留資格を有していたものの在留期限が経過し，有効な在留資格を持たないケースがあげられる．詳細は関（2015, pp. 156-158）を参照．

(35) 関（2015, pp. 161-164）．

(36) 近藤（2015b, p. 30）参照．

(37) 国内法では，生活保護および教育権の主体が国民に限定されている．「4.（1）外国人一般に認められる権利と認められない権利」参照．

(38) 国際法では職業選択の自由が労働権の一部として捉えられているため，社会権規約が職業選択の自由に関する規定を行っている．

(39) これは自由権規約が即時的な権利保障を規定しているのと対照的である．阿部・今井・藤本（2009, p. 25）参照．

(40) 日本には2018年6月現在，237人の無国籍児（18歳未満の無国籍者）が在留している．自由権規約における国籍取得権の解釈については秋山（2019, p. 117）参照．

(41) 「2.（2）法と人権の関連」参照．

(42) 厚生労働省（2004）．

(43) 文部科学省（2008）．

(44) しかし日本政府が，法的に外国人の教育権保障が要請されていると認識しているわけではない点には留意が必要である．例えば外国人の教育権を保障する行政実務が変わり，外国人がこれまでの「恩恵」を受けることができなくなったとき，権利を主張する法的根拠が乏しい可能性がある．

(45) 「4.（2）在留資格およびその有無によって異なる権利」参照．

(46) 技能実習法第1条．

(47) 難波（2015, p. 151）．

(48) 技能実習制度と特定技能外国人については本書第5章参照．

(49) なお労災保険については，非正規滞在者にも認められているようである．関（2015, pp. 166-167）．

(50) 先述のとおり，2018年末の在留外国人数は過去最高になっている．

(51) なお国会は，日本が条約の締約国になることを承認する役割も担っている．

(52) 立候補には年齢制限がある．衆議院議員は25歳以上，参議院議員は30歳以上である．

参考文献一覧

秋山肇（2019）「自由権規約における子どもの国籍取得権と国家の義務：自由権規約第2条の観点から」『国際人権』30号，pp. 115-119.

芦部信喜（高橋和之補訂）（2015）『憲法』［第六版］岩波書店.

阿部浩己・今井直・藤本俊明（2009）『テキストブック 国際人権法』［第三版］日本評論社.

ヴェーバー，マックス（1980）『職業としての政治』脇圭平訳，岩波書店.

厚生労働省（2004）「社会保障審議会——福祉部会生活保護制度の在り方に関する専門委員会第12回（平成16年6月8日）資料1その他」https://www.mhlw.go.jp/shingi/2004/06/s0608-6a2.html.

後藤光男（2013）「外国人の公務就任権をめぐる一般永住者と特別永住者」『早稲田社会科学総合研究』14巻1号，pp. 45-64.

近藤敦（2015a）「外国人の態様と権利の性質」近藤敦編著『外国人の人権へのアプローチ』明石書店，pp. 11-26.

近藤敦（2015b）「市民的権利」近藤敦編著『外国人の人権へのアプローチ』明石書店，pp. 27-42.

齊藤正彰（2000）「国際人権訴訟における国内裁判所の役割——憲法学の視点から——」『国際人権』11号，pp. 34-37.

神野潔（2016）「そもそも，憲法とは？——憲法と国家，立憲主義」神野潔編著『教養としての憲法入門』弘文堂，pp. 13-31.

菅原真（2015）「政治的権利」近藤敦編著『外国人の人権へのアプローチ』明石書店，pp. 94-121.

関聡介（2015）「非正規滞在者の権利」近藤敦編著『外国人の人権へのアプローチ』明石書店，pp. 155-174.

武内俊子（2010）「教育を受ける権利主体としての『国民』の意味」『立命館法学』333・334号，pp. 844-867.

難波満（2015）「その他の正規滞在者の権利」近藤敦編著『外国人の人権へのアプローチ』明石書店，pp. 142-154.

法務省（2019）「平成30年末現在における在留外国人数について」http://www.moj.go.jp/nyuukokukanri/kouhou/nyuukokukanri04_00081.html.

水谷瑛嗣郎（2016）「選挙権・被選挙権，国民主権とは？——参政権」神野潔編著『教養としての憲法入門』弘文堂，pp. 199-220.

文部科学省（2008）「Ⅲ 外国人の子どもに対する就学支援について」http://www.mext.go.jp/b_menu/shingi/chousa/shotou/042/houkoku/08070301/004.htm.

事前学習の内容

日本において外国人にはどのような権利が認められているのか，その権利は日本国民とどのように違うのか調べてみよう.

ディスカッションテーマ，ロールプレイのテーマ

外国人にどのような権利が認められるべきだと思いますか. その権利は，日本国民と同じですか，それとも異なりますか. なぜ外国人に認められる権利が日本人と同じであるべき，もしくは異なるべきだと思いますか. 外国人に認められるべき権利は，人によって（例えば，「永住者等」，「その他の正規滞在者」，「非正規滞在者」などの在留資格によって）変わりますか.

キーワード解説

「国籍（nationality）」

ある国の構成員であること. 国籍を有する人を国民と呼ぶ. 国によって異なるが，一般的に国民には国籍国への入国の権利が認められ，外国人より充実した権利を保障されることが多い. 国籍概念が考案されたのはフランス革命後のフランスで，国籍は王政に抵抗するために民衆が蜂起する理念的基盤となった「ナショナリズム（nationalism）」を制度化した概念である. 国籍概念は国民を主権者とする立憲主義発展の基盤となった. 従来は，国民の決定が各国の専権事項であると考えられてきたが，人権条約が国籍や国籍取得に言及するなど，国籍の位置付けは変化してきている.

第3章

高度人材獲得政策と留学生

佐藤由利子

1．はじめに

　知識基盤社会の進展の中で，世界規模での人材獲得競争が起きている．しかし，非英語圏の日本では，日本語などが障壁となり，高度人材の獲得は容易ではない．本章では，世界の人材獲得競争における日本の立ち位置，日本の高度人材獲得政策を概観した後，高度人材の源泉として期待されている外国人留学生（以下，留学生）の日本への受入れと定着について，その現状と課題を分析する．さらに，留学生受入れによる地域活性化に関し，大分県別府市の事例を紹介し，多文化共創社会における留学生の役割について考察する．

2．高度人材獲得競争と日本の政策

（1）知識基盤社会と世界の高度人材獲得競争
　21世紀は知識が社会・経済の発展を駆動する基本的要素となる知識基盤社会の時代であり，優秀な人材の確保が国家の競争力に直結すると考えられる中，高度人材の獲得は多くの国にとって重要な政策課題となっている（明石 2015）．
　先進諸国により構成される OECD（経済協力開発機構）は，4 年制の大学卒以上の教育を受けた者を高度人材と定義し，その動向をモニターしている．2005／2006年の OECD 移民データベース（DIOC）に基づく分析では，OECD 諸国以外から OECD 諸国に移動した高等教育を受けた者（高等教育移民）をもっとも多く受け入れた国は米国で，全体の44.7％を占め，次いでカナダ（11.3％），英国（9.7％），ドイツ（6.2％），フランス（5.4％），オーストラリア（5.4％）の順であった．また，日本が受け入れた高等教育移民は全体の1.5％にすぎず，高等教育移民の流入から流出を差し引くと純減していた（Widmaier

& Dumont 2011, pp. 25-28）．2015／2016年の DIOC に基づく分析では，OECD 諸国外からの移民に占める高等教育移民の割合は37％に上り，高等教育を受けた者の方が，受けない者よりも国境を越えて移動する傾向が強く，出身国の所得レベルが低いほどその傾向が強まることが示されている（OECD 2019）．

　また，OECD（2009）は，世界の科学技術人材の国際移動を分析し，人材をめぐるグローバル競争が激化し，多くの国が高度研究者／科学者の誘致合戦を繰り広げる状況にあること（p. 19），また，留学生は，受入国の規則や条件に精通し，国際的ネットワークと国際協力を促進する高度人材層を形成することから，多くの国が，世界で広く話される言語（英語など）でのコース開設や魅力的な奨学金制度の提供，ビザ発給面での優遇などにより，彼らの誘致を図っていると指摘する（p. 109）．

　UNESCO（2019）の推計によると，世界の高等教育機関で学ぶ留学生は2017年に509万人に上り，もっとも多いのが米国（97万人），次いで英国（43万人），オーストラリア（38万人），フランス（25万人），ドイツ（24万人），中国（香港，マカオ含め21万人），カナダ（19万人），日本（14万人，専門学校留学生を含まず）の順であり，英語圏諸国が受入れ上位にある．一帯一路政策による留学生の誘致により，中国の留学生受入数が増加し，49万人に上るという分析もある（IIE 2019）．

　OECD 諸国の高等教育機関在学者に占める留学生の割合は6％だが，博士課程在籍者中の留学生割合は26％に上り（OECD 2018, p. 220），大学の研究現場においても，留学生は重要な役割をはたしている．

（2）日本の高度人材獲得政策

　日本の高度人材受入れ政策は，1988年の「第6次雇用対策基本計画」において，専門，技術的能力を持つ外国人受入れに言及したのが最初と考えられ，翌89年の入管法改正で，「人文知識・国際業務」など専門的・技術的分野の在留資格[1]が新設された．2000年代に入ると，米国における IT 産業の発展に刺激され，日本でも海外から IT 技術者を積極的に受け入れようとする政策が開始された．例えば「IT 基本戦略」では，2005年までに3万人の IT 技術者を受け入れるという目標が示され，この時期の「通商白書」（経済産業省）には，イノベーションを通じた経済成長のため，高度な知識や技術を持つ人材の獲得

が不可欠である，といった論調がみられる．2005年の「第3次出入国管理計画」には，「高度人材」という用語が登場する（倉田・松下 2018）．

　2008年の「経済財政改革の基本方針（いわゆる骨太の方針）」には，グローバル戦略の一環として国際的な人材受入れを強化するという方針が打ち出され，民主党政権下の2010年の「新成長戦略」や2012年の「日本再生戦略」には，日本経済の持続的な発展のため，「優秀な海外人材を我が国に引き寄せるためのポイント制を導入」という目標が記載され，2012年5月に「高度外国人材に対するポイント制による優遇制度（以下，高度人材ポイント制）」が開始された．

　高度人材ポイント制では，高度人材は「就労を目的とする在留資格に該当する外国人のうち，高度な資質・能力を有すると認められる者」と定義され，高度人材の活動内容を「高度学術研究」，「高度専門・技術活動」，「高度経営・管理活動」の3つに分類し，「それぞれの特性に応じて，学歴，職歴，年収などの項目ごとにポイントを設け，その合計が一定点数に達した場合に，出入国管理上の優遇措置を与えることにより，高度人材の我が国への受入れ促進を図る」としている．本制度では，当初年間2000名の認定を予定していたが，11カ月が経過した2013年4月時点での認定者は434名，内，海外からの応募者は17名に留まり，認定者の44％は元日本留学生であった．このため，「日本再興戦略2013」には，高度人材に対する優遇制度の見直しがうたわれ，年収要件の引下げ，日本の高等教育機関で取得した学位や日本語能力，研究実績に対するポイント増加などの制度の見直しが行われ，2015年には，新たな在留資格として「高度専門職」が創設された（総務省 2019）．

　さらに「日本再興戦略2014」には「2017年末までに5000人」，「日本再興戦略2016」には「2017年末までに5000人，2020年末までに1万人」の高度人材認定の数値目標が示され，2017年には，本制度をより魅力的なものとするため，高度人材認定者の永住許可申請に要する在留期間を5年から3年に，ポイントがとくに高い者には1年に短縮する世界最速級の「日本版高度外国人材グリーンカード」制度が打ち出された．このような努力により，2018年12月の高度人材認定者は1万5000人となり，目標人数を上回った[2]．なお，2017年の高度人材認定者における元日本留学生の割合は59.4％に上り（総務省 2019），日本の高度人材獲得政策における留学生の存在感は増している．

（3）高度人材獲得と連携した留学生受入れ政策の推進

　日本の高度人材獲得において留学生が重要な存在となっている背景には，海外からの応募者は「日本語の壁」を越えるのが難しいのに対し（上林 2018, p. 281），日本で学んだ留学生は，日本語や日本文化を理解する者が多く，日本の職場への適応に有利であることがあげられる．

　日本の留学生受入れ政策は，1950年代より人材養成分野の政府開発援助（ODA）の一環として実施され，1983年には中曽根首相により，当時1万人規模だった留学生数を2000年までに10万人に増加する「留学生10万人計画」が提唱された．当時の留学生受入れの主目的は，留学生送出国の人材養成と日本との友好関係の促進であった（佐藤 2010, pp. 22-26）．しかし2000年代以降，上述のように，日本へ高度人材を誘致しようとする動きが高まった．また，日本経済団体連合会は，経済のグローバル化や企業の海外展開の拡大を受け，2004年に『外国人受け入れ問題に関する提言』を発表し，優秀な外国人材獲得方策の1つとして，留学生の国内就職の促進を提言した．このような中，2008年に福田首相は，2020年を目途に30万人の留学生受入れを目指す「留学生30万人計画」を発表した．その趣旨には，「高度人材受入れとも連携させながら，国・地域・分野などに留意しつつ，優秀な留学生を戦略的に獲得していく」と述べられ，留学生政策は，育てた人材を母国に帰す政策から，日本に引き留める政策に，大きく方向転換した．

　このような動きを受け，留学生の日本での就職を支援する施策としてアジア人財資金構想事業（2007〜11年）が開始され，その後も，外国人材活躍推進プログラム（2015〜16年），留学生就職促進プログラム（2017年〜）などに引き継がれた．「日本再興戦略2016」には，高度人材獲得に関連し，留学生の日本での就職率を3割から5割に向上する数値目標が示され，留学生の就職支援は，留学生政策の柱の1つとなっている．日本で就職した留学生は，2008年の1万1040人から，2018年には2万5942人へと倍増している（法務省 2019b）．

3．日本における留学生受入れの現状と課題

（1）日本における留学生受入れ人数の変遷と働きながら学ぶ留学生の増加

　図表3-1は，「留学生10万人計画」が開始された1983年から2018年までの留学

図表3-1　日本で学ぶ外国人留学生数の推移（1983〜2018年，学種別）

出所：日本学生支援機構（2019）に基づき筆者作成.
注：高等教育機関は，大学院，学部，短期大学，高等専門学校，専修学校，準備教育課程の合計.

生数の推移を学種別に示している．留学生10万人の数値目標は，20年かかって2003年に達成されたが，「留学生30万人計画」は，計画開始後10年でほぼ達成された．その要因としては，2010年に日本語教育機関（いわゆる日本語学校）で学ぶ者の在留資格を「就学」から「留学」に一本化し，2011年から留学生数に含めるようになったこと，また，2011年の東日本大震災の影響により，留学生が一時減少したものの，2013年から日本語教育機関の，2014年からは専修学校専門課程（いわゆる専門学校）の留学生が急増したことがあげられる．

　2018年の留学生数は29万8980人に上り，学種別にみると，学部・短期大学・高専の在籍者が全体の29.4％（学部在籍者は28.4％），大学院在籍者が16.8％，専修学校在籍者が22.6％，日本語教育機関在籍者が30.1％であり，日本語学校で学ぶ者が学部で学ぶ者を上回る規模となっている．出身国別では，中国（38.4％），ベトナム（24.2％），ネパール（8.1％），韓国（5.4％），台湾（3.2％），スリランカ（2.8％），インドネシア（2.1％）の順であり，2011年から2018年にかけて，韓国人留学生が17％減少し，中国人留学生の伸びが10％に留まる中，ベトナム人留学生が14.2倍，ネパール人留学生が8.2倍になるなど，非漢字圏諸国[3]からの留学生が急増している（日本学生支援機構 2019）．

とくに，専門学校ではベトナム人留学生の割合が37.8%，ネパール人留学生の割合が15.4%，日本語学校ではベトナム人留学生の割合が33.6%，ネパール人留学生の割合が10.0%に上り（佐藤 2019, p. 3），近年の専門学校や日本語学校で学ぶ留学生の増加が，ベトナムやネパールなど非漢字圏諸国からの留学生の急増によることがわかる．それではどうして，非漢字諸国からの留学生が急増したのだろうか？

　日本語学校や専門学校の関係者によると，2011年の東日本大震災は，留学生受入れにも大きなダメージをもたらし，中国，韓国，台湾という漢字圏出身者の帰国や来日中止が相次いだ．危機感を抱いた学校関係者は，これまで留学生が少なかった非漢字圏からの学生リクルートを強化し，日本留学の利点として，資格外活動（アルバイト）の上限時間が28時間（夏期，冬期，春期休暇中は1日8時間）と，他国（例えば，米国では学外のアルバイトは原則禁止，英国，オーストラリアでは週20時間相当，韓国は週25時間，ドイツ，フランスでは週18.5時間相当）より長いことを強調した．このことは，1人当たりのGDPが相対的に低い国々（2018年時点でベトナムは2564米ドル，ネパールは1026米ドル，世界銀行 2019）の若者にアピールし，日本留学生の急増に繋がった．これらの国では，高等教育を受けても国内に雇用の受け皿が十分にないために，留学を目指す者が多く，英語圏に留学するほど資金力がない若者にとって，働きながら学べる日本は魅力的に映る．また，ベトナムでは，日系企業の進出が増加しているため，日本留学によって日本語力や専門知識を高め，将来，日系企業に就職したいと考える若者も多い．

　日本留学の初期費用は，日本語学校の授業料（年間約80万円），渡航費，入学金，手数料などを含め百万円前後で，現地の若者には大金である．留学斡旋業者の中には「費用は借金しても，日本でアルバイトすれば返済できる」といった甘言で勧誘する者もおり，来日時に多額の借金を抱えている留学生もいる．

　図表3-2は，専門学校と日本語学校で学ぶ私費留学生の月当たりの収入と支出の主な項目と金額を，漢字圏と非漢字圏出身者に分けて示している．非漢字圏出身者は，親から仕送りを受けたと回答した者の割合も少なく，アルバイトが主な収入源になっている．また，食費は2万4000円前後，住居費も3万円前後と，切りつめた生活をしていることがわかる．あるベトナム人私費留学生によると，授業料は前納のため，調査では月割にした金額を記載し，親が授業料

図表3-2 留学生の平均収入と支出 (月当たり)

	専修学校 (専門課程)		日本語教育機関	
	漢字圏	非漢字圏	漢字圏	非漢字圏
仕送り	98,163	58,765	111,812	65,337
回答者数	305	473	626	478
アルバイト	69,347	96,433	65,604	92,532
回答者数	298	733	495	664
収入合計	159,724	145,877	151,066	141,505
回答者数	370	754	709	685
授業料	62,184	53,070	54,328	53,004
食費	30,559	24,024	31,762	23,731
住居費	44,181	29,338	45,847	30,843
残額	15,275	19,439	16,780	19,741
支出合計	158,634	144,703	148,176	138,432
回答者数	364	746	706	691

出所：日本学生支援機構「平成29年度私費外国人留学生生活実態調査」データに基づき筆者作成.
注1：回答者数の単位は人，それ以外の箇所の単位は円.
注2：仕送りの外れ値を70万円以上，アルバイトの外れ値を50万円以上，収入の外れ値を150万円以上，収入と支出の欠損値を0として計算．収入と支出の主な項目のみを示しているため，項目の合計は，収入／支出の合計とは一致しない.

を負担してくれた場合には，その額を仕送り額に記載するという．また，残額には，親への送金や次の学期の授業料の積立などが含まれるという.

　このように，アルバイトによって生活を支え，場合によっては借金の返済を行う生活の中で，勉学に集中できず，日本語能力や専門知識を十分習得できず，進学や就職に支障が生じる者が増えている．とくに非漢字圏出身の学生は，日本語習得に時間がかかるため，授業理解に必要な日本語能力（日本語能力試験N2相当以上）を有する者は，大学（学部）在籍者の68%，専門学校在籍者の43%にすぎない（佐藤 2016, p. 5）．過度のアルバイトの中で，心身の健康を害し，夢破れて帰国する者，中には，突然死や自殺する者もいる.

（2）日本の労働市場における高度人材と留学生の位置付け

　図表3-3は，日本におけるスキル別の労働力ニーズと，それに対応して働く外国人労働者を，在留資格別に示したものである（身分に基づく在留資格の労働者は，スキル別に分類できないため除いている）．2018年に日本で働く外国

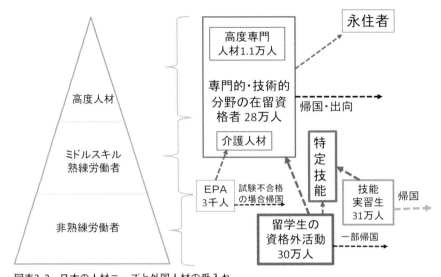

図表3-3 日本の人材ニーズと外国人材の受入れ

出所：佐藤（2018）の図2を，厚生労働省（2019），法務省（2019a）などに基づき更新，身分による在留資格者を除く.

人労働者146万人の内，資格外活動（アルバイト）する留学生は29万8000人に上り，全体の20.4％を占め，技能実習生と並び，貴重な非熟練労働の担い手となっている．技能実習生制度は母国への技能移転を目的とした制度であるため，実習生は，実習期間終了後帰国するが，留学生は，上述のとおり，卒業後，日本での就職が奨励され，専門的・技術的分野の人材の重要な供給源となっている．永住許可の要件は，就労資格・居住資格による5年以上の在留を含む10年以上の在留であるところ，今後，専門的・技術的分野の在留資格から永住に切り替える元留学生の数も増えていくと思われる.

　専門的・技術的分野の在留資格で働く者は28万人（19.0％）であるが，この中には，高度人材のみならず，介護，技能などのミドルスキルに分類される労働者も含まれている．また，2018年の「出入国管理及び難民認定法」改正により，ミドルスキル〜非熟練労働のニーズに対応した「特定技能1号」「特定技能2号」という在留資格が創設されたが，特定技能1号には5年という在留期間の上限が設けられている（法務省 2018）.

４．留学生と共創する地域社会

（１）留学生受入れによる地域活性化の取組み

　人口減少による日本の労働力不足が深刻になる中，外国人労働者の受入れを進める上で課題となっているのが，少子高齢化と人手不足が深刻な地方における外国人材の確保である．高度人材認定者の76.1％は首都圏に集中しており（総務省 2019, pp. 27-28），新たに創設された「特定技能」の在留資格者についても，賃金の高い大都市圏に移動し，地方の人手不足が解消されないことが懸念されている．そういった中，留学生を地方に誘致し，卒業後もその地域での就職を促進しようとする動きがある．

　留学生も日本人学生同様，情報や刺激にあふれ，アルバイト先や就職先が多い大都市圏に惹き付けられる傾向があり，留学生の38.4％は東京で学んでいるが（日本学生支援機構 2019），地方には，物価の安さ，地域文化，豊かな自然，行政・教育機関・産業界が一体となった支援など，地方ならではのメリットも存在し，自治体の中には，大学や地域の経済団体と協働して留学生の受入れや就職支援に取り組む事例がみられる．

　留学生を地域に受け入れることは，単に働き手の確保のみならず，教育や地域の国際化を進め，日本人学生や地域住民の意識を変え，その地域と彼らの母国との人的／経済的交流を活発化するなど，多文化共創（多文化の人々との協働による社会的・経済的価値の創出）が期待される[4]．次節では，日本でもっとも早くから留学生受入れによる地域活性化に取り組んできた地域の１つである大分県別府市において，多文化共創がどのような形で実現しているかを紹介する．

（２）「留学生日本一の街」別府における多文化共創

　大分県は，「一村一品運動」で知られる平松守彦知事が，「人づくりこそ一村一品運動の究極の目的」「アジア・太平洋のリーダーを育てる」という構想に基づき積極的な大学誘致を行い，2000年に立命館アジア太平洋大学（APU）が別府市に設立された．大学開設にあたり，APU は「国際学生（＝留学生）50％」「外国籍教員50％」「50カ国以上から国際学生を迎える」という大胆な国

際大学の構想を打ち出し，世界中から積極的な留学生誘致を行った．APU 設立にあたり，大分県は150億円，別府市は42億円と土地の無償提供を行い，このような多額の税金／資産投入と大規模な留学生の受入れに対して，別府市民の一部からは懸念や反対の声が上がった．

このような波乱の中のスタートであったが，APU の設立と留学生の増加（別府市の留学生は1998年の118名から2016年には3288名と28倍に増加．11.9万人の市人口当たりの留学生割合は2.7％と全国１位．APU 以外の大学でも留学生が増加）を，「地元の人たちは概ね好意的に受け止めている」というのが，関係者の一致した見方である．例えば，大分県・別府市（2010）による APU の誘致効果に関する調査では，APU がおよぼす経済効果を年間212億円，雇用誘発効果を1358人と算出し，APU は別府市の人口減少を緩和し，20〜24歳の若者人口を増加したと分析している．また，地域住民の調査では，85％が「APUは別府の国際化に寄与」，77％が「APU は別府の活性化に寄与」と回答し，学生・教職員など6862人（うち約3000人が外国籍）を擁する APU が，地域の国際化と活性化をもたらしたと受け止める人が多いことがわかる．

大分県は2003年，増加した留学生を産官学で支援することを目的として，留学生関連施策協議会を結成し，2004年にはこの協議会を母体として NPO 法人「大学コンソーシアムおおいた」（以下，大学コンソ）を設立した．大学コンソの会員は，県下８つの高等教育機関と，関係自治体，商工会議所連合会，経済同友会などによって構成され，主な活動は，留学生の生活支援（住宅賃貸の連帯保証，生活資金貸付，中古品提供等），地域交流（学校での国際理解授業，市民向け外国語教室・料理教室，県下の留学生が少ない自治体などへの留学生の派遣など），就職支援（企業関係者との交流会，インターンシップなど）である．

別府市では，外国人のための生活情報ガイドブックを日英２カ国語で作成し，留学生が多い大学には，入学時の各種手続きのため職員が大学に出向く．市の主な手続文書は多言語化され，英語，中国語，韓国語による行政相談窓口も開設されている．2014年からは「外国人留学生地域活動助成事業」を開始し，ムスリム留学生を中心に結成された団体によるムスリムフレンドリーマップの制作などを助成してきた．この地図には，ハラルフードを提供するレストラン，（裸をみられないで入浴できる）家族風呂付き温泉の他，ハラルフードが買え

る食料品店，モスク，（英語で対応でき，女性医師のいる）病院など，留学生の視点ならではの生活情報が掲載され，ムスリムの外国人観光客誘致に一役買っている．また，2013年から留学生と地域住民の合同防災訓練を開催し，熊本地震を契機として，災害時に10カ国語で情報を発信する多言語支援センターの制度も整えられた．

　大分県は2011年に「アジアの活力を取り込む」（海外市場開拓，観光客増大などによる経済活性化），「アジアの人材を取り込む」（国際化に必要なアジアの人材の獲得）を2本柱とする海外戦略を打ち出し，留学生が多いことを大分県の強みとし，地元企業の海外展開と留学生の就職を後押ししている．大学コンソが運営する人材情報バンク「アクティブネット」には，地域の留学生の約6割と企業，個人事業主，団体，学校などが登録し，登録団体からの要望に応えて，留学生が通訳・翻訳，行事手伝いなどで協力し，インターンシップや就職に繋げることを目指している．このような努力もあり，大分県で就職した留学生は，2003年の2名から，2018年には42名へと増加した（法務省 2019b）．

　竹を始めとした天然素材の工芸品を扱う「山下工芸」では，2010年から留学生を雇用し，その内の一人，別府大学を卒業した中国出身の公さんは，中国での製造品の品質管理の責任者として働いている．山下社長は「日本市場はこれから確実に縮小傾向．商流，物流共に海外への視野を広く持つ必要がある」と留学生採用の理由を語り，公さんは，図面を渡しても「大体でいい」と制作する中国工場の関係者に，図面通りの仕上がりを求める日本側の要望を伝えるなど，両国の関係者の橋渡し役をはたしている．

　起業を目指す留学生もおり，2016年には大分県が「おおいた留学生ビジネスセンター」を別府市に開設し，留学生の起業や，留学生と一緒にビジネス展開を計画する日本企業の支援を開始した．元留学生によって起業された会社は，2016年に別府市で12社，大分市で5社に上り，事業別では飲食業が7社ともっとも多く，次いで貿易（5社），食材（2社）の順である．

　APU一期生のリドワン・ヘルヤディ（ハリー）さんは，「食を通じてインドネシア文化を日本に紹介する」を自分のミッションと考え，インドネシア料理店「ホットマンゴ」を2005年に開業した．別府の観光振興にも強い関心を持ち，インバウンド観光客誘致にも知恵を出している．

　全紅女さんは，2011年に，別府大学の先輩であるご主人と中華料理店「紅灯

籠」を開店した．2016年には，別府市創業支援事業の助成を得て，中国語，韓国語，英語を教える「パンダ教室」を紅灯籠の隣に開いた．朝鮮族の全紅女さんが中国語，韓国語を教え，APUの卒業生が英語を教え，紅灯籠の料理を楽しめる食事付き語学コースもある．将来は日中の架け橋となる事業をしたいと，抱負を語る．

　別府を訪れる外国人観光客は，2014年から2015年にかけて10万人（3割）増加し，留学生を雇用する宿泊施設や商店も増加した．ホテル「潮騒の宿晴海」でも元留学生社員は外国人宿泊客への対応の中心となっている．別府大学出身の楊さんは，中国人観光客には中国語で，その他の観光客には英語で対応し，宿泊予約部長の岐津さんは，「元留学生の社員には，自分たちのできない部分を助けてもらっている」と語る．

　留学生をアルバイトとして雇用する事業所も増加し，市内のコンビニでは，以前は日本語能力が必須だったが，現在は，日本語が多少おぼつかなくても，英語ができれば，外国人客対応要員としてアルバイトができるようになった．ある日本人学生は，アルバイト先のレストランで，スリランカ人の友人と英語で話した時，以前は店主が「英語で話すな」と怒ったのに対し，最近同じように英語で会話したところ，「私にも英語を教えてくれ」といわれ，その態度の変化に驚いたという．外国人観光客への対応のニーズが，留学生の活躍の場を拡大し，地元の人たちの外国への距離感を小さくしつつある．

　外国人観光客への対応において，留学生との協働により，経済的価値が創出されていることは，これまで外国人に心を開いてこなかった人を含め，広範な人々の態度変化を引き起こしている．また，留学生の起業した料理店などは，街に「多文化の魅力」という価値を付加している．別府市の事例は，人口減少を迎えた日本の地方都市における持続的発展に，1つの方向性を示している．

5．おわりに

　以上，日本における高度人材獲得政策と留学生受入れを概観し，別府市を事例として，留学生受入れによる多文化共創の状況を紹介した．

　今後，日本社会における外国人の増加が見込まれる中，日本語や日本文化を理解する留学生は，他の外国人と日本人の橋渡しなど，多文化共創社会実現の

ための鍵となる存在である．彼らがそのような役割をはたせるよう，彼らの学びや生活を支援し，日本人学生や地域の人々との交流を促進し，就職活動をサポートしていく必要がある．彼らが日本を好きになり，周りの人々も留学生に心を開くという好循環を形成することが，留学生受入れを通じた日本社会の活性化と多文化共創を実現するために不可欠である．

注

（1）専門性や技術を有する者を対象とした在留資格の総称．2018年末時点で，高度専門職（ポイント制による高度人材），教授，経営・管理，法律・会計業務，医療，研究，教育，技術・人文知識・国際業務，企業内転勤，介護，技能などの在留資格が含まれる（法務省 2018, p. 11）．2019年4月に「改正出入国管理及び難民認定法」が施行されるまでは，就労目的で在留が認められる者は，この「専門的・技術的分野の在留資格」を有する者に限られていた．

（2）未来投資戦略2017には，2022年末までに2万人の高度人材認定の目標が新たに示されている．

（3）中国，韓国，台湾という漢字圏以外の国々．ベトナム語には漢語からの借用語（漢越語）が多いが，現代ベトナム語では漢字を使用していないため，本稿ではベトナムを非漢字圏として扱う．

（4）多文化共創という考えは，川村（2015）が提唱している．

参考文献一覧

明石純一（2015）「国境を超える人材」『グローバル人材をめぐる政策と現実』明石書店，pp. 92-105.

大分県・別府市（2010）『大学誘致に伴う波及効果の検証――立命館アジア太平洋大学（APU）開学10周年を迎えて』．

OECD（2009）『科学技術人材の国際流動性――グローバル人材競争と知識の創造・普及』明石書店．

川村千鶴子（2015）『多文化都市・新宿の創造――ライフサイクルと生の保障』慶応義塾大学出版会．

上林千恵子（2017）「高度外国人材受入政策の限界と可能性」『移民受入の国際社会学』名古屋大学出版会，pp. 279-309.

倉田美樹・松下奈美子（2018）「5-4 日本の外国人高度人材受入れ政策の検証」『移民政策のフロンティア』明石書店，pp. 88-93.

厚生労働省（2019）「外国人雇用状況の届出状況まとめ（平成30年10月末現在）」

https://www.mhlw.go.jp/stf/newpage_03337.html

佐藤由利子（2010）『日本の留学生政策の評価』東信堂.

佐藤由利子（2016）「非漢字圏出身私費留学生のニーズと特徴——日本学生支援機構・私費留学生生活実態調査の分析結果から——」『ウェブマガジン留学交流』Vol. 69, pp. 1-16.

佐藤由利子（2017）「『留学生日本一の街』別府における多文化共創の実践」『国際人流』第360号（通巻第30巻第五号）, pp. 20-25.

佐藤由利子（2018）「移民・難民政策と留学生政策——留学生政策の多義性の利点と課題——」『移民政策研究』第10号, pp. 29-43.

佐藤由利子（2019）「留学生の多様化と留学動機／就職意識の変化——2007〜2017年度の私費外国人留学生実態調査結果の分析から——」『ウェブマガジン留学交流』Vol. 96, pp. 1-12.

総務省（2019）「高度外国人材の受入れに関する政策評価書」http://www.soumu.go.jp/main_content/000627735.pdf.

日本学生支援機構（2019）「平成30年度外国人留学生在籍状況調査結果」https://www.jasso.go.jp/about/statistics/intl_student_e/2018/_icsFiles/afieldfile/2019/01/16/datah30zl.pdf.

法務省（2018）「新たな外国人材の受入れに関する在留資格「特定技能」の創設について」https://www.kantei.go.jp/jp/singi/gaikokujinzai/kaigi/dai2/siryou2.pdf.

法務省（2019a）「在留外国人統計」http://www.moj.go.jp/housei/toukei/toukei_ichiran_touroku.html.

法務省（2019b）「平成30年における留学生の日本企業等への就職状況について」http://www.moj.go.jp/content/001307810.pdf.

IIE (2019), Project Atlas 2018: Infographics, Inbound Students in Select Countries 2018, https://www.iie.org/en/Research-and-Insights/Project-Atlas/Explore-Data/Infographics/Current-Infographics.

OECD (2018), "Education at a Glance 2018", OECD Publishing, Paris.

OECD (2019), "Migration Data Brief", No. 4, https://www.oecd.org/els/mig/Migration-data-brief-4-EN.pdf.

UNESCO (2019), "Education; Total inbound internationally mobile students" http://data.uis.unesco.org/.

Widmaier, S. & J-C. Dumont (2011), *Are recent immigrants different? A new profile of immigrants in the OECD based on DIOC 2005/06*", OECD Social, Employment and Migration Working Papers No. 126, Directorate for Employment, Labour and Social Affairs, OECD Publishing.

ディスカッションテーマ，ロールプレイのテーマ
1．世界規模の高度人材獲得競争において，日本はどのような立ち位置にある
   でしょう？
2．日本の専門的・技術的分野の人材受入れにおいて，留学生はどのような位
   置付けにあるでしょう？
3．最近留学生が増えている理由はなぜでしょう？
4．留学生受入れによる地域活性化には，どのような利点と課題がありますか？

キーワード解説
「専門的・技術的分野の在留資格」
　専門や技術を有する者を対象とした在留資格の総称．具体的には，高度専門
職（ポイント制による高度人材），教授，経営・管理，法律・会計業務，医療，
研究，教育，技術・人文知識・国際業務，企業内転勤など，いわゆる高度人
材を対象とした在留資格が中心だが，介護，技能など，ミドルスキル人材を
対象とした在留資格も含む．
　2018年の出入国管理及び難民認定法の改正により，「特定技能」の在留資格が
創設される前は，専門的・技術的分野の在留資格が，就労目的で在留が認め
られる唯一のカテゴリーであった．

別府の商店街（国際通りソルパセオ銀座）を歩く留学生たち
（写真提供：大学コンソーシアムおおいた）

別府ラクテンチの足湯に浸かる留学生たち
（写真提供：大学コンソーシアムおおいた）

第4章

日系人と日本社会：歴史・ルーツ・世代をめぐって

人見泰弘

1．はじめに

　2019年4月．在留資格「特定技能」の新設，多文化共生総合相談ワンストップセンターの設置，出入国在留管理庁への組織改編など，日本政府は外国人労働者の受入れをめぐる法改正や行政機構の改編をスタートさせた．日本には韓国・中国などの東アジア，フィリピン・ベトナム・ミャンマー（ビルマ）などの東南アジア，ブラジル・ペルー・アルゼンチンなどの南米出身者など，2018年末時点で273万人以上の滞日外国人が暮らしている．技能実習生，留学生，難民，結婚移民などさまざまな移住背景を持つ人々がみられるなか，本章では日系人の移住過程について学んでいこう．日系人は日本社会とルーツを共有すると捉えられる国際移民であり，この点で他の移民集団とは異なる移住過程を経験することになった．本章では滞日日系人コミュニティのなかで日系ブラジル人の事例を中心に検討することにしよう．

　本章は以下のように論を進める．まず日本からの出移民史をたどり，在外日本人社会がアメリカ合衆国や南米諸国などに形成されてきた経緯を振り返る．戦前の日本人移民の国際移動は，次節でみる日系人の日本への「帰国」を生み出す素地を作り出した（第2節）．そして1980年代後半より南米日系人の「帰国」が進み始める．日系ブラジル人の国際移動を事例としつつ，ブラジルでの移住背景，日本での定住と次世代の教育問題，そして日系四世を取り巻く近年の動向をみていこう（第3節）．最後に本章をまとめ，日系人と日本社会との繋がりを考えよう（第4節）．

2．移民送出国・日本と在外日本人社会

　かつて戦前日本は海外に出稼ぎ移民を送り出す，いわゆる移民送出国であった．1880年代の日本は西南戦争の戦費調達のために紙幣を乱発し，深刻なインフレーションに苦しんだ．これを押さえるために緊縮財政が実施されると深刻な経済不況となり，当時の国民の大半を占めた農民の多くが困窮する事態となる．農業だけで生計を立てられない人々が，より高収入が得られる海外への移民を目指した（木村 2018）．

　彼らが日本からまず目指したのが，ハワイであった．1885年から集団移住である「官約移民」が始まり，農業に従事する出稼ぎ労働者の送出しが始まった [1]．その後アメリカがハワイを併合したことで，米国本土により高賃金を求めて移住する日本人移民が急増することになった [2]．しかし，北米では次第に日本人排斥運動が広まり始める．まず1907年の日米紳士協約では日本人の新規渡米が家族呼び寄せなどに限定された．1922年には米国最高裁判決で日本人が帰化不能外国人と裁定され，これによって1924年米国移民法で日本人は移民として入国できなくなった．日本人移民の北米での受入れは閉じられていったのである（坂口 2018, pp. 78-79）．

　北米への移住先を失った日本人移民は，新たな移住先として南米への出稼ぎを開始する．1899年にはペルーに，1908年にはブラジルに最初の日本人移民が渡った．アルゼンチン，チリ，コロンビアなど南米諸国への出稼ぎが広まり，1899年から1969年までに約31万人が移住したとされる（三田 2018, p. 118）．もっとも日本人移民が多かったのはブラジルである．主に戦間期にあたる1942年から1953年までを除き，ブラジルには1908年から1981年までの約60年の間移住が続いた（三田 2018, p. 120）．日本人移民は当地でコーヒー栽培などに従事する農業移民として働いた．彼らは農地を開拓し，その後の日系社会を築いていくことになる．現在，ブラジルに滞在する日本人とその子孫である日系人は今や190万人ともいわれており，ブラジルは世界で突出して日系人が数多く暮らす国となっている [3]．

3．南米日系人の「帰国」と定住

（1）「帰国」する南米日系人

　1980年代後半になると，南米諸国から日本に向かう人の移動が広まり始める．南米諸国では景気後退が問題となり，人々は他国での就労を模索することになった．他方で当時の日本では，バブル景気により慢性的な労働力不足が生じていた．アジアからの出稼ぎ労働者が数多く来日し，日本の国際化が盛んに喧伝されたのもこの時期である．ところが，日系人に関しては他の出稼ぎ労働者とは異なる経路から日本への移動が進んでいた．その大きな転換点は，1990年（1989年改正，1990年施行）の出入国管理及び難民認定法改正に求められる．1990年法改正では，就労制限がない在留資格「定住者」の創設が決まり，日本人のルーツを持つ日系人にこの「定住者」資格が付与されることとなった．これにより「日本人の配偶者等」の在留資格で滞在していた日系二世に加え，日系三世の日本での滞在が可能となり，かつて日本から南米に出稼ぎで移住した人々の子孫にあたる南米日系人が日本に「帰国」することが可能となったのである．

　当時来日した日系人コミュニティの中でみると，日系ブラジル人はもっとも人口規模が大きな移民集団であった．1996年には20万人を超え，2007年のピーク時には31万人に達した（図表4-1）．当時ブラジル人は韓国・朝鮮，中国に続く三番目の移民集団であった．ペルー，アルゼンチン，ボリビアなど南米諸国からの日系人の国際移動も同時期に進んでいった．

　日系人は愛知県や静岡県などの東海地域，群馬県，茨城県や栃木県などの北関東地域に集住することになり，いくつかの市街には公営住宅団地を中心に日系人が集住する地域などが目立つようになっていった．日系人の多くは労働者派遣業者を介して来日し，製造業や自動車産業，電気産業などの下請けや関連企業が集積する地域に集住していった（梶田・丹野・樋口 2005）．多くが派遣，請負という非正規労働者として働きながら，日本のさまざまな産業を支えていくことになる．

　しかし，2008年に発生したリーマンショックとそれに伴う景気後退は，南米日系人に深刻な影響を与えた．景気後退の直接の影響を受けたのも，日系ブラ

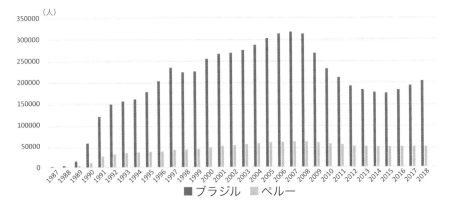

図表4-1　ブラジル及びペルー系在留者数の推移（1987〜2018年）
出所：『在留外国人統計』各年度版
注：2012年からは在留外国人数である.

ジル人であった. 数多くの日系ブラジル人は非正規労働者であるがゆえに雇止
めや解雇に直面してしまい, 生活状況は不安定となってしまった. 2009年には
日系人を対象に帰国支援事案が実施され, 2万人のブラジル人が帰国していっ
た. 日系ブラジル人の人口は2014〜15年に17万人代にまで減少し, ピーク時に
比べてほぼ半減してしまうほど大きな影響を受けたのである（図表4-1参照）[4].
まさにリーマンショックは, 日系ブラジル人コミュニティにとって分水嶺とな
る出来事だった.

（2）日系人の定住化と次世代の子どもの教育問題

　他方で, 日本での滞在が長期化したためにブラジルには帰国せず, 日本での
滞在を続ける日系ブラジル人家族も少なくなかった. 日本で生まれ育った子ど
もたちや祖国から呼び寄せられた子どもたち, また日本とブラジルとの間を頻
繁に行き来する子どもたちが日系ブラジル人コミュニティでみられるようにな
る. とくに学齢期に頻繁な国際移動を経験した子どもたちは国境を越えること
で教育課程が分断されてしまい, 出身国および受入国の言語を充分に習得でき
ないダブルリミテッドが生じてしまうなど, 子どもたちの教育達成が阻害され
てしまう課題も生じている.

　日本に滞在する子どもたちが直面する教育問題の1つが, 日本語の習得問題

図表4-2　日本語指導が必要な外国籍の児童生徒の母語別在籍状況

（単位：人）

		小学校	中学校	高等学校	その他	合計
スペイン語話者	2016年	2,576	792	180	28	3,576
	2018年	2,477	874	217	32	3,600
ポルトガル語話者	2016年	5,811	2,160	295	74	8,340
	2018年	6,037	2,184	436	122	8,779
日本語指導が必要な外国籍の児童生徒の合計	2016年	18,884	7,809	2,272	233	29,198
	2018年	22,156	8,792	2,915	472	34,335

出所：文部科学省「日本語指導が必要な外国籍の児童生徒の母語別在籍状況」より作成.

である．公立学校在籍者のうち日本語指導が必要な外国籍児童生徒の母語別在籍状況をみると，2018年ではブラジル出身者を含むポルトガル語話者が8779人ともっとも多くを占め，南米出身者を広く含むスペイン語話者は3600人であった．ポルトガル語話者とスペイン語話者をあわせると，日本語指導が必要な外国籍の児童生徒の約3分の1は，南米にルーツを持つ子どもが占めた形になっている（図表4-2参照）．

また学校段階別でみると，2018年のポルトガル語話者では小学校在籍者が6037人，中学校在籍者が2184人，高等学校在籍者が436人であった．スペイン語話者では，小学校在籍者が2477人，中学校在籍者が874人，高等学校が217人であった．小学校から高等学校在籍者まで，日本語指導が必要な児童生徒が幅広い年齢層に広まっていることがうかがえる（図表4-2）．日本で成長する子どもたちが増えていることと同時に，家族呼び寄せで学校段階が進行中に海外から途中来日する子どもたちがいることも影響している．また在籍者を都道府県別でみてみると，ポルトガル語話者は愛知県（3223人），静岡県（1344人），三重県（848人），滋賀県（655人），岐阜県（525人），群馬県（418人），スペイン語話者は愛知県（833人），神奈川県（516人），三重県（490人），岐阜県（349人）の順に多く，東海地域や北関東地域に集中している[5]．これらの地域では子どもたちを対象とした日本語教室だけではなく，学習支援や高校進学ガイダンスなどの取り組みが進められている．

しかし，子どもたちの進学状況をみると，決して楽観できない状況にある．2010年国勢調査から19〜21歳の国籍別進学状況をみると，日本籍，韓国・朝鮮籍では，大学在籍者がそれぞれ45％前後，短期大学・専門学校在籍及び卒業者

が約2割，高等学校卒業者が3割弱ほどとほぼ同程度であったのに対し，ブラジル国籍では大学在籍者が11％，短期大学・専門学校在籍および卒業者が7％に留まり，高等学校卒業者が42％，中学校卒業者が33％となるなど大きな進学格差が存在している（樋口・稲葉 2018）．こうした学歴格差は，子どもたちの将来の進路や就職，地位達成にも影響することを考えると看過できない課題と言える．子どもたちの進学格差が今後縮まっていくのかどうかは，日系人コミュニティのその後を占う重要なテーマとなっている．

（3）日系四世の受入れをめぐって

　子どもたちの成長が示すように，日系人の世代交代が確実に進んできた．従来の出入国管理及び難民認定法では活動に制限がなく日本で長期滞在可能な法的地位は日系三世までに留まっていたため，次第に日系四世の処遇へと関心が集まっていた．従来では日本に滞在できる日系四世は，原則として「定住者」資格を保持する日系三世の親と一緒に暮らす未婚・未成年の実子に限られていたけれども，日系四世の日本への就労を希望する声が高まってきたこともあり，日本政府は2018年7月1日より日系四世の受入れを開始することになった[6]．

　まずここで日系四世は，一定の日本語能力を保持する18〜30歳までが対象とされた．日系四世は日本文化を習得するなどし，日本と現地日系社会との「架け橋」としての役割が期待されることになった．年間最大4000人の受入れが見込まれ，最長5年間の滞在が可能となったものの，家族滞在は容認されていない．来日に際しても日系四世の生活支援に取り組む「受入れサポーター」の確保が必要とされることがこの法改正において明記された（『朝日新聞』2018年3月30日）．

　日系四世受入れをみると，第一に日本語能力の保持が要件とされた．入国時は「基本的な日本語を理解することができる能力を有すること」として日本語能力試験4級程度が想定されているが，通算して2年を越えて在留するときには「日常的な場面で使われる日本語をある程度理解することができる能力を有していること」として日本語能力試験3級程度が想定され，申請時の日本語力に加えて日本滞在後に日本語力が向上していることが資格更新の要件とされた．日本人とルーツを共有する日系人とはいえ，世代が進むにつれて日本語能力は日系二世や三世よりも低下し，日本人との文化的類似性はしだいに希薄化して

しまう．法的に日系人であっても，社会的な実態はますます外国人に近づいてしまうのである．世代交代に伴うエスニック・ルーツの希薄化を留めつつ，同時に日本社会への適応を促進するために日本語習得が義務づけられることになった．

　第二に，制度構造をみる限り，日本社会への定着よりも将来の帰国が想定されている．就労は可能であるけれども家族帯同はできない，法的地位も日系三世が付与された「定住者」資格ではなく，それよりも行使できる権利が制約された「特定活動」の資格が付与されることになった．「受け入れサポーター」を申請者が確保することが必須となるなど，日系四世の受入れに伴う社会的負担を極力避けるねらいもみえる(7)．もともとワーキングホリデー制度を踏まえて制度化されたこともあり，あくまでも短期間の労働力という前提での受入れが反映されることになった．

　今回の日系四世受入れが策定されたことで，日系四世は日系二世や日系三世とは異なる別の制度のもとに置かれた．今後日系四世がどのように日本社会で受け入れられていくのかは，世代交代が進む日系コミュニティの行く末を左右することになるだろう．

4．おわりに

　最後に，本章の内容をまとめよう．1つ目に戦前の日本人移民は北米・南米に移住して日本人社会を形成し，その後の日系人社会を生み出す土台を形成した．なかでも南米諸国，とくにブラジルにはもっとも多くの日本人移民が移住し，今日最大規模の在外日系人社会が活動している．2つ目に，1980年代から彼女／彼ら日系人の日本への「帰国」がみられ始めた．南米側の景気後退，日本側の日系人を対象とした法改正，そして労働者派遣業者のネットワークなどが複合的に組み合わさり，日系ブラジル人を含む南米日系人の日本社会への移動が進むことになった．他方で，非正規労働者として就労していたために，リーマンショックの影響を受けて失業や帰国を経験するなど南米日系人は経済状況に大きく左右され，不安定な移住過程をたどることになった．3つ目に，日系人コミュニティでは次世代の子どもの教育が課題となった．日本語習得の問題に加え，高校・大学といった高等教育への進学格差が大きく，次世代の担い

手が大きなハンディキャップを抱えている事実がみられた．4つ目に，日系コミュニティの世代交代が進み，日系四世の処遇が政策的課題となった．「日系」という基準は日本の民族性に根付いた原理であるけれども，その継続性をどのように捉えるかが，世代が進むたびに問われてきたといえる．日系四世では血統的には日本人のルーツがありつつも文化的差異も決して小さくはなく，日本語能力の保持や日本文化の習得といった要件が課されることになった．同時に将来の帰国を想定し，日本社会への定着を想定しないねらいがみられるなど，従来の日系二世や日系三世とは別の政策枠組みに位置付けられることになった．

　日系人は，日本人と祖先を共有し，民族的出自や文化的基盤を共有するとされる移民集団であった．日本人とルーツを共有するとされるがゆえに，ほかの国際移民とは異なる移住経路をたどってきたことが，これまでの経緯から読み解くことができよう．それは同時に，日本社会が在外日本人社会をどうとらえているかを映し出す事例の1つでもあったといえるだろう．あらためて日本社会と在外日本人とが今後どのような関係性を持ちうるのか．日系人の国際移動を手がかりに，両者の関係性を常に問い続ける必要があるだろう．

注
（1）　ハワイへの官約移民は1885年から1894年まで続いた．この間の26回の送り出しを通じて，3万人以上がハワイに渡航した（坂口2018, p. 77）.
（2）　日本人移民の出身地をみると，ハワイ・北米には広島県・山口県・熊本県・福岡県・新潟県出身者が多かった．後述するブラジルには熊本県・福岡県・沖縄県・北海道・広島県から，ペルーには沖縄県・熊本県・広島県・福島県・福岡県からの渡航者が多かった．沖縄県，熊本県，福岡県，広島県など西日本が日本人移民の送出県であった（木村2018, p.34）.
（3）　公益財団法人海外日系人協会のウェブサイトより.
（4）　日系ブラジル人と比べると，南米出身者のなかでもペルーやアルゼンチン出身者は人口急減を経験しておらず，リーマンショックの影響は一様ではなかったとされている（樋口2011）. 紙幅の関係で詳述はできないけれども，就労状況などが違ったことなどが原因ではないかと考えられている．日系ペルー人と日系アルゼンチン人の状況については，それぞれ田巻・スエヨシ編（2015）や樋口・稲葉（2009;2013）などを参照されたい.
（5）　文部科学省の同調査「③－1 日本語指導が必要な外国籍の児童生徒の母語別

在籍状況（都道府県別）」より．数値は2017年5月1日現在．
（6） 詳細は法務省ウェブページ「日系四世の更なる受入制度」を参照のこと．
（7） 日系四世には厳密な受入れ条件が課されたこともあり，制度開始から1年後の2019年6月時点で，在留資格を得たのは43人と年間4000人の受入れ枠の約1％に留まった（『日本経済新聞』2019年6月28日）．

参考文献一覧

梶田孝道・丹野清人・樋口直人（2005）『顔の見えない定住化——日系ブラジル人と国家・市場・移民ネットワーク』名古屋大学出版会．

木村健二（2018）「近代日本の出移民史」日本移民学会編『日本人と海外移住——移民の歴史・現状・展望』明石書店，pp. 31-50.

公益財団法人海外日系人協会（http://www.jadesas.or.jp/aboutnikkei/index.html）．

坂口満宏（2018）「アメリカ合衆国への移民」日本移民学会編『日本人と海外移住——移民の歴史・現状・展望』明石書店，pp. 75-98.

田巻松雄，スエヨシ・アナ編（2015）『越境するペルー人——外国人労働者，日本で成長した若者，「帰国」した子どもたち』下野新聞社．

樋口直人（2011）「経済危機後の在日南米人人口の推移——入管データの検討を通して」『社会科学研究』24, pp. 139-157.

樋口直人・稲葉奈々子（2009）「アルゼンチンからのデカセギ研究・序説——デカセギの概要と仮説提示の試み」『茨城大学地域総合研究所年報』42, pp. 23-39.

樋口直人・稲葉奈々子（2013）「フロレンシオ・バレラの野郎ども——藤沢市湘南台のアルゼンチン系コミュニティ，1988-2012」『都市社会研究』pp. 131-147.

樋口直人・稲葉奈々子（2018）「間隙を縫う——ニューカマー第二世代の大学進学」『社会学評論』68（4），pp. 567-583.

法務省（2018）「日系四世の更なる受入制度」（http://www.moj.go.jp/nyuukokukanri/kouhou/nyuukokukanri07_00166.html）．

法務省『在留外国人統計』各年度版．

三田千代子（2018）「ブラジルの移民政策と日本移民」日本移民学会編『日本人と海外移住——移民の歴史・現状・展望』明石書店，pp. 118-154.

文部科学省（2017）『「日本語指導が必要な児童生徒の受け入れ状況等に関する調査（平成28年度）」の結果について』．

世界各地に移住した日本人移民の歴史や特徴などについて，文献や資料をもとに調べる.

ディスカッションテーマ

1. 日本に暮らす日系人は，来日後にどのように暮らしているのだろうか. 仕事・教育・家族・文化などをテーマに調べて発表しよう.
2. 日系人が集住する都市・地域では，どのような取り組みがなされているのだろうか. 行政資料などを検討し，取り組みを報告しよう.
3. 日本語習得が困難な日系人の子どもたちに，どのような支援が考えられるだろうか. 具体的な支援を提案してみよう.

キーワード解説

1. 「ダブルリミテッド」
   出身国の言語と受入国の言語のいずれも十分に習得できず，コミュニケーションだけではなく，学業達成などでも不利益が生じてしまうこと.
2. 「日系四世」
   18～30歳までの日系四世のうち，基本的な日本語力の保持や生計維持，帰国旅券や「受入れサポーター」の確保などを要件に，通算を含めて最長5年間の滞在許可が得られることが2018年法改正で規定された.

第5章

日本の生産を支える外国人材
：技能実習制度と特定技能制度

万城目正雄

1．はじめに

　毎日の食卓に並ぶ野菜や魚の干物，ソーセージや卵，惣菜，果物は，誰が生産したものか，考えたことがあるだろうか．もしかすると，アジア諸国から来日した外国人技能実習生（以下，実習生）かもしれない．高校生の制服，日本製有名ブランドの背広，スポーツシャツやブラウス，家電製品や自動車に内蔵されている部品も実習生が生産に携わっている可能性がある．

　人口減少に直面する日本で，とくに中小企業における人材不足を補うため，外国人材受入れ拡大に向けた政策が進められている．本章では，技能実習と特定技能の制度を確認しながら，誰が日本の生産を支えるのか，そのような視点から外国人材受入れ問題について検討してみよう．

2．日本の労働市場と外国人受入れニーズ

（1）日本における外国人の雇用状況

　日本で働く外国人は，どれくらいの人数で，どの国から来日し，どのような仕事に従事しているのだろうか．厚生労働省「『外国人雇用状況』の届出状況」によると，146万463人（2018年10月末現在）の外国人が日本で働いている．その特徴を整理すると，第一に在留資格別では，永住者，定住者（主に南米出身の日系人）などの身分に基づく在留資格を有する外国人がもっとも多く49万5668人（総数に占める割合は33.9%）となっている．次いで，「技術・人文知識・国際業務」「技能」「投資・経営」などの入管法上の就労資格で働く専門的・技術的分野の在留資格を有する外国人が27万6770人（同19.0%）．そして，

	2016年	2017年	2018年	
				総数に占める割合
総数	1,083,769	1,278,670	1,460,463	100.0%
専門的・技術的分野の在留資格	200,994	238,412	276,770	19.0%
うち技術・人文知識・国際業務	148,538	180,367	213,935	14.6%
特定活動	18,652	26,270	35,615	2.4%
技能実習	211,108	257,788	308,489	21.1%
資格外活動	239,577	297,012	343,791	23.5%
うち留学	209,657	259,604	298,461	20.4%
身分に基づく在留資格	413,389	459,132	495,668	33.9%
うち永住者	236,794	264,962	287,009	19.7%
うち日本人の配偶者等	79,115	85,239	89,201	6.1%
うち永住者の配偶者等	10,441	12,056	13,505	0.9%
うち定住者	87,039	96,875	105,953	7.3%
不明	49	56	130	0.0%

注：各年10月末現在
出所：厚生労働省「『外国人雇用状況』の届出状況表一覧（平成30年10月末現在）」より作成.

技能実習30万8489人（同21.1%），資格外活動（留学生のアルバイトなど）34万3791人（同23.5%）となっている．在留資格別でみると，永住者や定住者，技能実習生や資格外活動など，専門的・技術的分野以外の在留資格を有する外国人労働者が全体の約8割を占めている（図表5-1参照）．

　第二に国籍別では，中国人がもっとも多く，総数の26.6%を占めている．第2位はベトナム人21.7%，第3位はフィリピン人11.2%，第4位はブラジル人8.7%である．第三に産業別では，製造業が29.7%を占め，次いでサービス業15.8%，卸売業，小売業12.7%，宿泊業・飲食サービス業12.7%となっている．第四に外国人を雇用する事業所（21万6348事業所）の規模をみると，従業員30人未満が58.8%ともっとも多く，次いで30～99人18.5%，100～499人11.7%，500人以上4.0%となっている（巻末付録：日本の外国人労働者参照 p. 252-256）．

　日本政府は「雇用政策基本方針」（2014年4月厚生労働省告示）により，高度外国人材の受入れと定着を支援する方針を打ち出し，専門的・技術的分野の外国人はより積極的に受け入れるが，それ以外の分野については十分慎重に対応するという姿勢で政策を展開してきた．しかし，外国人の雇用状況をみると，日本の労働市場における外国人労働者受入れニーズは，専門的・技術的分野に

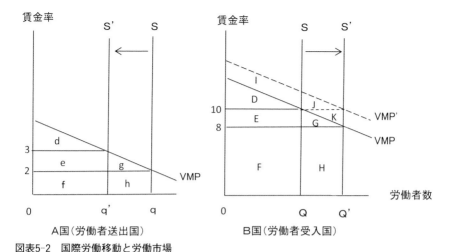

図表5-2　国際労働移動と労働市場

出所：Bodvarsson. Ö., & Van den Berg, H. (2013) p. 24に基づき作成

は該当しない製造業，サービス業，建設業などの中小企業で高く，そのニーズに対応する形で就労する実習生などの外国人が増加している．

（2）外国人受入れの経済学的検討

　日本では，専門的・技術的分野に該当しない外国人材に対する労働市場のニーズに対応する形で，とくに，地方の中小製造業で実習生の受入れが増加してきた．実習生は，最長5年の期間で帰国する「ローテーション方式」を採用している．日本に限らず，諸外国においても，専門的・技術的分野の外国人材（高度人材）は積極的に受け入れ，定住を促進するが，非高度人材については，帰国を担保する形で抑制的に受け入れる政策を採用している．これを「選択的移民政策」と呼ぶが，なぜ，政府は非高度人材の受入れに抑制的な政策を採用するのだろうか，単純な労働市場を想定して考えてみよう．

　世界がA国とB国で構成されていると想定する．A国の賃金はB国の賃金より低い状態にあり，相対的に低い賃金のA国から相対的に高い賃金のB国に労働移動が生じると仮定する．2国間で労働移動が生じていない状態では，A国の総生産はd＋e＋f＋g＋hであり，その内訳は労働者の賃金がf＋h,

企業利潤がd＋e＋gとなる．B国の総生産はD＋E＋F＋G＋Hであり，その内訳は，労働者の賃金がE＋F＋G＋Hであり，企業利潤がDとなる．A国からB国にq'qの労働移動が生じ，B国がQQ'の労働者を受け入れた場合，A国とB国の労働供給曲線はSからS'へとシフトすることになる．その場合，賃金率はA国では2から3に上昇するが，B国では10から8に低下する．その結果，A国では，企業利潤がe＋gだけ減少してdとなる．労働者の賃金はe＋fとB国に移動した労働者の賃金Hの合計となる．B国では企業利潤がDからD＋E＋Gに増加する一方で，労働者の賃金は減少しEからFとなる．世界全体の生産は，（H＋G）－（h＋g）の分増加するため，国際労働移動は望ましい政策となるが，労働者受入国となるB国では企業利潤が拡大する一方で，労働者の賃金が減少するため，非高度人材の受入れに抑制的な政策を採用することとなる[1]．

　他方，B国がQQ'の高度人材を受け入れた場合，限界生産力曲線は，VMPからVMP'にシフトするため，B国の賃金を低下させることなく，生産を増加させることができる．そのため，高度人材については，より積極的に受け入れ，定住を促進する政策を採用することとなる（図表5-2参照）．

　ここでは単純な労働市場を想定した検討に留まるが，外国人労働者受入れがもたらす経済効果については，専門家の間でも意見が分かれ，賃金や雇用，生産性への影響，年金・医療などの社会保障，教育などの社会統合のための財政上の費用負担などをテーマとして，多くの研究成果が報告されている．

3．技能実習制度とは

　それでは技能実習とはどのような制度なのか，確認してみよう．技能実習制度は，入管法が規定する在留資格「技能実習」をもって，外国人が日本に入国し，民間企業などにおいて技能等を修得する制度である．開発途上地域の「人づくり」に協力することを目的としている．

（1）基本的な仕組み
　技能実習制度は，1980年代後半の時代背景の中で，制度の検討が行われ，1993年に制度化された．現在の制度は，2017年11月に施行された改正入管法と

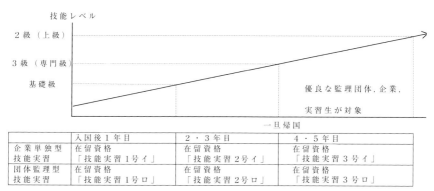

	入国後1年目	2・3年目	4・5年目
企業単独型技能実習	在留資格「技能実習1号イ」	在留資格「技能実習2号イ」	在留資格「技能実習3号イ」
団体監理型技能実習	在留資格「技能実習1号ロ」	在留資格「技能実習2号ロ」	在留資格「技能実習3号ロ」

図表5-3　技能実習制度の仕組み
出所：執筆者作成

技能実習法に規定されている（図表5-3参照）.

　第一に実習生の活動内容である.　在留資格「技能実習」は，企業等と実習生が雇用契約のもと，技能等を「修得」するための活動（入国後1年目），修得した技能等を「習熟」するための活動（同2・3年目），習熟した技能等を「熟達」するための活動（同4・5年目）がある.　計画的・段階的に技能などを修得するため，実習生ごとに，技能実習1号，2号，3号の区分に応じて，技能実習計画を作成し，「外国人技能実習機構」から，その計画が適当である旨の認定を受けなければならない.　その際，各段階で到達すべき達成目標を設定し，その状況を技能検定試験などの受検などにより確認することが必要となる.　とくに，技能実習2号（2年目）以降も在留を希望する場合，技能検定試験の基礎等級（実技・筆記）に合格する必要がある[2].

　第二に受入れの方法である.　実習生受入れの方法には以下の2つがある.

①企業単独型技能実習：日本企業が海外の子会社・関連会社・取引先の従業員を受け入れ，実習を実施する.　企業単独型技能実習は，海外ビジネスや海外拠点の運営に不可欠な現地従業員の育成手段として活用されている.

②団体監理型技能実習：日本の商工会，商工会議所，中小企業団体，農協，公益法人などの営利を目的としない団体（主務大臣（法務大臣・厚生労働大臣）から許可を受けた監理団体）が海外の送出機関と契約を結び，実習生を受け入れ，当該団体の傘下の企業（実習実施者）で実習を実施する.

　団体監理型技能実習は，海外に子会社等を持たない中小企業や農家にお

いても，監理団体の実習監理（入国直後に実施する日本語などの講習，傘下企業への定期監査など）のもとであれば，実習生の受入れが可能となっている．

第三に日本政府と送出国政府との2国間取決め（協力覚書）である．2016年11月の技能実習法公布後，日本政府は，送出国政府との間で2国間取決めを締結することとなった．送出国政府は，自国の送出機関の適格性を審査した認定送出機関から実習生を送り出すこととなる．監理団体の許可制と送出機関の認定制に基づく2国間の公的な枠組みにより，適正な制度運営を図る仕組み作りが進められている．

（2）特徴

技能実習制度の特徴は，第一に受入れ人数制限を伴うローテーション方式が導入されていることである．無制限な受入れ増加を防止するため，受入企業の常勤職員数に応じた実習生の受入れ人数枠が設けられている．実習生の滞在期間は，最長5年間に限定されており，家族帯同はできず，再度の実習も原則として認められていない．来日前には，原則として，日本で受けようとする業務に従事した経験を有し，その上で，送出国政府などの推薦を受けた者に限定される．実習修了後は確実に帰国し，母国の発展に寄与することを制度の基本としている．帰国にあたっての旅費は，日本の監理団体または企業などが全額負担するシステムとなっている．

第二に実習生の保護である．実習生は雇用契約に基づく労働者として，労働基準法や最低賃金法などの労働法令が適用される．同時に，雇用保険制度による失業給付，労災保険による被災労働者や遺族補償の対象となるほか，健康保険や厚生年金などの社会保険への加入も義務づけられている．その他，監理団体・企業などには，受入れ側のコスト負担により，実習生に対する日本語教育，法的保護講習（労働法・入管法などの講習），住居確保，生活指導など，実習生の地域社会での生活適用を支援し，実習生を保護する義務が生じる．外国人労働者の受入れにあたって，社会的コストの増大が懸念されるが，実習生の場合，受入れに係る社会的コストは，技能実習が民間ベースによる国際貢献を目的としたものであるため，受入れ側の負担によって内部化されている点も制度の特徴の1つである．

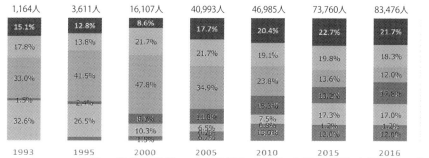

| | 1,164人 | 3,611人 | 16,107人 | 40,993人 | 46,985人 | 73,760人 | 83,476人 |

図表5-4　分野別技能実習移行申請者数の推移
　出所：国際研修協力機構編「外国人技能実習・研修事業実施状況報告（JITCO白書）」各年版より作成.
　（注）2010年7月の改正入管法施行後は技能実習2号移行申請者である

（3）受入れ状況

　厚生労働省「『外国人雇用状況』の届出状況」が集計した30万8489人（2018年10月末現在）の実習生の国籍別内訳は，ベトナム14万2883人（全体に占める割合：46.3％），中国8万4063人（同27.2％），フィリピン2万9875人（同9.7％），インドネシア2万4935人（同8.1％）となっている．近年では，東南アジア諸国からの受入れが増加している．受入分野別の特徴について，技能実習2号移行申請者数の推移をみると，機械・金属関係の受入れがもっとも多く，製造業を中心に実習生が受け入れられている（図表5-4参照）．

　実習生は中小企業によって受け入れられている．団体監理型により2017年度に技能実習2号に移行申請した実習生の受入企業の従業員規模をみると，10人未満（農家を含む.）50.0％，10〜19人15.0％，20〜49人14.1％となっている[3]．職種と都道府県別の関係をみると，例えば，北海道・岩手県・宮城県・広島県・千葉県・鹿児島県では，水産加工業などを含む食料品製造，茨城県・熊本県は農業，岐阜県・岡山県は繊維・衣服関係，静岡県・愛知県・三重県・広島県は，機械・金属関係など，地域で興隆している地場産業で実習生が受け入れられている．

　それでは，なぜ，上記の様に実習生が増加してきたのだろうか．その背景について考えてみよう．万城目（2019）は，先行研究に基づき，①日本の経済成長率，有効求人倍率と実習生の毎年の増減率は正に相関している．②企業は，

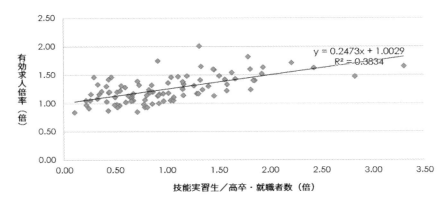

図表5-5 技能実習生倍率（技能実習生／高卒・就職者）と有効倍率（2015・2016年）
　資料：厚生労働省「外国人雇用状況の届出状況」，文部科学省「学校基本調査」，厚生労働省「一般
　　　職業紹介状況」
　出所：小﨑（2018）p. 67

とくに地方で減少する高卒の新卒就職者を補完する役割を実習生に求めている
ことを指摘している[4]．これをふまえ，小﨑（2018）は，各都道府県の有効求
人倍率と実習生倍率（実習生／高卒・就職者数）の関係を2015年と2016年の都
道府県別データをプールして回帰を求めている（図表5-5参照）．

　その結果をみると，有効求人倍率が高い都道府県ほど実習生が受け入れられ
ているが，単純に有効求人倍率と実習生が正の相関にあるのではなく，高卒の
就職者数を補完する形で実習生が有効求人倍率と正の相関関係にあると指摘し
ている[5]．実習生は日本の就業者（約6664万人：2018年「労働力調査」（総務
省統計局））の0.5％にも満たないが，18歳人口の減少に加え，進学や就職のた
めに，とくに地方で減少する高卒の新卒就職者数の不足を補完する役割を担い
ながら，地域の中小企業の生産を支える貴重な若年労働力として，景気変動に
伴う労働需給バランスを調整しながら受入れが拡大してきたといえるだろう．

（4）指摘される制度の課題

　技能実習制度の活用が進む一方で，日本企業が制度を悪用し，実習生を実質
的な低賃金労働者として扱うほか，法令違反や人権侵害行為が行われているこ
とが報告されている．例えば，2018年の労働基準監督機関の監督指導結果では，
監督指導を行った7334事業場のうち5160事業場（70.4％）で労働基準関係法令

の違反が認められている．主な違反項目は，労働時間，安全基準，割増賃金の支払いの順に多く，そのうち，重大・悪質な違反により19件が送検されている．労働基準監督機関による毎年の監督指導結果をみると，違反率は約7割であり，実習生受入れ事業場のみが著しく高いとはいえず，違反項目が労働時間，割増賃金の支払いにある点も共通している．重大・悪質といわれる実習生の労働環境は早急に改善しなければならないことはいうまでもないが，日本の労働慣行として指摘される長時間労働やサービス残業は，日本人・外国人を問わず是正が求められる日本の労働市場の課題でもあることも忘れてはならない．さらに，送出国においては，実習生から保証金などの名目で高額な金銭を徴収する送出機関やブローカーが介在することも報告されている．こうした問題が重なり，実習生の中には，受入企業などから失踪する事案も発生し，その数は2018年には9052人に達している⁽⁶⁾．約30万人在留する実習生と失踪者の比率をみると，毎年，2～3％で推移していることを軽視すべきではないが，失踪者は減少させなければならない．

技能実習制度は，米国国務省が毎年公表している「人身取引報告書」で強制労働と指摘されるなど，国際社会からの批判と相まって制度の適正化と実習生の保護の確保が長年の課題となっている．

（5）実習生受入れによる多文化社会に向けた実践

技能実習制度は，課題と成果を伴いながら，日本独自の制度として発展してきた．それでは，中小企業や地域社会は，実習生受入れを通じて，どのような経験・ノウハウを積み重ねてきたのだろうか，その実践例を紹介してみよう⁽⁷⁾．
① 実習生の受入れを通じてグローバル企業へ

株式会社リード技研（神奈川県川崎市）は，精密金型部品などの多品種少量生産を行う従業員約20人の中小企業である．公差 1 μm という超精密加工技術を有する同社の小川登社長は2014年に最高峰の匠として川崎市から「かわさきマイスター」に認定されている．同社は，外国人材の活用を通じて，成長するアジアの活力を取り込み，グローバル企業へと発展している．そのきっかけは，2010年から団体監理型によりベトナム人実習生を受け入れたことにある．ベトナムとの出会いをきっかけに2015年にベトナムに現地法人を設立した．工場長は日本の大学院に留学した経験を持ち，同社で就業経験を積んだベトナム人エ

ンジニアである．製品の製造は帰国した実習生が支えている．同社の風土と技術を十分に理解した人材がベトナム法人を運営していることにより，技術レベルや品質が信頼できるだけなく，日本語でのコミュニケーションも可能となる．毎日の朝礼は，日本・ベトナム同時中継によるテレビ会議が日本語で行われているという．日本語教育にも力を入れ，2015年には，ベトナム人実習生が，川崎市国際交流センター主催の日本語スピーチコンテストで表彰された．現在は，日本の政府開発援助（ODA）の支援を受け，ベトナムで部品を生産し，ミャンマーで組み立てる電動アシスト自転車の生産に向け，更なるグローバル展開を図っている．技術力をいかして外国人材を日本で育成し，海外で生産するビジネスモデルへの転換を通じ，外国人材と中小企業がWin-Winの関係を構築している．

② 日本語指導と生活支援の充実に向けた取組み

ジェーピー・ライズ協同組合（三重県松阪市）は，技能実習法に基づく優良監理団体である．新設された在留資格「特定技能」の登録支援機関にも登録されている．タイ人などの実習生約200人が在籍する同組合では，日本語教育を充実させるため，日本語教育能力検定試験合格者を雇用し，実習生に対する日本語講習を実施している．実習生には日本語能力試験の受検も奨励し，N3，N2レベルの合格者も多数輩出している．送出機関と協力し，帰国後，在タイ日系企業などへの就職支援も行っている．日本語能力は日系企業の就職に有利になるため，実習生達のやる気に繋がっているという．また，タイ人の通訳を雇用し，実習生への支援体制を拡充させている．実習生が病気やケガを負うこともあるため，組合員の企業には，実習生に対する民間保険（健康保険の自己負担分や入院・手術費用などを補償）に加入することを受入れの条件として義務づけているという．安心して充実した日本での生活を支援する体制の整備が中小企業での外国人材活用には不可欠であると，その重要性を指摘している．

③ 地域社会の実践

実習生は地域で興隆している地場産業・中小企業で受け入れられている．そのため，自治体や地域社会の役割も重要となる．例えば，宮城県では，実習生などと地域住民の交流の機会を創出するなど，実習生との共生地域づくりを推進する取組みが進められている[8]．製造業が集積する神奈川県綾瀬市とベトナム・ハイフォン市は，2019年6月に実習生育成支援の覚書を締結し，両国の

自治体同士が人材育成のビジョンを共有し，適正な受入れ・送出しのみならず，両地域の産業振興に向けて協力することに合意した．その他にも，自治体が実習生と共に地域づくりを推進する取り組みが進められている⁽⁹⁾．地域社会でもお祭りやサッカー，マラソン大会などのスポーツイベント，成人式などで実習生と交流する機会も増えている．

　実習生と中小企業が構築する Win-Win の関係が，地域社会へと広がり，自治体も加わり，多文化社会の発展へと繋がることが期待される．

４．改正入管法と在留資格「特定技能」

（１）特定技能制度とは

　政府は，2018年12月に入管法を改正し，在留資格「特定技能」を新設した．特定技能は技能実習を土台として制度が設計されている．それでは，新設された特定技能とはどのような制度なのか解説を進めてみよう．

　特定技能制度は，中小・小規模事業所などで深刻化する人手不足対策として，生産性向上や国内人材の確保の取組みを行っても，なお人材を確保することが困難な状況にある産業分野において，一定の専門性・技能を有し即戦力となる外国人を受け入れることを目的としている．

　在留資格「特定技能」は，専門的・技術的分野の在留資格の１つに位置付けられ，１号と２号に分かれている．在留資格「特定技能１号」は，特定産業分野（不足する人材の確保を図るべき産業上の分野）で，「相当程度の知識又は経験を必要とする技能を要する業務」に雇用契約に基づいて従事する活動を行うものである．

　第一に特定産業分野についてである．特定産業分野は，分野別基本方針によって，対象となる産業分野が特定され，2019年４月から５年間の受入れ上限数が示されている．現時点の特定技能１号の特定産業分野は，14分野（介護業（６万人），ビルクリーニング業（３万7000人），素形材産業（２万1500人），産業機械製造業（5250人），電気・電子情報関連産業（4700人），建設業（４万人），造船・舶用工業（１万3000人），自動車整備業（7000人），航空業（2200人），宿泊業（２万2000人），農業（３万6500人），漁業（9000人），飲食料品製造業（３万4000人），外食業（５万3000人））となっている（括弧内は受入れ上限数）．

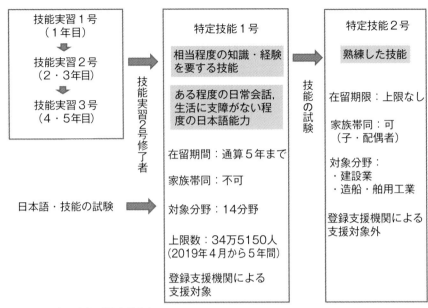

図表5-6　在留資格「特定技能」のフロー
出所：執筆者作成

　第二に技能水準と日本語能力水準についてである．特定技能１号の在留資格
は，専門的・技術的分野の在留資格として位置付けられているため，日本で従
事しようとする業務に必要な「相当程度の知識又は経験を必要とする技能」と
「ある程度の日常会話ができ，生活に支障がない程度の能力を有することを基
本としつつ，特定産業分野ごとに業務上必要な日本語能力水準」を有している
ことが求められる．技能水準，日本語能力水準については，分野所管行政機関
（同機関が定める試験実施者を含む．）および日本語試験実施機関が原則として
国外で実施する試験に合格するなどによって，これを証明することが必要とな
る．ただし，技能実習２号を良好に終了し，従事しようとする業務と技能実習
２号の職種・作業に関連性が認められる場合には，必要な水準を満たしている
ものとして，これらの試験は免除となる．このように特定技能の外国人は，実
習生よりも高い専門性・技能を有する者となるため，それに相応しい待遇とす
ることが求められる．
　第三に登録支援計画についてである．特定技能１号の外国人を雇用する企業

は，外国人の職業生活上，日常生活上又は社会生活上の支援の実施に関する「1号特定技能外国人支援計画」（登録支援計画）を作成し，計画に基づく支援を行わなければならない．支援の実施にあたっては，出入国在留管理庁に登録された「登録支援機関」に委託して実施することも可能となっている．

その他，外国人の在留期間は「合計」ではなく，「通算」で5年以内となっている．また，受入企業ごとに受入れ人数の上限枠は設けられていない（介護分野，建設分野を除く）．これらは技能実習制度と特定技能制度の相違点となる．

在留資格「特定技能2号」は，特定産業分野において，「熟練した技能を要する業務」に雇用契約に基づき従事する活動を行うものである．第一に，特定技能2号の特定産業分野は，建設業，造船・舶用工業に限定されている．第二に，熟練した技能については，「長年の実務経験等により身に付けた熟練した技能」であり，「現行の専門的・技術的分野の在留資格を有する外国人と同等又はそれ以上の技能」を有することが必要となる．そのため，特定技能2号の外国人となるためには，1号と同様に，試験に合格することによって，熟練した技能水準にあることを証明することが必要とされている（図表5-6参照）．

特定技能制度は，政府間で二国間取決め（協力覚書）を作成し，送出国で費用の不当な徴収などが行われないようにするなど，情報交換や問題是正のための協議を行う2国間の枠組みのもとで制度が実施されている．

（2）特定技能の主な特徴と技能実習との相違点

特定技能制度の特徴は，第一に，特定技能2号の外国人に家族帯同（配偶者及び子）を認めていることが挙げられる．「ローテーション方式」を基本とする技能実習とは異なり，長期的な外国人の在留に繋がる可能性を持つシステムとなっている．第二に，転職の自由である．実習計画の履行を義務づけ，特別な事情がない限り，在籍する企業の変更を認めない技能実習とは異なり，特定技能制度では，技能水準の共通した業務区分間に限られるが，転職が認められている．ただし，そこには懸念も生じる．日本人労働者が志向するのと同様に，賃金水準の高い都市部に外国人が集中するかもしれない．また，その過程で失業者が発生する可能性も否定できない．地方の中小企業の視点で考えれば，転職が前提の受入れとなれば，外国人への生活支援，福利厚生，人材育成のため

の「投資」に二の足を踏む，あるいは外国人受け入れに消極的となる可能性も考えられる．第三に，団体監理型技能実習とは異なり，受け入れる企業が直接海外で採用活動を行うことが前提となっている点である．国内外のあっせん機関などを通じて採用することも可能であるが，外国人の採用を含め，受入れに必要な支援業務を企業が登録支援機関に委託して実施する特定技能制度と監理団体による実習監理のもとで，中小企業が外国人を受け入れる技能実習制度では，相違点が多いことを理解しておくことも必要であろう．

5．おわりに

　日本が人口減少社会に直面する中，とくに地方の中小企業の生産を担う人材を確保するため，従来までの専門的・技術的分野に限らない外国人をどのように迎え入れるか，問題が提起されている．本章では，日本の対応について，技能実習と特定技能を中心に考察してきた．外国人材受入れ政策を成功裏に導くためには，何が必要なのだろうか，いくつか論点を提示し，本章を締めくくりたい．

　第一に中小企業政策・地域経済の問題である．関（2017）によると，製造業の事業所は1986年をピークに半減．全産業の事業所数は1991年をピークに減少に転じ，2009年から2014年でさえ，中小企業の事業所数は5.9％減少した．日本経済は「縮小局面」にある[10]．他方，地方の中小企業・地域社会は，実習生等の受入れを通じて，異文化接触を経験し，それに対応するノウハウを蓄積してきた．外国人を単なる労働力需給の調整弁としてではなく，中小企業政策や地方創生に結び付けて成功裏に導く視点が必要とされているのではないだろうか．

　第二に処遇と人材育成である．外国人の滞在が，低技能・低賃金のまま長期化すると，労働市場が分断し，格差の拡大と貧困の連鎖を招くことも懸念される．中小企業で雇用される外国人の処遇の向上とそれを実現するための人材育成・人的投資をどう確保するか，政策上，重要なテーマとなるのではないか．

　第三に持続可能な開発目標（SDGs）である．誰一人残されない社会を目指すSDGsでは，国際社会に人権・環境を重視するガバナンスの構築を求めている．SDGsのゴール8では移住労働者の権利保障と安全・安心な労働環境を促

進することが掲げられている．ゴール12では生産者の「つくる責任」として，生産ネットワーク・サプライチェーン全体で外国人の権利保護を図ることを求めている．同時に，消費者には「使う責任」も問われている．食品・衣料品などの無駄な廃棄は「環境」だけでなく「労働」にも負荷を与えている．外国人材受入れ政策は，人権・環境に配慮する持続可能な社会に向けた取組みの一環として検討すべき課題であろう．

注

（1）　Bodvarsson. Ö., & Van den Berg, H. (2013) pp. 21-26.
（2）　技能実習2号への移行が可能な対象職種・作業は順次追加され，2019年11月現在では，80職種145作業となっている．
（3）　国際研修協力機構編（2018）p. 70参照.
（4）　万城目（2019a）pp. 166-173参照.
（5）　小﨑（2018）pp. 66-67参照.
（6）　法務省技能実習制度の運用に関するプロジェクトチーム（2019）pp. 49-50参照.
（7）　実践例は，筆者が2019年8月にヒアリング調査を実施したものである．
（8）　宮城県ホームページ「技能実習生等との共生の地域づくり推進事業 (https://www.pref.miyagi.jp/soshiki/ftp-kokusai/fy31-proposal-20190415-2.html（2019年8月30日確認済み）および産経新聞「増え続ける外国人労働者…新たな多文化共生を探る宮城」2019年2月25日参照．
（9）　神奈川県綾瀬市ホームページ「外国人技能実習生の育成に向けて連携」https://www.city.ayase.kanagawa.jp/hp/page000034700/hpg000034625.html（2019年8月30日確認済み）
（10）　関（2017）pp. 3-29参照.

参考文献一覧

国際研修協力機構編（2018）『2018年度版外国人技能実習・研修事業実施状況報告』国際研修協力機構.

小﨑敏男（2018）「労働力不足対策としての外国人労働政策」北海道東北地域経済総合研究所『ほくとう総研情報誌 NETT』No. 100 2018 Spring, pp. 64-67.

関満博（2017）『日本の中小企業—少子高齢化時代の起業・経営・承継』中央公論新社.

法務省技能実習制度の運用に関するプロジェクトチーム（2019）「調査・検討結果報告書」平成31年3月28日.

万城目正雄（2019a）「外国人技能実習制度の活用状況と今後の展開」小﨑敏男・佐
　藤龍三郎編『移民・外国人と日本社会　人口学ライブラリー18』原書房，pp.
　159-184.
万城目正雄（2019b）「外国人材の活用と今後の展開」『自治体国際化フォーラム』第
　361号，pp. 5-6.
Bodvarsson. Ö., & Van den Berg, H. (2013) *The Economics of Immigration, Theory and
　Policy*, New York, Springer.

事前学習の内容

　技能実習生，特定技能の外国人を受け入れる企業・地域社会の事例を調べて
みよう.

ディスカッションテーマ，ロールプレイのテーマ

1. 政府は，なぜ，専門的・技術的分野以外の外国人の受入れを制限するのだ
　ろうか？
2. 技能実習生が増加する背景について考えてみよう.
3. 技能実習制度と特定技能制度を成功に導くためには，どのような対応が求
　められるだろうか？

キーワード解説

1. 「技能実習制度」
　入管法が規定する在留資格「技能実習」をもって，外国人が日本に入国し，
　民間企業などにおいて技能などを修得する制度である. 開発途上地域の「人
　づくり」に協力することを目的としている. 在留期間は最長5年間である.
2. 「特定技能制度」
　2019年4月に施行された改正入管法に基づく在留資格「特定技能」により特
　定産業分野において，一定の専門性・技能を有し即戦力となる外国人を受け
　入れる制度である. 中小企業などにおける人手不足対策を目的としている.

第6章

自治体の外国人住民政策と社会保障

阿部治子

1．はじめに

「皆さんの家族の出身はどこですか？」

「韓国！」「中国！」「フィリピン！」「タイ！」「北海道と奈良！」

海外にルーツを持つ児童が約7割を占める新宿区立大久保小学校．子どもたちは互いのルーツを都道府県レベルにしか意識しておらず，教室の中では偏見も差別も国境もない．戦争のない平和な世界はこの教室から生まれるのだろう．

多民族・多国籍化が進む大久保の街のように，新たな住民をも包摂して発展し続ける多文化共生（キーワード解説1）のまちを実現するには，自治体（キーワード解説2）はどのような取組みを行えばよいのだろうか．

本章では，まず，なぜ自治体は外国人住民政策に取り組むのか，その理由と自治体のこれまでの対応について述べる．次に，各自治体の現状を知るための外国人統計の留意点に触れた後，外国人住民に対する社会保障のあり方について考えたい．

2．なぜ自治体は外国人住民政策に取り組むのか

地方自治法第10条第1項に「市町村の区域内に住所を有する者は，当該市町村及びこれを包括する都道府県の住民とする．」とあり，続く同条第2項において「住民は，法律の定めるところにより，その属する普通地方公共団体の役務の提供をひとしく受ける権利を有し，その負担を分任する義務を負う．」と規定されている．ここでいう「住民」には，外国人も含んでいると考えられている．

また，住民基本台帳法の第1条に「この法律は，市町村（特別区（キーワー

ド解説3）を含む．以下同じ．）において住民に関する事務の処理の基礎とする」と書かれ，同法第四章の3で「外国人住民に関する特例」が規定されていることから，外国人も法律上の住民に位置付けられていることがわかる．

　このように，自治体は，日本人，外国人を問わず自らの住民に対して責任がある立場にあるといえよう．

3．自治体の対応

　これまでの自治体の外国人住民への主な対応を年代ごとに振り返る（図表6-1参照）．

（1）1945年〜1960年代

　連合国軍の占領下におかれた日本は，6年後にサンフランシスコ講和条約を結び，1952年，日本は主権を回復した．しかし，旧植民地の人々は「外国人」とみなされ，国籍要件のある法律の外に置かれることになった[1]．

　その彼らの本国の状況は，朝鮮半島は北と南に分かれ，台湾には，共産党の中国から逃れてきた大陸人が押し寄せるなど，その帰属すべき国さえ定まらず，日本で暮らす上での諸権利（選挙権や健康保険などの社会保障）の対象外となってしまったのである．

（2）1970年代〜1980年代前半

　多くの旧植民地出身者が差別を受けて国民年金や国民健康保険に加入できないなど不利な状態に置かれていたが，旧植民地出身者が自らの市民的権利を求めて裁判を起こすなどの行動の結果，1970年代に入ってようやく，旧植民地出身者が多く住んでいる自治体を中心に市民的権利保障の観点からの外国人住民政策が始まった[2]．

　1979年，国は経済的，社会的及び文化的権利（社会保険その他の社会保障についてのすべての者の権利）に関する国際規約を批准し，1981年には国が難民条約及び難民議定書を批准した．この条約には「締約国は，合法的にその領域内に滞在する難民に対し，公的扶助及び公的援助に関し，自国民に与える待遇と同一の待遇を与える」ということが定められていた．

国は，批准した国際規約や難民条約に定められた「内外人平等原則」に則り社会保障制度の国籍条項撤廃に向けた法令改正を進め，自治体も新たに法律の対象となった外国人住民への制度周知や申請受付などを始めた．

（3）1980年代後半～2000年

1980年代後半のバブル期による労働力不足を背景に新たな外国人住民が増加し，自治体は「待ったなし」の対応を迫られるようになった．とくに外国人住民が急増した工業地域や大都市の区部などで，言葉や生活習慣などが異なる住民間あるいは自治体と外国人住民の間で軋轢が生じると，すべての外国人の存在や人格否定に繋がりかねない「外国人問題」「外国人対策」という表現を意識せずに使ってしまう自治体も少なくなかった．

1989年，国は合法的な労働力の確保と不法就労外国人の排除を目的に「出入国管理及び難民認定法」を改正し，翌年1990年に施行した．この法改正によって，日系三世とその配偶者と未婚未成年の子どもに，活動の制限がない「定住者」の在留資格が付与されたことで，南米などの日系人が多く日本で働くようになり，自治体における外国人住民の出身国別構成が大きく変わった．

1990年代の半ばになると，外国人住民のニーズの高い言語による生活・行政情報の提供や多言語相談窓口を開設するといった支援に留まらず，参政権のない外国人住民の声を政策に反映させようという自治体が現れた．

例えば川崎市では，1996年12月に条例設置の「外国人市民代表者会議」を立ち上げ，持続可能な外国人住民参加の仕組みを構築した．この会議体は設置から20年以上経った今でも続いている．

その一方で，1990年代も終わりに近づくと，景気の低迷を受けて自治体の財政状況が急速に悪化し，2000年には自治体の国際化施策に陰りがみえ始めた．

（4）2001年～2007年

自治体の財政状況が悪化する中 [3]，2001年5月，定住化が進んだ日系外国人が集住する市や町が「第1回外国人集住都市会議」を開催し，自治体間連携のためのネットワークづくりや国，県等への働きかけを行った．

さらに，2004年3月には日系外国人が多数居住する5県1市（のちに2県が参加）が「多文化共生推進協議会」を設置した．

2006年に，国はこうした外国人が多く住む都市からの提言や働きかけを受けて，「外国人住民施策は既に一部の地方公共団体のみならず全国的な課題となりつつある」という認識に基づき「地域における多文化共生推進プラン」を策定した．その後，同プランを参考にして，多文化共生推進のための指針（方針）や計画を策定する自治体が増えた．

（5）2008年〜2018年

2008年のリーマンショックにより日系外国人の多くが日本の会社から解雇された結果，帰国する日系外国人が増加した．

2009年，「改正出入国管理及び難民認定法」と「改正住民基本台帳法」が成立し，2012年に「外国人登録法」が廃止され，外国人も日本人と同じ「住民」として住民基本台帳法の適用対象に位置付けられた．

2013年には浜松市が多文化共生都市の実現を目指した新たなビジョンを策定[4]，2014年には東京都がオリンピック憲章の理念（人権及び多様性尊重）の実現に向けた都市づくりをスタートさせた[5]．

その一方で，2013年頃から在日コリアンに対するヘイトスピーチがSNSなどの普及と共に急速に拡大し大きな社会問題となった．2016年1月に大阪市で全国初のヘイトスピーチ抑止条例（「大阪市ヘイトスピーチへの対処に関する条例」）が成立した．続いて国が同年6月に「本邦外出身者に対する不当な差別的言動の解消に向けた取組の推進に関する法律」（ヘイトスピーチ解消法）を公布・施行した．

その後，川崎市では2016年7月からヘイトスピーチ対策に着手し，「川崎市人権施策推進協議会」からの提言を踏まえ，ついにヘイトスピーチに刑事罰を科す全国初の「川崎市差別のない人権尊重のまちづくり条例」を制定した（2019年12月）．

（6）2019年〜現在

2019年4月に「改正出入国管理及び難民認定法」が施行されると，国が創設した交付金制度を活用して，新たに11言語以上に対応した多文化共生総合相談ワンストップセンター（外国人相談窓口）を開設する自治体が増えた．

同年6月には「日本語教育推進法」が公布・施行され，日本語指導を必要と

図表6-1　自治体の外国人住民への主な対応

年代	主な対応
（1）1945年～1960年代	・旧植民地出身者の「外国人」化 ・旧植民地出身者が不利な状態に
（2）1970年代～1980年代前半	・旧植民地出身者への権利保障 ・社会保障制度の原則適用
（3）1980年代後半～2000年	・急増する外国人住民との軋轢解消への取組み ・国際化の推進
（4）2001年～2007年	・定住外国人住民への総合施策の推進 ・多文化共生の推進
（5）2008年～2018年	・住民基本台帳制度の適用 ・ヘイトスピーチ解消に向けた取組み
（6）2019年～現在	・11言語以上に対応した総合相談窓口設置 ・「やさしい日本語」と日本語教育の推進

出所：筆者作成

する児童生徒や学齢超過者，成人のための総合的かつ効果的な日本語教育推進施策を実現するための基本方針の策定などが国や自治体の新たな責務となった．

　また，日本語が十分に理解できない住民を情報弱者にしないために，簡単な語彙で短くはっきり話す「やさしい日本語」でのコミュニケーションを図ろうとする自治体が増加している[6]．

4．外国人統計の留意点

　国の統計データは，住民の推移や現状分析，将来予測を可能とし，自治体の政策立案のための重要な証拠となる．だが，統計の作成機関ごとに用語の意味が異なっている場合があるため，用語解説などの確認が必要である．

　そこで，主な外国人統計の留意点を例示したい．

（1）国勢調査

　「国勢調査」は総務省が5年ごとに実施しているもので，10月1日現在，日本国内に常住しているすべての人を対象に調査し，年齢別の人口，家族構成，働いている人や外国人などについて公表している．

　ここでいう「外国人」は，「国籍が外国」であり，「当該住居に3か月以上に

わたって住んでいる人，又は住むことになっている人」である．また，３か月以上にわたって住んでいる住居又は住むことになっている住居のない外国人は調査日に住んでいた場所を「常住地」とみなして調査する．なお外国政府の外交使節団・領事機関の構成員（随員を含む．）及びその家族と外国軍隊の軍人・軍属及びその家族は調査対象外である．

国勢調査の特徴の１つは，住民登録を行っていない人も住んでいれば調査の対象となりうる点であり，逆に住民登録を行っているが住民登録地に住んでいなければ，住民登録地での調査の対象にはならない．

２つ目の特徴は，「調査対象者が自ら記入する」タイプの調査票（自計式）で実施している点である．日本の高い識字率を背景に行われているが（識字率99％「日本人の読み書き能力調査」1948年），現在，識字率の全国調査は行われていないため，実際に日本の識字率が高いのかはわかっていない．

３つ目の特徴は，国勢調査では「不詳」の人数を考慮しなければならない点である．2015年に実施した国勢調査によれば，人口総数は１億2709万4745人で，日本人は１億2428万3901人，外国人は175万2368人とあるが，日本人と外国人の数を足しても人口総数と一致しない．なぜならば人口総数の中には，日本国籍を有する人か，外国の国籍を有する人か，地域や便宜上の籍を有する人か，無国籍者なのかがわからない国籍不詳の約106万人が含まれているからである．

現在の国勢調査では，国籍に関する質問の選択肢として日本か外国か，外国の場合は国名を記入することになっているが，今後は「日本国籍」か「日本以外の国や地域等の籍」か「無国籍」のいずれかを選択できるようにして，「日本以外の国や地域等の籍」を選択した場合は国や地域名称などを記入できる欄を設けるなど，不詳の人数をできる限り減らす工夫が必要であろう．

（2）在留外国人統計

「在留外国人統計」は，法務省が日本に在留する外国人について国籍・地域別，在留資格別及び都道府県別などの在留外国人数及び総在留外国人数を集計したものである．

在留外国人統計の推移をみる場合，1985年末までは外国人登録者数，1990年末から2011年末の統計までは，当時の外国人登録者数のうち現行の出入国管理及び難民認定法第19条の３に規定する「中長期在留者」に該当しうる在留資格

をもって在留する者および「特別永住者」の数であり，2012年末の統計からは，「中長期在留者」および「特別永住者」の数であることに留意する必要がある[7]．

　2つ目の留意点は，「在留」という意味は「在住」を意味するものではないという点である（「在留」≠「在住」）．

　なぜならば，「在留外国人」の人数には日本在住外国人だけでなく再入国許可を受けて「出国した外国人も含まれている」からである．

　再入国許可は最長で5年（特別永住者は6年）以内に帰国する場合に認められるため，日本に住民票がなく1年以上5年近く，あるいは6年近くも日本に住んでいない外国人も，日本の「在留外国人」の中に含まれている．

　3つ目の留意点は，法務省と総務省の統計では「自治体」の意味が異なっている点である．

　法務省が公表した2018年12月末現在の「在留外国人総数上位100自治体」と，総務省が公表した2019年1月1日現在の「市区町村の人口【外国人住民】」上位20の自治体を比較すると，内容が異なっている（図表6-2参照，図表6-3参照）．

　例えば，法務省の統計では上位7位の自治体として行政区（キーワード解説4）である「大阪市生野区」が載っているが，総務省の統計では大阪市生野区は掲載されていない．

　逆に総務省で上位1位から8位までの中に載っている「大阪市」「横浜市」「名古屋市」「神戸市」「京都市」「川崎市」「福岡市」は，法務省の統計には一市も載っていない．

　このように，法務省と総務省の統計では同じ用語でも意味する内容が異なる場合がある．

（3）住民基本台帳に基づく人口，人口動態および世帯数調査

　「住民基本台帳に基づく人口，人口動態および世帯数調査」は，住民基本台帳法に基づき住民基本台帳に記録された住民の毎年1月1日現在の人口及び世帯数並びに調査期日の前年の1月1日から12月31日までの間の人口動態について，総務省が整理・集計するものである．2012年7月9日から外国人住民が住民基本台帳法の適用対象となったため，2013年調査から「外国人住民」の区分が追加され，「日本人住民」と「外国人住民」の計が総計として記載されて

図表6-2　在留外国人総数上位20自治体（平成30年12月末現在）（単位：人）

	自治体	人数
1	新 宿 区（東京都）	43,985
2	江戸川区（東京都）	36,888
3	川 口 市（埼玉県）	36,407
4	足 立 区（東京都）	32,314
5	豊 島 区（東京都）	30,879
6	江 東 区（東京都）	30,438
7	生 野 区（大阪市）	28,064
8	板 橋 区（東京都）	27,305
9	大 田 区（東京都）	24,879
10	北　　区（東京都）	22,972
11	世田谷区（東京都）	22,401
12	葛 飾 区（東京都）	22,323
13	港　　区（東京都）	21,442
14	練 馬 区（東京都）	20,217
15	中 野 区（東京都）	19,790
16	荒 川 区（東京都）	19,509
17	船 橋 市（千葉県）	18,316
18	東大阪市（大阪府）	18,193
19	杉 並 区（東京都）	18,140
20	豊 田 市（愛知県）	17,939

出所：法務省「『在留外国人統計』平成30年12月末現在」より抜粋して作成

いる．

　ここでいう「外国人住民」とは，日本の国籍を有しない者のうち「中長期在留者」「特別永住者」「一時庇護許可者又は仮滞在許可者」「出生による経過滞在者又は国籍喪失による経過滞在者」である．自治体の区域内に住所を有する者を意味している．

　「外国人住民」に似ている用語として，法務省の「在留外国人」があるが，これは「中長期在留者」及び「特別永住者」であるため，「外国人住民」の方が「一時庇護許可者又は仮滞在許可者」「出生による経過滞在者又は国籍喪失による経過滞在者」も含めている分，幅広く住民として認めていることがわかる．

図表6-3　外国人住民人口上位20自治体（平成30年12月末現在）（単位：人）

	自治体	外国人住民数
1	大 阪 市 （大阪府）	137,467
2	横 浜 市 （神奈川県）	97,532
3	名古屋市 （愛知県）	83,244
4	神 戸 市 （兵庫県）	48,205
5	京 都 市 （京都府）	46,451
6	新 宿 区 （東京都）	43,068
7	川 崎 市 （神奈川県）	41,702
8	福 岡 市 （福岡県）	37,130
9	川 口 市 （埼玉県）	35,988
10	江戸川区 （東京都）	35,710
11	足 立 区 （東京都）	31,706
12	豊 島 区 （東京都）	30,223
13	江 東 区 （東京都）	29,472
14	板 橋 区 （東京都）	26,759
15	千 葉 市 （千葉県）	26,266
16	さいたま市（埼玉県）	24,724
17	浜 松 市 （静岡県）	24,336
18	大 田 区 （東京都）	24,199
19	北 区 （東京都）	22,621
20	葛 飾 区 （東京都）	21,849

出所：総務省「『住民基本台帳に基づく人口，人口動態及び世帯数』平成30年12月末現在」より作成

　一方，2019年1月1日現在の住民基本台帳上の「外国人住民」（266万7199人）と2018年12月末現在の「在留外国人」（273万1093人）の人数を比較してみると，調査期日がほぼ同じであるにもかかわらず「6万3894人」もの差が生じていることがわかる（図表6-4参照）．

　理由として，「中長期在留者」もしくは「特別永住者」として12月中に日本に入国したが住民登録を行わなかった人や，12月末に日本を出国して1月1日の時点で住民票が消除されているが再入国許可を受けているため在留外国人としてカウントされている人が約6万4000人弱も存在したということが考えられる．

　ほかに，住民税の「賦課期日」である「1月1日」を避けて前年末までに出

調査期日	用語	人数
2018年12月31日現在	在留外国人数（法務省）	2,731,093人
2019年1月1日現在	外国人住民数（総務省）	2,667,199人
人数の差		63,894人

出所：法務省「『在留外国人統計』平成30年12月末現在」および総務省「『住民基本台帳に基づく
　　　人口，人口動態及び世帯数』平成30年12月末現在」より筆者作成

国した人の数が差として現れたということも可能性としてあるだろう．

5．外国人住民に対する社会保障

（1）社会保障とは

　社会保障とは，『厚生労働白書』[8]によれば「国民の生活の安定が損なわれた場合に，国民にすこやかで安心できる生活を保障することを目的として，公的責任で生活を支える給付を行うもの」で「傷病や失業，労働災害，退職などで生活が不安定になった時に，健康保険や年金，社会福祉制度など法律に基づく公的な仕組みを活用して，健やかで安心な生活を保障すること」とされている．

　また，社会保障の役割についても「個人の力だけで備えることに限界がある生活上のリスクに対して，幾世代にもわたる社会全体で，国民の生涯にわたる生活を守っていくこと」[9]とある．

　社会保障制度は，大きく以下の4つに分けられる（図表6-5参照）．

（2）社会保障の拡充・拡大と国籍要件の撤廃

　現在の社会保障制度は，戦後の復興期を経て高度成長期であった1960年代から1970年代に骨格が築かれた．

　1950年代は「生活保護」が社会保障の大きな柱とされていたが，1961年にすべての国民が公的な医療保険制度や年金制度に加入する「国民皆保険・皆年金」が実現し，高齢者福祉や障害者福祉，児童福祉に関する制度が整備され社会保障制度の充実・拡大が図られた．

図表6-5　日本の社会保障制度

区分	内容
保健・医療	医療保険，高齢者医療など
社会福祉など	児童福祉，母子・寡婦福祉，障がい（児）者福祉，介護保険など
所得保障	年金制度，生活保護
雇用	雇用保険，労災保険など

出所：筆者作成

　1981年には「難民の地位に関する条約」などの批准に伴い国内法令が整備され始め，一般的な社会保障に関する法では生活保護法を除いて国籍要件が撤廃された．

　しかし，『厚生労働白書』には「国民生活の生涯にわたって支える社会保障制度」と書かれ，また，国民健康保険や国民年金の制度名にも，国籍要件が撤廃されているが国民という言葉を残している．

（3）外国人住民には適用できない生活保護法

　現在，生活保護法には国籍要件がある．生活保護制度の根源である憲法第25条が「すべて国民は，健康で文化的な最低限度の生活を営む権利を有する」と規定しているため，外国人住民に対して生活保護法を適用することはできないとされている．

　しかしながら，国際道義上，人道上の観点から生活保護の実施機関である自治体が一定の要件を満たす外国人住民に対して生活保護法を準用することが認められている．外国人住民に対する給付の内容は日本人住民と同じで差はない．

　だが，法を準用する場合の措置について国は責任を負わず，生活保護の実施機関である自治体が責任を負わなければならない．

　生活保護法を準用できる外国人住民は以下の通りである．

　① 永住者，日本人の配偶者等，永住者の配偶者等，定住者

　② 特別永住者

　③ 入管法上の認定難民

　そのほかに，「活動制限のない」特定活動の在留資格を持つ外国人にも，厚生労働省に情報提供を行い協議して認められる場合がある．

しかし，上記①〜③と「活動制限のない」特定活動の在留資格を持つ外国人以外で，生活保護の準用が自治体と厚生労働省との協議により認められたケースはない．

（4）外国人にも適用される生活困窮者自立支援法

2015年4月1日に「生活困窮者自立支援法」が施行された．この法律は，これまで社会保険と生活保護の「制度の狭間」に置かれてきた生活保護受給者以外の生活困窮者に対する支援を強化するために生まれたものである．同法には国籍要件がないため，法に基づく相談業務などの自立支援事業を外国人住民も利用することができる．実際に，外国人住民からの相談に応じて就職に繋げた事例もある．

しかし，同法に基づく「住宅確保給付金」（離職者などに一時的に家賃相当額を支援）の支給対象者は，外国人住民に対する生活保護の措置に準拠しているため，生活保護法の準用が認められている前述の4（3）の要件を満たす外国人住民に限られている．

今後も国策として，就労可能な在留資格を持つ外国人の受入れを拡大し続けるのであれば，不測の事態や解雇などで失業してしまった外国人住民が，日本人と同様，一定期間は住まいを失わずに就職活動に専念できるようにするなど，国には外国人に対する福祉・雇用・住宅・教育面での総合的なセーフティネットの構築が求められている．

6．おわりに

自治体は，たとえ国の外国人住民政策が未整備であっても，外国人住民一人ひとりの生活課題や人生に寄り添う行政サービスの提供に努めなければならない．

さらに，外国人住民の誰もが日本のどこに住んでいても適正な行政サービスを享受でき，自分の努力だけでは避けられないリスクを恐れず安心して暮らせるようになるには，国と自治体が車の両輪となって外国人住民政策に取り組む必要がある．

最後に，外国人住民政策を考える上で忘れてはならないことは，「自治体職

員の意識が変わること」である．自治体職員が住民と同じ立場で外国人住民と付き合い，相手の悲しみや喜びを自分のものとすることでこれまで見えなかったものが見えるようになり，心に潜んでいた偏見や思い込みから解き放たれるのではないだろうか．

　真に必要とされる「外国人住民政策」は，机上からではなく「隣人づきあい」から生まれる．

　「冷静な頭脳と温かい心」（Cool Head but Warm Heart）――.

　経済学者のアルフレッド・マーシャル（1842～1924）が，学生たちに語りかけたこの言葉で本章をむすびたい．

注

（1）　近藤敦（2019）『多文化共生と人権』明石書店 pp. 56-57参照.

（2）　山脇啓造（2003）「地方自治体の外国人施策に関する批判的考察」明治大学社会科学研究所ディスカッション・ペーパー・シリーズ No. J-2003-10, p. 2参照.

（3）　1994年から2017年までの自治体の財政状況の推移に関して，一般財団法人地方自治研究機構（2019）「人口減少・少子高齢化社会における持続可能な地方行財政運営に関する調査研究」p. 9参照.

（4）　「浜松市多文化共生都市ビジョン」（2013年度～2017年度）参照.

（5）　「東京都長期ビジョン」（2014年12月）参照.

（6）　佐藤和之（2011）「外国人への情報伝達と『やさしい日本語』化支援――外国人の避難判断はどうなされたか」『地方自治職員研修――東日本大震災と自治体』44巻610号（公職研）参照.

（7）　法務省（2019）「出入国在留管理基本計画」p. 6参照.

（8）　厚生労働省「厚生労働白書」（2012）pp. 29-30参照.

（9）　厚生労働省「厚生労働白書」（2017）p. 7参照.

参考文献一覧

近藤敦（2019）『多文化共生と人権――諸外国の「移民」と日本の「外国人」』明石書店.

芝田英昭・鶴田禎人・村田隆史（2019）『新版基礎から学ぶ社会保障』自治体研究社.

特定非営利活動法人 移住者と連帯する全国ネットワーク（2019）『外国人の医療・福祉・社会保障 相談ハンドブック』明石書店.

宮島喬・鈴木江里子（2019）『新版 外国人労働者受け入れを問う』（岩波ブックレット1010）岩波書店.

山脇啓造編（2019）『新 多文化共生の学校づくり——横浜市の挑戦』明石書店.

渡辺幸倫編（2019）『多文化社会の社会教育——公民館・図書館・博物館がつくる「安心の居場所」』明石書店.

1. 1945年から現在までの外国人住民の国籍別・在留資格別の統計を調べてみ
   よう.
2. 外国人住民政策を積極的に行っている自治体の事例を調べてみよう.

ディスカッションテーマ

『日本国籍を持っていない住民は, 日本国籍を持っている住民と比べて受けら
れる行政サービスに違いがあるのは当然である』
1. 「肯定側」と「否定側」に分かれてディベートしてみよう.
2. どちらの主張が論理的であったか, みんなで判定しよう.
3. ディベートを振り返り, 気付いたことや学んだことなどを発表しよう.

キーワード解説

1. 「多文化共生」
   2006年3月に総務省が出した「多文化共生の推進に関する研究会報告書」の
   中で, 地域における多文化共生を「国籍や民族などの異なる人々が, 互いの
   文化的ちがいを認め合い, 対等な関係を築こうとしながら, 地域社会の構成
   員として共に生きていくこと」と定義した.
2. 「自治体」
   「自治体」という言葉は法令用語ではないが, 地方自治法上の「地方公共団
   体」を意味する言葉として広く一般的に使用されている.
   「自治体」を2つに分類すると, 「広域自治体」と「基礎自治体」があり, 前
   者は「都道府県」, 後者は「市」「特別区」「町」「村」を指す. 「広域自治体」
   と「基礎自治体」は, 上下関係ではなく, 対等で相互協力関係にある.
   「自治体」を「普通」と「特別」に分類することもできる. 地方自治法が定め
   る団体（法人）で, 「普通」に分類される自治体は「都道府県」と「市」「町」
   「村」であり, 「特別」に分類されるのは「普通」以外の法人（団体）で, 現
   時点で該当する自治体は「特別区」（東京23区）のみである.
3. 「特別区」
   2000年, 「特別区」は都の内部団体ではなく「基礎的な地方公共団体」として

地方自治法上に位置付けられた（地方自治法第281条第1項）.

特別区は，原則として一般の市の事務を処理するとされているが，大都市地域における行政の一体性・統一性の観点から上下水道の設置管理，消防などについては，都が処理する.

また，固定資産税など市町村税の一部の税が都税となっており，都はその税源をもとに，都と特別区および特別区相互間の財政調整を行っている.

4．「行政区」

大阪市や横浜市などの指定都市にある区は，住民の利便性のために設けられた内部組織の「行政区」であり，特別区のような自治体ではない.

このほかに「区」と呼ばれるものとして，地域自治区，合併特例区，財産区などもあるが，2020年現在「自治体」に位置付けられている区は，「特別区」（東京23区）以外にない.

しかし，指定都市である大阪市を廃止し4特別区に再編しようという「大阪都構想」制度が導入されれば，「特別区」が東京23区以外に誕生する可能性がある.

第Ⅱ部

多文化「共創」社会の実践に向けた課題

日本語学校生による新宿区立大久保図書館でのCBL活動の様子
地域社会との協働を通した学び：CBL（Community Based Learning）では，図書館や幼稚園での絵本の読み聞かせ活動を行っている．外国人学生だけでなく日本人側にも様々な気づきをもたらし，双方にとっての学びの機会となっている．
（カイ日本語スクール提供）

第7章

外国人高齢者への健康支援とケアマネジメント

李　錦純

1．はじめに

　超高齢社会・日本には，外国人の高齢者も多く暮らしている．戦後から長期在住している旧来外国人はもとより，1990年前後に労働目的で移住した新来外国人の高齢者も増加しており，高齢社会も多文化・多国籍化の様相を呈している．本章では，日本で暮らす外国人高齢者の概況，地域社会における外国人の介護をめぐる健康格差の現状と課題について整理し，高齢社会における格差解消に向けた健康支援とケアマネジメントのあり方について，多文化「共創」の観点から，事例を踏まえて考察を深めたい．

2．日本で暮らす外国人高齢者の概況

（1）在日外国人の高齢者人口の推移と特徴

　在日外国人の国籍（地域）別・年齢別・在留資格別人口動向について，法務省の「在留外国人統計」（法務省 2018）に基づき，概要を述べる．

　2018 年における在留外国人統計によると，日本で暮らす在日外国人の総数は273万1093人であり，過去最高を更新している．上位 5 カ国の国籍（地域）別の人口推移をみると（図表7-1参照），2011年までは「中国」，「韓国」・「朝鮮」，「ブラジル」の順で推移しているが，2012年に「フィリピン」が「ブラジル」を上回った．2017年には「ベトナム」が「フィリピン」を上回り，第 3 位の人口集団となった．「ベトナム」の人口増加は著しく，過去10年間で約29万人の増加があった．在留資格別にみると，「永住者」がもっとも多く，次いで「留学」，「特別永住者」[1]と続く．在留期間に制限がない「永住者」と「特別永住者」は，あわせて109万人を超えている．

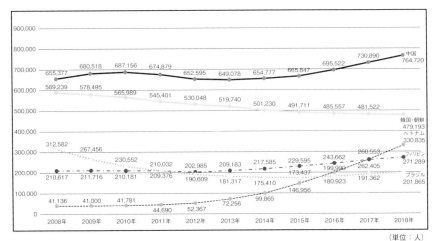

図表7-1　在留外国人の国籍（地域）別人口推移（上位５カ国，2008年〜2018年）

（単位：人）

出所：法務省「在留外国人統計」より筆者作成.

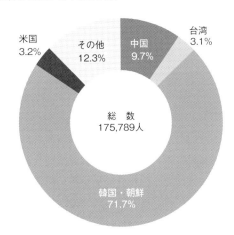

図表7-2　65歳以上在留外国人の国籍（地域）別人口構成（2018年）

出所：法務省「在留外国人統計」より筆者作成.

　一方，65歳以上の在日外国人の総数は17万5789人に達し，高齢者数も過去最高となり，在日外国人総数に占める65歳以上の高齢者数の割合は約6.6％となった．65歳以上では，「韓国」・「朝鮮」が12万5985人（71.7％）と圧倒的多数を占め，次いで「中国」が１万7013人（9.7％），「ブラジル」が8425人（5.0％）

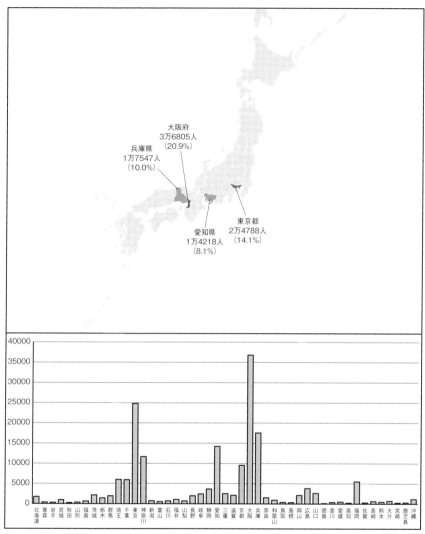

図表7-3　都道府県別・65歳以上在留外国人の人口分布（2018年）

出所：法務省「在留外国人統計」より筆者作成.

と続いている（図表7-2参照）. 65歳以上の在日外国人の在留資格は,「特別永住者」が11万1505人（63.4%）, 次いで「永住者」が4万9264人であり, 合わせて91.4%に上る.「特別永住者」の98.9%が「韓国」・「朝鮮」であることから

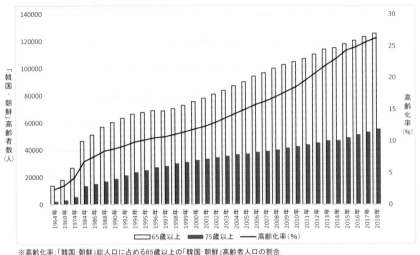

※高齢化率：「韓国・朝鮮」総人口に占める65歳以上の「韓国・朝鮮」高齢者人口の割合.

図表7-4　「韓国・朝鮮」前期・後期高齢者数および高齢化率の推移（1964年〜2018年）
　出所：法務省「在留外国人統計」より筆者作成.

も，日本在住の外国人高齢者は在留期間に制限がない永住者であり，その多く
は韓国・朝鮮籍の高齢者であるといえる.

　65歳以上の在留外国人数を都道府県別でみると，大阪3万6805人（20.9％），
東京2万4788人（14.1％），兵庫1万7547人（10.0％）愛知1万4218人（8.1％）
の順に多く，都市部に人口が集中している傾向がある. とくに関西地区に集住
しており，30％以上を占めている（図表7-3参照）.

　「韓国」・「朝鮮」籍者の日本への渡航・移住の始まりは1910年の韓日併合条
約締結にさかのぼり，その歴史は100年以上におよぶ. 日本での長期在住によ
り高齢化し，本国生まれの在日一世はもとより日本生まれの二世も高齢期を迎
えており，平均寿命の延伸も相まって，高齢化が一層進展している. 過去50年
間における，「韓国」・「朝鮮」籍者の前期高齢者（65歳以上75歳未満）数およ
び後期高齢者（75歳以上）数，高齢化率の推移を図表7-4に示した.

　1986年には5万人だった高齢者数は，2008年には10万人を超え，2018年には
12万6000人となり，高齢者数の増加につれて，後期高齢者数も増加し続けてい
る. 高齢化率とは，人口に占める高齢者（65歳以上の人口数）の割合を指し，
7％を超えると「高齢化社会」，14％を超えると「高齢社会」，21％以上となる

と「超高齢社会」と定義付けられている．日本は2007年にはすでに超高齢社会に突入しており，2018年時点における高齢化率は28.1％におよんでいる．1964年当初は2.4％にすぎなかった「韓国」・「朝鮮」籍者の高齢化率は，2004年には「高齢社会」の基準となる14％を超え，2013年には「超高齢社会」の基準となる21％を超えた．2018年には26％を超えており，日本の高齢化率に迫る勢いである．

（2）在日外国人の高齢者の健康問題と生活課題

　在日外国人の健康問題は，旧植民地時代に移住し長期在住している「韓国」・「朝鮮」籍者（以下，在日コリアン）をはじめとする外国人は高齢者保健医療福祉，1990年代以降に労働目的で移住した外国人は母子保健と労働衛生，すべての外国人に対しては，移住，異文化，マイノリティであることに起因した精神保健の問題といわれる（李 2004）．在日外国人の高齢者保健医療福祉問題は，介護問題，経済的問題，保健医療福祉サービスへのアクセスの問題があげられるが，これらが多重的に発生していることが特徴的といえる．

　筆者が在日コリアンの高齢者介護施設で実施した生活実態調査（李 2010）では，112名の利用者の80％以上が本国生まれの在日一世であり，1940年代に10〜20歳代前半で日本へ渡航した高齢者であった．本名ではなく日本名による通名で生活している高齢者は33％含まれていた．世帯構造は，単独世帯が65％と最多であったが，近隣に暮らす子どもが世話をしているケースが多かった．介護が必要となった主要疾患は骨関節疾患が最多であり，次いで脳梗塞，認知症の順であったが，糖尿病の併発例が多かった．経済状況をみると，利用者の87％が年金を受給しておらず，家族の援助や生活保護の受給により生計を立てていた．利用者の90％以上が就学経験を持たず，日本語および韓国語の会話は可能でも，氏名や住所の記名など，文字の読み書きができなかった．筆者が利用者の方から，「上履きに私の名前を書いてくれないか」と頼まれたことが今でも印象に残っている．一部，夜間中学への通学経験を持つ者は，ひらがなの読み書きと，簡単な計算ならできるとのことであった．

　圧倒的多数の無年金高齢者の存在は，過去の国民年金制度における国籍要件をめぐる経緯により，調査当時80歳代後半以降の高齢者が受給資格を得られなかったことに起因するが，国籍要件の撤廃により適用可能となった年齢の高齢

者にも，無年金者が数多く含まれていた．このことは，年金制度加入に関する情報アクセスの欠如が一因とも考えられるが，それ以上に，当初は母国への帰国意思を持ち，日本での永住を想定していなかったことも考えられる．老後の経済基盤を公的年金に依拠している日本人高齢者と比べて，無年金の在日外国人高齢者の経済基盤は極めて脆弱な状況であり，大きな生活課題となっている．

（3）在日外国人と介護保険サービス

　在日外国人に対する介護保険制度の適用は，2012年7月9日施行の住民台帳基本法の改正により，適法に3カ月を越えて在留する外国人で住所を有する人となった．制度設計上は適用要件が緩和されたが，実際の介護保険サービス利用においては，さまざまな課題が顕在化している．主に，サービス利用をめぐる意思疎通の困難，生活習慣・価値観の相違による不適応，無年金・低年金に伴う経済的問題，介護保険制度の理解不足，加齢に伴う母国語および母国文化への回帰への対応があげられる．

　とくに意思疎通に関しては，単に言語の問題だけではなく，脳血管疾患などの後遺症による構音障害や老人性難聴，そして認知症による影響が複合的に絡み合い，より問題を複雑にしている．生活に深く関わる在宅サービスにおいては，なれ親しんだ母国の文化を享受したい思いが表れやすく，生活習慣・文化の違いはサービス利用において困難さや馴染みにくさを感じ，サービスの拒否に繋がるケースも少なくない．とくに女性の高齢者は，当時の儒教思想の影響もあって就学経験がない高齢者が多く，日本語・母国語での会話ができても文字の読み書きができないことから，医療・介護関連情報のアクセスや，契約を交わす書面上のやり取りにおいて困難を来しやすい状況にある．さらに，介護保険サービスの利用には，1割（所得により2〜3割）の自己負担が課されるため，在日外国人の高齢者の中には，経済的事情から，必要なサービスの利用を抑制する傾向も見受けられる．

3．外国人高齢者への健康支援とケアマネジメント

（1）在日外国人の高齢者をめぐる健康格差

　厚生労働省は，2013年度から10年間の計画として，健康増進法の規定に基づ

く国民の健康の増進の総合的な推進に関する基本的な方針として，健康日本21（第2次）を策定した．目標項目の1つとして，健康格差の縮小が掲げられている．国や自治体，企業など，さまざまな保健医療福祉の現場で，現在進行形で健康格差対策が進められている．

　健康格差とは，居住地・国・人種・ジェンダー・所得・学歴・職業・雇用形態など個人の持つ社会的な属性により，健康状態に差が存在することである（近藤 2018）．健康状態の差は，遺伝やライフスタイルだけでなく，社会経済的要因が影響していることは明らかになっており，このような健康格差を生み出す要因を健康の「社会的決定要因（SDH; Social Determinants of Health）」と呼ぶ．2008年，世界保健機関（WHO）の「健康の社会的決定要因に関する特別委員会」が健康格差対策の指針（WHO 2010；日本福祉大学 2013）を提示したことを背景に，日本でも，健康日本21（第2次）の目標に「健康格差の縮小」が明記された．当該委員会は，健康の社会的決定要因について，権力，資金，物資およびサービスの不平等な分配と，それらの結果として生じる直接的に眼にみえる人々の生活環境（保健医療，学校，教育へのアクセス，労働と休養，家庭，コミュニティ，町や市）と豊かな人生を送れるチャンスの不公平とによって生じていると述べている．具体的には，社会階層，職業，ワーク・ライフ・バランス，幼少期の環境，ジェンダー，貧困・社会的排除・所得格差，ストレス，社会関係などである．

　図表7-5は2017年における，日本人を基準とした主要死因別・性別の標準化死亡比（SMR）[2]と95％信頼区間（95％CI）について算出し，比較検討したものである．男女共に，全死因はもとより，「肺炎」，「老衰」以外の「悪性新生物」，「心疾患」，「脳血管疾患」，「自殺」で有意に高い数値を示している．女性の「老衰」に関しては，日本人より低値を示したが，このことは，日本人女性の高齢化に伴う平均寿命の延伸により老衰死が増加し，女性の死因第3位に浮上したことが影響しており，今後経年的に，在日コリアンも類似した傾向をたどるものと想定される．過去の先行研究でも同様の結果が得られており（李・李・中村 2012），日本人よりも死亡率が高いということは，在日外国人の健康を阻害する社会経済的・環境的要因や生活習慣の影響など，何らかの要因が関係していることを示唆している．

　在日外国人の高齢者をめぐる現状を鑑みて，健康の社会的決定要因と照らし

図表7-5　日本人を基準とした「韓国」・「朝鮮」の主要死因別標準化死亡比（2017年）

死因	男		女	
	SMR	95%CI	SMR	95%CI
全死因	1.17*	1.12-1.22	1.08*	1.04-1.12
悪性新生物	1.15*	1.08-1.24	1.12*	1.03-1.21
心疾患	1.21*	1.09-1.35	1.48*	1.36-1.62
肺炎	0.99	0.84-1.17	1.09	0.92-1.29
脳血管疾患	1.26*	1.10-1.45	1.17*	1.02-1.34
自殺	1.37*	1.09-1.71	1.52*	1.11-2.09
老衰	0.90	0.69-1.18	0.76*	0.65-0.89
不慮の事故	1.03	0.82-1.30	1.15*	0.89-1.47

出所：法務省「在留外国人統計」，厚生労働省「人口動態統計」より筆者算出・作成.　　　　* $p<0.05$
注：SMR：標準化死亡比，95%CI：95%信頼区間.

合わせると，健康格差をもたらしている要因として考えられるのは，女性の未就学や貧困，戦争体験と異国への移住経緯がもたらす幼少期の厳しい生活環境，それに伴うストレス，法的地位が不安定だった歴史的経緯に起因する民族的差別やそれによる社会的排除，そして社会保障からの排除などである.

　出産・幼児・学童期から青年・成人期，そして高齢期へと，それぞれの時期の社会階層あるいは健康は，次の時期にそれぞれ影響し蓄積していく可能性を含むことから，社会階層と健康との関連をライフコースの視点から捉えることの重要性も指摘されている（川上・橋本・近藤 2018）.在日外国人の高齢者の健康問題を捉えるには，その特異的な形成過程と歴史的経緯を踏まえた，ライフコース・アプローチが必要になるだろう.健康格差における経済水準は，介護開始状況やその過程にも影響をおよぼし，終末期ケア格差をもたらすとの見解もあり（杉本・近藤・樋口 2011），社会的な格差がケアの格差にも繋がる（近藤 2016）.無年金および低年金，介護保険サービス利用料の自己負担額や利用抑制，受けられる医療・介護の質なども，健康格差の原因となりうる.顕在化している介護問題に影響している要因の究明と可視化，そして，高齢社会のその先にある多死社会を見据えて，介護分野における格差解消に向けたケアの公平性の担保と質の保証への制度の確立と仕組み作りが検討課題である.

（2）要介護高齢者と家族への健康支援とケアマネジメント実践

　岡田（2016）は，ケアマネジメントについて，「利用者や家族が納得できる地域生活を営むことができるように，さまざまな配慮（利用者の身体的ケアに対する配慮，利用者や家族に対する心理的な配慮，利用者，家族，利用者が住む地域住民の持ち味や強みに関する配慮，利用者と家族との関係についての配慮，家族介護に対する配慮，利用者と地域との繋がりに関する配慮など）を行い，地域における社会資源（近隣，友人，民生委員，ボランティア，介護保険でのサービス提供者，他の医療・保険・福祉サービス提供者，年金制度など）をうまく活用しながら，利用者と家族の生活を支えていくための実践活動」と定義している．

　慢性疾患を持ちながら地域で生活している在日コリアンの要介護高齢者の事例を提示しながら，健康支援とケアマネジメント実践のあり方について考察する．

１）事例の概要と支援のプロセス

　Aさん（70歳代・女性）．要介護２．62歳の時に労働目的で韓国より来日，日本在住歴は８年である．飲食店で働きながら，母国にいる家族へ仕送りをしながら独居で暮らしていた．近所付き合いはほとんどないが，カトリック信者であり，日曜日は必ず教会へ行き，教会に集まる同国出身者と交流している．

　長年糖尿病を患っており，食事療法により経過観察していたものの，不規則な生活がたたり，糖尿病性腎症を発症し，週３回の人工透析療法を受けることになった．日常生活にも支障を来すようになり，自宅に閉じこもりがちになったため，デイサービス利用を勧めたが，日本人ばかりのデイサービスを望まなかったため，訪問介護・訪問看護などの訪問系サービスの利用からスタートした．また，サービス利用にかかる費用について不安を訴えていたため，利用明細を提示しながら，何にどれくらいの費用が発生するのかを丁寧に説明した．

　Aさんは片言の日本語と簡単な英語は理解できたが，日本の介護保険制度については言葉が難解のため，理解できない状況だった．地域の在日外国人の支援を行っているNPO（Non-Profit Organization）へ相談し，自治体からの委託事業である無料のコミュニケーション・サポーター制度を知り，Aさんの母国語に対応できるサポーターを派遣してもらった．母国語に対応している介護保険制度の概要が記載されたパンフレットを活用しながら，平易な日本語で説明

し，サポーターに同時通訳をしてもらった．それにより，Aさんの体調や生活状況，思いについて改めて理解が深まり，本人の意向を踏まえたケアプランを作成することができた．

　Aさんは独居であり，母国の家族と離れて暮らしていることから，緊急時に困らないように居宅介護支援事業所（介護支援専門員が所属している事業所）と訪問看護・訪問介護各事業所の電話番号を書いた紙を，自宅の目立つ場所に貼っておいた．また，母国の家族の連絡先と連絡方法を予め把握しておき，その際には上述のNPOよりサポーターを派遣してもらえるよう，事前に申し合わせをしておいた．Aさんは，当初介護支援専門員を「行政機関の役人」と認識し，警戒していたが，平易な日本語で誠心誠意関わっていくことで，徐々に打ち解けていき，片言ながらも事業所に気軽に電話連絡してくれるまでになった．

　療養生活上，Aさんに守っていただきたい事項について，英単語とひらがなを併記してイラストを多く取り入れたパンフレットを作成し，できるだけ平易な日本語で説明した．また，透析治療中ながらもAさんの母国の食習慣や生活文化に配慮した食事内容について，在宅訪問管理栄養士と連携をとり，支援に入ってもらった．訪問看護師およびホームヘルパーは，日々の訪問前に，想定される言葉や用語を予めAさんの母国語と英語とで調べてメモしていくようにした．さらに翻訳アプリも活用しながら対応した．

2）考察

〈安心感をもたらすコミュニケーション支援〉

　日本語が不自由なAさんに対し，介護に対応した通訳制度の活用や，介護保険制度およびサービス利用にかかる理解を促すために，コミュニケーション方法の工夫をしている．これにより，Aさんの不安を解消し，意向を正確に反映したサービス利用が可能となっている．介護保険利用のためのコミュニケーションサポーター派遣制度とは，介護保険の被保険者で，在日外国人など，日本語の読み書きなどが困難で親族などによる援助が受けられない人が介護サービスを利用するにあたって，母語や文化に精通した登録サポーターの援助を受けられる制度である．具体的には，要介護認定調査やケアプランの作成を行うとき，介護保険についての相談時などに，サポーターが同席して，通訳あるいは難しい言葉をわかりやすい言葉に直して説明してくれる．

〈ケアの質保証と改善に繋がる社会資源の発掘と活用〉

　ケアマネジメントの定義で示したように，Aさんの状況に応じて，地域にある活用可能な社会資源と結び付けることにより，効果的な支援に繋がっている．そのためには，日頃から地域で活用可能な社会資源に関する情報を把握しておき，場合によっては，新たな資源開発と創出についても検討していく必要がある．

〈安全に配慮した緊急時対応体制の整備〉

　Aさんは独居であり，家族は母国にいる．慢性疾患を抱えていることから，状態悪化や急変時に備えて早期対応のための体制を整備し，Aさんと日頃から確認・共有しておく必要がある．母国の家族との連絡手段やその際の通訳派遣も含めて，予測性を持った対策を講じておくことが肝要である．

（3）高齢社会における健康格差の縮小と多文化「共創」

　健康格差の縮小には，多くの社会的決定要因への長期的対策が必要であり，健康は個人の責任として解決できず，社会の介入が必要といわれる（近藤2016）．健康格差を縮小するための対策としてまとめられたのが，図表7-6の「健康格差対策の3段階と7原則」である（公益財団法人医療科学研究所2017）．【始める】ための原則として，第1原則「課題の共有」の必要性を，【考える】ための原則として，第2原則「配慮ある普遍的対策」と第3原則「ライフコース」の視点が求められることを指摘している．【動かす】ための原則として，第4原則「PDCA」，第5原則「重層的対策」，第6原則「縦割りを超える」，第7原則で「コミュニティづくり」の視点が重要であることを述べている．

　人生100年時代を見据えて，現在109万人におよぶ「永住者」・「特別永住者」の在留資格を持つ在日外国人が日本で高齢化していくことから，かつてないほどの高齢社会の多国籍化・多文化化が加速することは必至である．高齢社会の多様化は，医療や介護分野における多様化にも繋がる．国籍はもとより，生活文化や価値観，ニーズも細分化されていき，援助者側の一方向の介入では対応できなくなっていくだろう．地域で安心して暮らしていくために，文化的背景が異なる人同士が，双方向で互いに納得し尊重しあえる関係性を築きながら，

図表7-6 健康格差対策の3段階と7原則
　出所：公益財団法人医療科学研究所，健康格差対策の7原則，健康の社会的決定要因（SDH）プロ
　　　ジェクトより引用．

心地よい生活環境を創り出していく多文化「共創」の観点が，次代の高齢社会の望ましいあり方としての方向性を示してくれる．

　「共創」とは，多様な立場の人たちと対話しながら，新しい価値を「共」に「創」り上げていくことであり，とくにサービスマーケティング分野において提起された概念である．「共創価値：Co-Creation Value」という言葉で広く用いられている．高齢社会における多文化「共創」を目指すにあたり，在日外国人の高齢者は，多様な言語，生活文化，生活歴，家族の介護力，心身の健康状態，価値観を持つ地域社会の構成員であるという認識のもと，その尊厳を守り，自立した社会生活が営めるように，まずは顕在化している健康問題とその媒介要因に着目した健康格差対策を講じていくことが課題である．

4．おわりに

　政府は，人材不足が著しい介護分野において，最大6万人の外国人労働者の受入れを見込んでいる．介護分野においては，本章で述べたケア受領者側だけではなく，ケア提供者側も含めて，一層多様化が進展していくと思われる．高

齢社会のその先には多死社会があり，年間130万人を超える死亡者数となっている昨今，在日外国人の終末期ケアや看取りに対応するケースも顕在化しはじめている．在日外国人の終末期ケア・看取り支援においては，葬送儀礼やお墓，先祖祭祀などの伝統的な弔いの儀式も含めて，その国（地域）・民族・宗教により創り出された，独特の文化と死生観を尊重した，さらなる慎重な対応が求められるだろう．これからの介護においては，国際的素養と異文化対応能力を身に付ける必要性が益々高まることから，在日外国人の介護に対応可能なグローバル人材の養成が急務の課題となるだろう．

注

（1）特別永住者：「日本国との平和条約に基づき日本国籍を離脱した者等の出入国管理に関する特例法」（入管特例法）により定められた在留資格を有する者をいう．終戦前から引き続き日本に在住している在日韓国・朝鮮人，台湾人およびその子孫が該当し，入管法上の在留資格に比べ安定した法的地位と処遇を定めている．

（2）標準化死亡比：観察集団の年齢構成を基準となる集団の年齢構成を当てはめて得られる，実際の死亡数と基準母集団の死亡数の比．

参考文献一覧

岡田進一（2011）『ケアマネジメント原論　高齢者と家族に対する相談支援の原理と実践方法』株式会社ワールドプランニング．

川上憲人・橋本秀樹・近藤尚己（2018）『社会と健康』東京大学出版会．

公益財団法人医療科学研究所（2017）健康の社会的決定要因（SDH）」プロジェクト「健康格差対策の 7 原則 Ver 1.1」http://www.iken.org/project/sdh/pdf/17SDHpj_ver1_1_20170803.pdf.

厚生労働省（2018）『人口動態統計』．

近藤克則（2016）『ケアと健康　社会・地域・病い』ミネルヴァ書房．

近藤尚己（2018）「健康格差対策の進め方：社会疫学の知見を踏まえて」『日本健康教育学会誌』26（4）pp. 398-403.

杉本浩章・近藤克則・樋口京子（2011）「世帯の経済水準による終末期ケア格差——在宅療養高齢者を対象とした全国調査から——」『社会福祉学』，52（1）pp. 109-122.

内閣府（2019）『令和元年度版高齢社会白書』https://www8.cao.go.jp/kourei/

whitepaper/index-w.html.

日本福祉大学（2013）『一世代のうちに格差をなくそう～健康の社会的決定要因に対する取り組みを通じ健康の公平性：健康の社会的決定要因に関する委員会最終報告書2008（要旨）』https://apps.who.int/iris/bitstream/handle/10665/69832/WHO_IER_CSDH_08.1_jpn.pdf?sequence=73&isAllowed=y.

法務省（1964～2018）『在留外国人統計』.

李錦純（2010）「在日外国人の介護保険利用状況に関する実証的研究──在宅要介護の在日コリアン高齢者の生活実態とケアマネジメントに焦点を当てて──」『財団法人在宅医療助成勇美記念財団完了報告書』.

李錦純・李節子・中村安秀（2012）「在日コリアンの人口高齢化と死亡の動向──死亡・死因統計に関する日本人との比較分析」『厚生の指標』, 59（2）pp. 27-32.

李節子（2004）「在日外国人の保健医療」『国際保健医療』Vol. 18（1）pp. 7-12.

World Health Organization(WHO)（2010）"A Conceptual Framework for Action on the Social Determinants of Health, Social Determinants of Health Discussion Paper 2".

事前学習の内容

1. 日本で暮らしている在日外国人の高齢者の特徴について，在日外国人全体との比較から整理してみましょう．
2. 在日外国人の高齢者介護をめぐる現状と課題について，整理してみましょう．

ディスカッションテーマ，ロールプレイのテーマ

1. 在日外国人の高齢者をめぐる健康格差には，どのような要因が考えられるでしょうか？
2. 在日外国人の要介護高齢者と家族への，文化的背景を配慮した効果的な健康支援とケアマネジメント実践について，事例を通して考察してみましょう．
3. 今後の高齢社会において，多文化共創を推進するには，どのような対応が求められるでしょうか？

キーワード解説

1.「健康格差」
  居住地・国・人種・ジェンダー・所得・学歴・職業・雇用形態など個人の持つ社会的な属性により，健康状態に差が存在すること．
2.「ケアマネジメント」
  利用者や家族が納得できる地域生活を営むことができるように，さまざまな配慮を行い，地域における社会資源をうまく活用しながら，利用者と家族の生活を支えていくための実践活動．

在日コリアンの先祖祭祀（チェサ）の一場面
毎年，旧正月および秋夕（チュソク・旧暦の8月15日）に行われる，先祖祭祀や墓参を始めとした韓国・朝鮮式の伝統行事である．基本的に長男の家系が代々引き継ぐしきたりとなっている．在日コリアン社会の世代交代が進み，格式に則って厳格に行う家庭もあれば，略式で柔軟に対応している家庭もあり，その家庭の背景や状況によって，少しずつ方式が異なる部分がある．（李錦純提供）

在日ブラジル人を対象とした介護保険制度の説明会の様子
説明会の周知，配布資料の翻訳，当日の説明は，ポルトガル語の通訳者を交えて行われた．（説明会を企画開催した岡山県内の有志団体よりご提供）

第8章

日本語教育の役割と今後の課題
：外国人受入れと日本語学校教育

山本弘子

1．はじめに

　コンビニやスーパー，ファミレス，居酒屋などで働く外国人の姿が日本の日常風景に溶け込みつつある．彼らの姿が「溶け込みつつある」と日本人の目に映るのは，日本語ができるからに他ならない．実際，彼らの多くは告示を受けた日本語教育機関（以下，日本語学校）で日本語を学ぶ留学生である．

　2019年現在，全国の日本語学校は750校を上回り，さらに増えるといわれているが，その教育内容や実態，行政上の位置付けなどは一般にはほとんど知られていない．日本が外国人受入れに大きく舵を切り，官民あげて全国規模での外国人誘致に動き始めた今，日本語教育の専門機関である日本語学校の役割は重要である一方，玉石混合で問題は山積している．折しも本稿執筆中の2019年6月，超党派の議員連盟により「日本語教育の推進に関する法律」が通常国会で可決したが，きっかけとなったのは日本語学校の質の問題だったとも聞き及ぶ．そこで本章では，日本語学校を中心にした日本語教育の実情や日本語留学生受入れの姿に触れ，さらに「日本語教育推進法」成立の経緯や共生社会における日本語教育の役割や展望を取り上げ，「日本語」に関する課題を共有する．

2．日本語教育機関の諸問題

（1）日本語教育機関の種類と学習機会

　文化庁の調査（平成30年度「国内の日本語教育の概要」）をみると，2018年11月1日現在の日本語教育実施機関・施設などの数は2290となっている．これら機関の母体・設置者の内訳は，大学など（531），地方公共団体（243），教育

委員会（223），国際交流協会（423），法務省告示機関（506），任意団体など（259）とあるが，全数調査ではなくアンケート回答結果なので，実際はもっと多い．例えば，法務省告示機関は当時700を超えていることや，任意団体は実態が把握しきれていないことから類推すると，全体では3000を超える数になると思われる．

　このうち，在留資格が留学の場合は，法務省告示機関（以下，日本語学校）または大学別科に在籍することが在留資格要件となっているが，大学別科は本来その大学に進むことが前提で設けられていることもあり，留学生の多くは就職など選択肢に幅がある日本語学校を選んで来日する．

　他方，留学生以外の在留者〜例えば，地域に住む日本人の配偶者やブラジルなどの日系人などへの日本語教育については，民間の任意団体が地方公共団体，国際交流協会と共に日本語教室や交流事業などを行っている．教える教師はボランティアが中心であり，無料か安価な授業料で受講できるのが利点である．しかし，文化審議会国語分科会日本語小委員会の中間報告（2015）[1]によれば，域内に日本語教室を開設している市区町村は全体の３割程度にすぎず，身近に日本語を学べる場所がない「日本語教育の空白地帯」に住む外国人は50万人に上ると報告されている．

　このほか，文化庁の統計からは読み取れないが，日本語学校には告示校以外のいわゆる語学学校としての日本語学校も存在する．これらの学校は，企業の外国人人材の日本語研修や短期学習者，個人授業などを中心とした教育事業者で，とくに教育機関の設置要件などに規制がかからない分，玉石混合といえるが学習ニーズに合わせさまざまな形態で運営している．

　日本語学習を希望する人は，以上のような選択肢の中から在留資格に応じた機関選びはもちろんのこと，学ぶ目的・目標，経済的問題，場所などを合わせて総合的に判断することになる．国レベルではICT（情報通信技術）などを利用しスマホで学べるプログラムの提供など，空白地帯の解消に向けての検討も始まっており，学習機会の幅が広がり選択肢が増えることを期待したい．

（2）法務省告示校（日本語学校）の機能と役割：多様化への対応
（2）-1　日本語を学ぶ理由
　法務省告示校とは，一般に日本語学校といわれているが，国内の日本語教育

機関としては唯一，教師の基準や人数，教室環境や自己点検評価の実施などの審査を受け，定められた設置基準を満たしているとして官報に告示され，留学生を受け入れることを許された学校のことを指す．

2019年現在，その数は全国に750校を上回り，今もまだ新たな学校の申請が続いている．これら日本語教育機関（以下，日本語学校）に学ぶ学生数は，2018年のJASSO（日本学生支援機構）の調査[2]によると9万79人と，留学生全体（29万8980人）の約3分の1を占めている（前年の2017年も全体の26万7042人に対して日本語学校生が7万8652人で同じ割合である）．日本語学校生は，留学生の一部であると同時に，専修学校や大学への進学する存在でもある．従って，日本にいる留学生の過半数は日本語学校在籍者および進学者であるということができる．

ここで，日本語学校を修了した学生の進路について改めて確認してみよう，JASSOの進路状況の2017年度調査[3]では，日本語学学校生全体の8割近く（79.6%）が進学，続いて，就職（6.0%），その他（1.9%），と圧倒的に進学者が多い．しかし，今後は日本語学校から特定技能資格に流れる学生も現れるだけでなく，海外から直接特定技能で入るルートを通る流れが予測できるので，2020年度以降の数字は様変わりする可能性が大きいと考えられる．いずれにせよ，留学生数は内外の経済状況や日本自体の魅力により変動する．経済的問題が来日理由として優位を占めるなら，特定技能へ流れる率が上がり，日本の魅力が増せばより幅広い本来の私費留学生層が増えるはずである．

ところで，現時点で日本語学校に入る学生たちが日本を選んだ理由にはどのようなものがあるのだろうか．

2019年1月に全国から集めた30校，44カ国，534件の日本語学校の学生たちの作文集[4]「私たちはなぜ日本にきたのか，何を学んだのか」から彼らの日本留学への思いからいくつか紹介しよう．

・卒業してからだんだんお金を貯金して日本に来た．自分の人生を見つけたい．今まで母は私の人生には全部の選択をしたけど，これから自分の道を見つける．（中略）私にとって日本は私の自由だ．　　　　　　（アメリカ）
・日本留学できて本当に幸せだ．父のしごとで子どものとき家族で1年半日本に住んで，家族旅行もだいたい日本だった．　　　　　　　　　（台湾）

・小学生の時，父がガンプラを買ってくれて，そこからロボットに興味を持ち始めました．高校のとき，日本のサマーコースに参加して日本科学未来館で ASIMO を見ました．ロボットを作るために今日本留学しています．

（インドネシア）

・毎日，新聞配達をしながら日本語を勉強している．将来日本で仕事をしたい．ホテルとかレストランのマネージャーになりたい．いくら大変でもあきらめない．

（ベトナム）

・日本語は完全にアニメを見ながら独学で学んできたため，聞き読み話し書きは基本的に問題はありませんが，いろいろと不十分なところがありました．それらの穴を埋めてくれたのが日本語学校で，私の日本語は確実に進歩したと思います．

（中国）

・夢にだに想像しなかった希望の灯が見えました．こうして今，日本で日本語を学んでいるのが今でも信じられない時があります．私は恵まれています．

（シリア）

どうだろうか．これらは日本語を学ぶ学生たちそれぞれのストーリーのほんの一部にすぎないが，単に進学だけではなく，苦学生ばかりでもない，実にさまざまな理由で来ていることがわかる．豊かな生活の中でも自分を見失いそうになって留学を志す者，日本を故郷と感じる者，中には国を捨てざるをえない者も含め，日本語学校は幅広く多くの人生にきっかけを与えている存在となっているのである．

近年，日本語学校に入学する学生たちは，以前にも増して多様化している．どの現場でも国籍や学習目的の多様性だけでなく，発達障害，精神不安定などの特性を持つ人々も増え，個別対応が必然となりつつある．しかし，多くの現場の教師たちは，こうした状況を否定的に捉えるのではなく，むしろ語学留学そのものの持つ機能や役割に，高等教育機関への受入れと違う幅広い可能性を感じ，対応を模索しつつ学生たちに寄り添おうと努力を続けている．

（2）-2　日本語習得のレベルと時間数

多様な背景を持つ学生たちは，入学後，日本語のレベルはどの程度まで上達するのだろうか．

日本語学校は，留学生を対象としたコースの場合，基本的には最大 2 年間の
カリキュラムを敷いている．日本語学校設置の告示基準は年間760時間以上の
授業時間が必須要件となっているため，2 年間で1520時間〜2000時間ほどにな
る．その中で，6 カ月で帰国する者，1 年か 1 年半で進学する者など，さまざ
まである．2 年間で新聞やニュースがわかり，小論文程度の文章は読めて書け
る．また，日本文化や地域ルールなども理解する，など，全体としては大学や
専修学校に進学できるレベル，というのが大方のゴールビジョンであるが，そ
の手前の 6 カ月や 1 年の場合はどの程度のレベル感なのか，1 年の場合はどう
なのかなど，今後共生社会の実現のためには，一般社会で通じる共通指標が必
要である．

　現状では，レベルの表し方にはいろいろな形があり，統一されたものはない．
指標として一般に使われるのは，日本語能力試験（日本国際教育支援協会およ
び国際交流基金実施）の合格レベルである．しかし，実はこの試験にはスピー
キングがないため，N1（上級）を取得しても話せないことも多く，レベル指
標として相応しいとはいえない．その問題意識から，日本は，ヨーロッパの欧
州評議会が EU 統合の際に重要な政策の柱として長年かかって開発したヨーロ
ッパ言語共通参照枠（CEFR: Common European Framework of Reference for
Languages）を参考に日本版 CEFR を文化庁が急ピッチで開発を進めていると
ころである．なお，CEFR の能力記述概要は以下のとおりである．

＜CEFR の能力記述概要＞British Council ホームページ CEFR より作成
　●**基礎段階**の言語使用者（A）
　　A1：ゆっくり，はっきり話せば，ごく簡単なやりとりができる．
　　A2：自分自身や家族，仕事など基本的かつ日常的なことがわかる．
　●**自立した**言語使用者（B）
　　B1：仕事や学校など身近な話について標準的な話し方なら大体わかる．
　　B2：抽象的でも具体的な話題でも複雑な文章の主要な内容がわかる．
　　　　母語話者とも流暢なやりとりができる．
　●**熟達した**言語使用者（C）
　　C1：いろいろな種類の高度な長い文章を理解し流暢に自己表現できる．
　　C2：ほぼ全てのものを容易に理解でき自然に流暢・正確に表現できる．

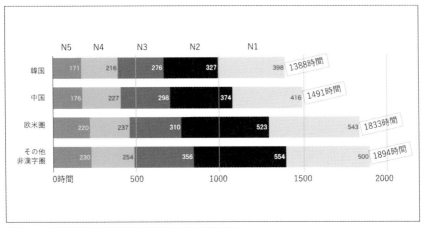

図表8-1 日本語習得の標準的時間数聞き取り調査結果

出所：「非漢字圏学習者への対応——漢字圏学習者との比較による学習進度とカリキュラム——」
（日本語教育振興協会京都セミナー2014）のための事前調査結果より筆者作成

　ところで，日本語は習得にどのぐらいかかるものだろうか．カリキュラムで
考えると，２年間で大学入学に必要な程度の４技能能力がつくはずであるが，
語学学習は教科教育と違い，実際に言葉として運用する力をつける（習熟）に
は，それぞれの母語の違いや使用頻度の違い等が大きく影響すると考えられる．
図表8-1は，能力試験合格レベルの学習時間調査を行った結果グラフである．
これは，あくまで各校の教員による標準的学生の習得時間数の推定値であるが，
日常的に現場でわれわれが実感する時間数と比べても違和感のない結果となっ
ている．
　この調査結果からみえることは二点ある．１つは母語背景の違いによる学習
進度の差である．グラフをみると，日本語能力試験の最上級レベルでN1に到
達するのに，韓国出身者は最短の1491時間かかるのに対し，ベトナムやネパー
ルなどの非漢字圏出身者の場合，1894時間と，約400時間の差がみられる．こ
れは，日本語学校でいえば半年の差に繋がり，授業現場の対応力が問われると
ころである．
　もう一点は，日本語習得にかかる学習時間である．韓国や中国出身であって
も，ニュースが聞き取れ，抽象度の高い大学講義を理解するのには約1400時間

以上かかること．特定技能に必要なN4レベルですら，プロの日本語教師が毎日授業を行っても400〜500時間かかる．

　これら二点（母語による習得度合いの差と日本語習得にかかる時間）について，受入れ側にはぜひ理解してほしいところである．

（2）-3　日本語教師の要件

　次に，日本語を教えるのに必要な要件について考えてみよう．2019年現在，告示校で教える場合には，次のような要件が定められている[5]．

1）　4年制大学・大学院卒で日本語教育主専攻または副専攻を修了した者
2）　公益財団法人日本国際教育支援協会実施の日本語教育能力検定試験に合格した者
3）　4年制大卒かつ日本語教師養成講座（文化庁届出受理講座）420単位時間以上を修了した者
4）　その他上記と同等以上の能力があると認められる者

　専門能力として日本語教育能力検定試験合格という要件があるが，この検定試験の出題範囲は，言語を取り巻く社会，文化，心理，教育など，かなり幅広い知識と，実際の授業分析，発音問題などの教授技能などが求められており，合格率も受験者の25％程度[6]と難関である．

　外国人受入れが本格化し，日本語教育の人材育成がようやく国レベルで課題化され，平成11（1999）年以来18年ぶりに，文化審議会国語分科会による日本語教員の資質・能力の見直しが発表された[7]．この改訂では，基本的に必要な知識分野などは踏襲しているが，より今後の現場に相応しい人材育成に向けて，活動分野や役割・段階に応じた資質能力の整理と，研修項目のモデルが示された．これにより，生活者，留学生，児童生徒，就労者，難民など，海外それぞれに対する日本語教育者に求められる資質能力を示し，また，その段階として養成段階，初任者（0〜3年程度），中堅（3〜5年程度）に分け，さらに地域においては地域日本語教育コーディネーター，告示校においては主任教員の能力が示された．いずれも，学習者が社会と繋がる力を育てる技能が追加されたことは，今後の共生社会の実現に結び付く重要な項目である．

このように，日本語教師にはかなりの専門知識や技能が求められるにもかかわらず，待遇がそれに見合わないとの指摘がある一方で，日本語学校の新設が相次ぎ，教師不足は深刻である．より優れた人材を日本語教育に呼び込むためにも社会的地位の向上と待遇改善は重要な課題であったが，日本語教師の資質・能力の見直しに続き，日本語教師となるための国家資格が文化審議会の小委員会において検討され，「公認日本語教師」（仮称）の国家資格創設の方向で動いている．内容的には，学士号保持を前提に，学科試験および実習と10年程度での資格更新を必要とするという，実践力および自己成長を目指す態度が求められる．この資格創設実現により，告示校はもとより民間の機関や地域ボランティアでも，公的資格保持が待遇面にも影響し，社会的地位も上がることが期待されている．

３．多文化共生と日本語教育

（１）　「日本語教育の推進に関する法律」の成立
　冒頭で述べたとおり，2019年６月28日に，「日本語教育の推進に関する法律」すなわち，日本語教育推進法が参議院本会議において全会一致で可決された．日本語教育に関わる多くの人にとっての悲願ともいえる画期的な出来事であった．これにより，日本語教育が国の責務として位置付けられることになった．それまでは，日本語の問題は各省庁や自治体などでバラバラに扱われ，問題があれば陳情レベルで都度検討される，というレベルでしかなかったものが，この法律に外国人受入れ主体となる国，地方自治体，事業主が責務を負うものと明記された意義は大きい．また，この法律に登場する「外国人等」について「日本語に通じない外国人及び日本の国籍を有する者をいうこと．」と定義付け，日本国籍であっても母語が日本語ではない人たちまで視野に入れ，さらに海外における日本語教育の機会の拡充として，海外での普及や在外邦人の子どもの日本語にも言及していることも大きな前進に向けての重要な一歩となった．
　しかし，今のところは理念をうたっているにすぎず，具体的な政策立案はこれからである．日本語教育を積極的に踏み出すための根拠法ができ，各論に踏み出すこれからが重要である．丁寧な議論を積み重ねつつ，必要なタイミングにあわせた迅速な対応が実現するよう，民間と行政，企業が連携を組み協力体

制を整えるべきであろう.

（2） 日本語学校の課題〜質の向上

　ところで，この推進法の最後に，附則として「日本語教育機関に関する制度の整備について検討を加え，結果によって必要な措置を講ずる」という文言と数行に渡る項目が加えられた．これはつまり，日本語学校の質向上に向けた問題是正，ということである．その背景には，外国人受入れの現状問題として，日本語学校がメディアで連日のように問題を指摘された状況があった．留学生の多くは，いわゆる新興国出身者であり，十分な留学費用が賄えないために，アルバイト優先にならざるを得ないのも事実である．「簡単に稼げて大学にも行ける」などと呼びかけ募集する悪質な仲介業者や営利目的の学校など，80年代後半から90年代前半にかけての中国人留学生（当時は就学生）の出稼ぎ問題と同様の問題が再燃している.

　推進法の成立半年前の2018年12月に「外国人材の受け入れ・共生のための総合的対応策」が決定され，その126もの施策の中で，「日本語教育機関の質の向上・適正な管理」という文言が示された．また骨太方針2019にも重要課題「外国人材の受け入れとその環境整備」の中で「在留管理体制の構築」として日本語学校の告示基準の見直しや在留管理・在留資格審査の強化が掲げられている．これに対して，日本語学校関係者からは「管理強化」一本槍の国の姿勢には疑問の声が多く上がっている．学生の海外募集から来日後の日本語教育から進学送出しまで，公的支援もなく留学生30万人計画の下支えをしたことへの評価がないまま，むしろ行政側の無策が20年以上前の問題の再燃を招き，その責任を一方的に日本語学校に押し付けている印象が拭えない.

4．日本語教育の今後の課題と展望

（1） 安全・安心な場としての日本語学校

　日本語学校には，留学生はもとより，それ以外の外国人も多く学んでいる．筆者の現場でも留学生に混じって，ビジネスパーソンや，日本人の配偶者，宣教師，研究者などが，日本語の授業を通して，実は日本人の考え方や文化・習慣なども学んでいる．そんな彼らにとって，日本語学校が国籍・民族・年齢・

性別を越えた多様性を受け入れる場所であることが大切である．実はどこの日本語学校にも学生 OB/OG がよく訪れるのだが，それは彼らにとって日本語学校が里親であり，安全・安心の場となっていることの表れともいえよう．

（2）　日本語教育と地域社会：多文化共生時代の日本語教育の役割

　2014年あたりから，日本各地で地域おこしのための日本語学校設立が目立ち始めた．2015年には北海道の東川町が町立日本語学校を設立して話題となった．廃校を利用し，全寮制で町ぐるみで日本語留学生を迎え入れている．また，各地域でも，企業が奨学金を出して留学生を誘致し，将来就職に結び付けようという流れも耳にするようになった．

　このように地域と日本語学校は今後ますます有機的な関係を構築する流れにある．従来より多くの日本語学校が，学生が日本文化に馴染むよう，文化や習慣など文化理解のためのプログラムや行事を年間予定の中に取り入れている．2003年に日本語教育振興協会が日本語学校の小〜大学生との交流状況を調査した際，1年間で84校が420回もの交流（小学校149回，中学校50回，高校43回，大学134回）を行っていることがわかった [6]．内容的には，挨拶や数え方紹介などの言語交流，スポーツ交流，年中行事などの文化紹介，登山合宿，ディスカッションなどさまざまである．こうした活動は，留学生だけでなくむしろ日本人側の新たな気付きを与えてくれる．筆者の現場でも当初から実施している日本人とのフリートークでは意識調査の結果，日本人の外国人に対する障壁が大きく下がるという結果が出ている（山本 1997）．このように，日本語学校の外国人と日本人の交流拠点としての機能にも目を向け，地域との有機的なつながりを深めることが期待される．

（3）　外国人受入れ時代の日本語：外国人とのコミュニケーション

　今後，多くの外国人を迎え入れるに際し，日本語という視点からの共生社会を想像してみると，新しい日本語の姿がみえてくる．例えば「やさしい日本語」という外国人と話すための日本語の形がその1つである．

　日本語は，書き言葉と話し言葉の乖離，役所の難解な文章，敬語表現の複雑さ，婉曲表現など，外国人には難しいといわれる言葉の特徴が多々あるが，そうした難解さを解消し，伝わりやすい「やさしい日本語」の普及が進められて

いる．

　具体的には，「文章を短く区切る」「敬語は使わず，です・ますで話す」「擬態語や外来語は避ける」などに留意するだけで，日本語で伝わりやすくなる．このやさしい日本語は，災害時の情報提供や，平時の情報提供観光のツールとして活用され始めており，2020年のオリンピック・パラリンピック大会の多言語情報サイト⁽⁷⁾にも紹介されている．

　これは，日本人側の外国人との日本語コミュニケーションに対する配慮の方法であるが，このように日本語教育は，外国人と日本語で話すスキルを日本人に提供する役割も担えるはずである．

　また，今後，日本語は日本人だけのものではなくなることも覚悟しなければならない．前述のCEFR（ヨーロッパ言語参照枠）の重要な考え方の1つに複言語主義が掲げられている．これは，言語学習のゴールが母語話者（ネイティブ・スピーカー）ではないという考え方である．もっとも大切なのは目的を達成することであり，そのためにはお互いのわかる言語を持ち寄って意思疎通ができることが重要だという，言語教育からしたら革命的ともいえる考え方であるが，このCEFRの考え方は，EU以外の国へも大きな影響をおよぼしつつある．人々が国境を越えて移動する時代，ネイティブ並みに完璧に話すことを求めるのではなく，通じさせることに価値を置き，双方のわかる言語で自在に対応していく．それでは言葉が歪められてしまうではないか，と怒りを覚える向きもあるかもしれないが，それも1つの「価値観」にすぎないことに気付かなければならない．

　言葉は時代と共に変化する宿命を持っている．外国人が多く入ってくることで，日本語の変化は予想される．日本語が日本人だけのものではなくなり，日本に暮らす人のための生活ツールとして機能していくことになる．受入れ側としては，外国人の日本語には寛容であたたかい態度で接することが望まれるが，そのためには，外国人との接し方やコミュニケーションの取り方について，日本人側に伝えていくことも日本語教育関係者の担うべき役割ともいえよう．

5．おわりに

　EU統合の最も重要な柱として言語政策が位置付けられたことはすでに述べ

た．EU は，統合のため長い時間をかけ練り上げたヨーロッパ言語共通参照枠（CEFR）を用意し，人の移動生活の質の維持を図ろうと十分な準備を行ったが，それでも急速かつ大量の難民受入れはさまざまな亀裂を呼んでいる．それに比べて日本は言語政策どころか，外国人受入れが先行し，推進法はできたものの予算は少なく，泥縄的に日本語教育を最小限の手当で済まそうとしているようにみえる．言語は社会性を保ち人間らしく暮らすための必須要件であるが，自然に覚えるのは非常に困難である．アダミ（2018）が「言語学習は自然習得だけでは不十分であり，言語学習を加速させるためには質の高い特別な教育が欠かせない」と述べているとおり，日本に来ただけでは日本語が上達することはない．受入れホスト側が十分な理解と支援を行い，人間としての尊厳を保てるようにするためにも，日本語教育の必要性についての認識をより高めることが共生社会の実現には不可欠である．そのための人材育成や環境整備を進める必要性を感じている．

　最後に，下記のような提言を述べて第 8 章の終わりとしたい．

提言：外国人受入れ専門職の創設を

　外国人受入れは，受入れ理念，募集・在留管理についての専門性，倫理観，人権意識，異文化理解・異文化適応の知識など幅広い分野の知識と見識が求められるが，現状では専門能力や知識要件は示されないままである．日本語学校や研修施設で問題になっている多く場合，教育体制そのものより，運営母体の経営方針などに大きく左右された募集段階での詐欺まがいの行為などにも大きな原因があると思われる．その結果，本来来るべきではない人材が大量に流入し，受入れ現場との離齬が起きているとも考えられる．各受入れ施設・事業所については，第三者評価などの質的評価は必然であろうが，それだけでは問題解決には結び付かない．イギリスでは，英語教育機関に対する非常に厳しい審査が British Counsil と EnglishUK の共催のもとに行われているが，ビザ申請に関する偽造書類が多く出回ったことなどから，2011年に英国国境局が新たに入国管理の視点で厳しい審査を課し，450もの民間英語学校の長期留学生受入れができなくなるという大事件が起こっている．このように，教育の質・内容とは違う次元で起こりうる問題に対する複数の視点・処方を行う方策の 1 つと

して，外国人受入れに関する総合的な知識・見識・能力を持った資格を創設し，人材育成を行うことを提言したい．

注

（1）文化審議会国語分科会日本語小委員会中間報告（2015）p. 3.
（2）日本学生支援機構「平成30年度外国人留学生在籍状況調査結果」https://www.jasso.go.jp/about/statistics/intl_student_e/2018/index.html
（3）日本学生支援機構「平成29年度外国人留学生進路状況・学位授与状況調査発表」https://www.jasso.go.jp/about/statistics/intl_student_d/data18.html#no1
（4）「私たちはなぜ日本に来たのか 何を学んだのか」44カ国534件の作文からのキーフレーズ集（2019）pp. 9-29.
（5）日本語教育機関の告示基準 p. 4. http://www.moj.go.jp/content/001265460.pdf. http://www.jees.or.jp/jltct/result.htm
（6）「日本語教育振興協会20年の歩み」p. 77, および「日本語教育機関の外国人学生と日本の青少年との交流」.
（7）東京都オリンピック・パラリンピック準備局ホームページ https://www.2020games.metro.tokyo.lg.jp/multilingual/references/easyjpn.html

参考文献一覧

公益財団法人日本国際教育支援協会 HP「日本語教育能力検定試験」出題範囲 http://www.jees.or.jp/jltct/range.html.
牲川波都季編（2019）『日本語教育はどこへ向かうのか』くろしお出版.
文化審議会国語分科会「日本語教育人材の養成・研修の在り方について」（報告）平成31年 3 月 4 日.
文化審議会国語分科会日本語教育小委員会（2015）「地域における日本語教育の実施体制について 中間まとめ」平成27年 8 月27日
文化庁国語課『平成30年度　国内の日本語教育の概要』.
松岡洋子・足立祐子編（2018）『アジア・欧州の移民をめぐる言語政策』ココ出版.
山本弘子（1997）「日本語教育施設での異文化交流の実践及びその評価に関する研究」文部省科学研究費奨励研究（B），課題番号　07907023.
山本弘子（2011）「世界の語学学校の動向」日本語教育振興協会トップセミナー資料.

事前学習の内容

日本語教育，と聞いて思い浮かべるのはどのようなことか．そして，なぜそれが思い浮かんだのか，その背景や理由を考え，仲間と話し合ってみよう．

ディスカッションテーマ，ロールプレイのテーマ

1．在留資格から日本語能力を推定してみよう．
2．日本語を母語としない人たちにとって，日本語のどんなところが難しいのだろうか．
3．日本人であれば日本語は誰でも教えられるのだろうか．日本語を教えるために必要な知識や技能にはどのようなことがあるか．

キーワード解説

1．「CEFR（セフアール）：ヨーロッパ言語共通参照枠」
　初級，中級，上級をA，B，Cという区分で表し，さらに各レベルをそれぞれ2段階で統一的に（A1，A2，B1，B2，C1，C2）のように示した．これにより，欧州域内のどの言語，どの教育機関も共通の指標で示せるようになった．
2．「告示校」
　官報に告示された日本語教育機関．法務省と文部科学省が協力して審査・認定を行い，その結果，設置基準を満たしたと認められ官報に告示されると，留学生を受け入れられるようになる．
3．「日本語教育推進基本法」
　2019年6月に参議院本会議で承認された超党派の議員連盟による議員立法．これにより，日本語教育について国や地方自治体，事業主の責務が明記された．

第9章
外国人人材の獲得とダイバーシティ・マネジメント

郭　潔蓉

1．はじめに

　令和の時代に入り，日本の労働市場をめぐる様相は大きな変化をとげようとしている．これまで「移民」の存在を認めてこなかった日本政府が，2018年12月8日に「労働移民」の受入れ政策とも取れる新たな「出入国管理法及び難民認定法（以下，「入管法」という）及び法務省設置法の一部を改正する法案」を国会で成立させた．これにより，14分野において外国人労働者受入れを拡大するための新たな法律が2019年4月1日より施行された．

　なぜ，今外国人労働者の受入れを拡大しなければならないのか，外国人人材の獲得と雇用にはどのような課題が存在するのか，また，外国人労働者の増加は日本の労働市場，さらには日本の多文化社会の形成にどのような影響をおよぼすのか，彼らを受け入れる前に私たちは認識を深めておかなければならない．本章では読者と一緒に日本の多文化社会の形成における外国人労働者受入れ拡大が与える風動について考察を深めていきたい．

2．外国人人材の需要拡大と社会的背景

　日本における外国人人材の獲得拡大傾向においては，2つの潮流が存在する．1つは「高度人材」と呼ばれる高度専門職などのエリート層人材への需要と，もう1つはいわゆる「ブルーカラー」と呼ばれる技能や技術をベースとする作業労働者層への需要である．本節では，この2つの潮流を作り出している日本の社会的背景とその実態を深掘りしていきたい．

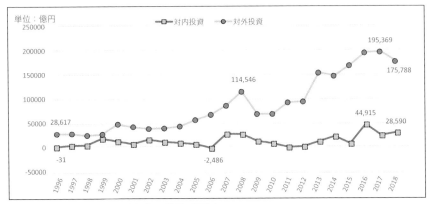

図表9-1　日本の対内・対外投資の推移（暦年）
出所：「国際収支状況」（財務省）のデータをもとに筆者作成

（1）海外直接投資の増加と外国人高度人材の獲得

　日本企業による海外直接投資は近年急増している．その背景には，バブル崩壊後に長きにわたって続いたデフレによる国内の経済不況がある．バブル経済が崩壊した後，横ばいが続いた国内投資は2006年を底として徐々に回復の傾向にあったが，2008年のリーマンショックの影響を受けて失速し，再び不振に陥った（図表9-1参照）．失われた10年とも20年ともいわれる国内市場の冷え込みは，多くの日本企業を海外市場へと駆り立てた．その結果，国内では産業の空洞化が危ぶまれ，倒産の危機に追い込まれた中小企業も少なくなかった．この間の国内の労働市場は混沌とし，リストラによる失業者や非正規雇用者が数多く生まれた．その一方で，図表9-1からもわかるように，新たな活路を見出そうと多くの日本企業が海外市場を目指した結果，海外直接投資は停滞する国内投資に反して大きく拡大し，その傾向は2017年まで続いた．

　海外直接投資の増加は現地での生産や販売，研究開発を後押しし，企業は現地での活動を潤滑に推進するため，組織の国際化と外国人高度人材の確保を迫られた．この動きと呼応するかのように国内でも多くの事業所が外国人雇用を増やしたため，2007年より外国人雇用状況の届出が義務化されることとなった．当該届出制度が始まって以来，リーマーショック後も外国人雇用数が着実に延びている．統計が取られるようになった2008年から直近の2018年までの11年間，年率10.9％の伸び率で外国人雇用が増えているのは，国内雇用では始めての現

図表9-2 外国人雇用事業所数と外国人労働者数の推移
出所:「外国人雇用状況の届出状況」(厚生労働省) のデータをもとに筆者作成

象である. 雇用形態の内訳をみていくと, 2008年時点では33.6％を占めていた「派遣・請負」形態の雇用が2016年に入ると21％台にまで減少し, 代わって「直接雇用」形態が増加するようになった (図表9-2参照). この割合の変化から, 短期的な作業労働者から長期的な正規雇用への需要がシフトしているのが読み取れる. つまり, 企業が外国人人材に求める能力が労働集約的なものから, 知識労働や頭脳労働といった付加価値の高いものへと移行し始めているのである.

　こうした企業の動きを受けて, 日本政府も「高度外国人材」の獲得に乗り出した. 日本政府が「高度外国人材」に着目をし始めたのは2012年に入ってからであるが, 早くから外国人労働者における高度人材の獲得に着目をしてきたイギリス, フランス, ドイツ, デンマーク, シンガポールの各国はすでに「選択的移民政策」(1) の導入を積極的に推進していた. 諸外国に後れを取ったものの, 各国の制度を参考にし, 日本でも他の外国人労働者と区別するために「高度人材ポイント制」が導入され, 在留資格の「特定活動」の枠において運用を開始した. その2年後には入管法が改正され, 2015年4月より「高度外国人

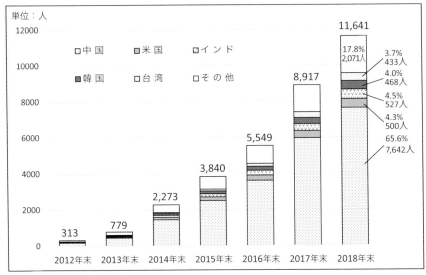

図表9-3　出身別高度外国人材の在留数推移

出所：「在留外国人統計」出入国管理庁のデータをもとに筆者作成

注：高度外国人材の数は「高度専門職」1号・2号および「特定活動（高度人材）」の人数

材」に特化した「高度専門職」という新たな在留資格が設置された．現在「高度専門職」資格は在留期間5年の「1号」と無期限の「2号」に分類されており，「1号」において3年以上の活動を行った場合にのみ「2号」の申請が許可される仕組みとなっている．また「1号」は，（イ）高度学術研究活動，（ロ）高度専門・技術活動，（ハ）高度経営・管理活動の3つに分類されており，それぞれの特性に応じて学歴，職歴，年収などの項目においてポイントを設け，すべてのポイントの合計が合格点（現行70点）に達した場合に付与されるとしている．制度の導入当初は申請数も少なく，313人の認定者のみであったため，その後の運用が危ぶまれたが，6年後の2018年末には約37倍の1万1641人に増え，申請者は増加の一途をたどっている（図表9-3参照）．2017年6月9日に閣議決定された「未来投資戦略2017」において，政府は2020年末までに1万人，さらに2022年末までに2万人の「高度外国人材」の認定を行うことを目標としているが，2019年3月現在の数字によると1万6781人が認定を受けて在留している状況にあり，すでに目標値を超える勢いで増加している．出身別にみると「中国」が圧倒的に多く，2012年末からの累積数では「米国」，「インド」，「韓

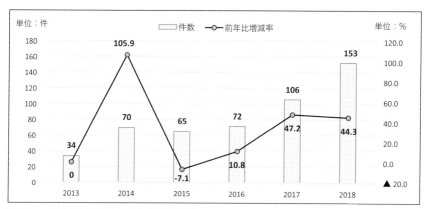

図表9-4 「人手不足倒産」の年間発生件数
出所：「人手不足倒産」の動向調査（2013〜18年），帝国データバンクのデータをもとに筆者作成

国」，「台湾」が続き，アジア勢が大部分を占めていることが特徴的である．

（2）労働力不足の顕在化と外国人労働者の受入れ拡大

　外国人人材の受入れ拡大の背景には，もう１つ「内需拡大」と「人手不足倒産」[2]の増加傾向があげられる．内需の拡大に関しては，前出の図１からも読み取れるように，2016年に入ってから国内投資が上向きに転じ始めていることがわかる．国内景気が回復基調にあることは日本経済の包括的な観点からは望ましいことであるが，それと同時に生産年齢人口が減少し始めていることが重なり，皮肉なことに人手不足が企業の操業を脅かしているという現象が起こり始めているのである．

　帝国データバンクの調査[3]によると，2018年の年間「人手不足倒産」の発生件数は153件，前年比44.3％の大幅な増加となった．本調査は2013年より開始されているが，「人手不足倒産」の発生件数は2016年以降３年連続で増加している（図表9-4参照）．また，調査を開始した2013年以降の６年間の累積件数は500件に達している．

　2018年の調査の内訳をみていくと，負債規模別では「１億円未満」の企業が91件（構成比59.5％），続いて「１〜５億円未満」が54件（構成比35.3％）を占め，全体の約95％が小規模倒産であることがわかった．また，業種別では「建設業」が最多の30.1％，次いで「サービス業」が26.8％を占め，この２業種で

全体の過半数を超えた．６年間における業種細分類別をみると，「道路貨物運送」がもっとも件数が多く，とくに2018年は前年比2.3倍に急増しており，ドライバー不足による受注難から資金繰りの悪化を招く倒産が目立った．このように景気が回復し，配送需要が高まっている一方で，人手不足は深刻化しているという慮外な状況に陥っているのである．次いで２番目に多かったのが「老人福祉事業」である．少子高齢化の傾向が強まるにつれ，有資格者の確保が難しい上に離職者が多いという難題を抱えている業界であるという特性も相まって，人手不足のために十分なサービスが提供できないという理由などから廃業に追い込まれるケースも増えている．この他倒産数の上位には「木造建築工業」や「労働者派遣業」といった業種が名を連ねており，日本の労働現場では慢性的な人材不足に悩まされている状況にあることがわかる．

　こうした情勢を受けて，政府は人手不足が深刻化している業界における労働力不足の状況を試算し，人材を確保するという目的で外国人材の獲得に乗り出した．そして先述のとおり，2018年12月８日の国会にて介護や農業，建設，宿泊，介護などの14業種[4]において，向こう５年間で上限合計34万5150名外国人労働者の受入れを拡大する改正出入国管理法が成立し，2019年４月１日より運用を開始している．

　この法改正に伴い，「技能実習」が属する「非専門的・非技術的分野」とは一線を画し，現行の「高度専門職」，「教授」，「技術・人文知識・国際業務」，「介護」，「技能」などが属する「専門的・技術的分野」と同じ括りで「特定技能」の資格を設置することとなった．「特定技能」を取得するためには「技能水準」と「日本語能力水準」の２分野における試験に合格をする必要がある．（ただし，技能実習２号を修了した外国人は，申請の際に試験が免除される．）資格は１号「特定産業分野に属する相当程度の知識又は経験を必要とする技能を要する業務」，２号「特定産業分野に属する熟練した技能を要する業務」に分類されており，前者は通算で上限５年という在留年数の制限があり，家族の帯同が認められていないが，２号を取得すると在留年数の上限は撤廃され，要件を満たせば家族の帯同も許される．ただし，２号については当面「建設」と「造船・舶用工業」の２業種のみの適用に限られている．

　「特定技能」の新資格導入に関しては，移民政策に繋がるとの批判の声も多いが，一方で日本の慢性的な労働力不足の解消に繋がるとの期待も高い．いず

れにせよ，これまでとは異なるセグメントの外国人労働者が新たに14業種の労働現場に参入してくることは日本の労働市場にとっても始めてのことであり，この経験によって日本の労働社会における多文化化が大きく進化を遂げることは間違いないだろう．

3. 外国人雇用の課題とダイバーシティ・マネジメントの変容

では，外国人人材を獲得すれば，日本の労働現場は救われるのだろうか．マネジメントの現場では，外国人人材を獲得できたとしても，試練はそれだけでは終わらないのが現実である．実際のところ，外国人を雇うということは，日本人を雇うことよりも数倍の労力が必要となる．

1つ目は，外国人雇用に関する雇用手続の煩雑さである．日本で外国人を雇用する際には，何よりもまず各在留資格審査の基準と要件を把握しておくことが大切である．日本では，従事する仕事の内容によって取得できる資格と活動できる内容，許可される在留期間は変わってくるため，雇用者側は雇用する外国人にどのような仕事を担ってもらいたいのかを雇用する段階から明確にしておかなければならない．また，事業主には雇用する外国人が能力を発揮できる適切な人事管理と就労環境の確保が義務づけられている．具体的には，前述の①届出制度の義務化の他，②国籍を理由とする採用選考の差別を行わない，③労働基準法を中心とした労働関係法令は国籍を問わず適用する．③健康保険法などの社会保険関係法令も国籍を問わず適用する，④外国人労働者に対する安易な解雇などを行わない，⑤やむをえない解雇などの場合には再就職が可能な支援を行う，などといった努力義務が課せられており，外国人を雇用する企業側の責任も問われる．

2つ目は，外国人従業員に対する労務管理の難しさがあげられる．とくに従来型の日本型経営の常識を外国人労働者に適用して管理をすることは決して容易ではないといわれている．慎重に慎重を重ねて外国人従業員を採用してみたものの，数カ月で辞められてしまったといった事例は珍しくない．例えば，ある程度日本社会の組織制度や慣習を理解している留学生を雇うのであれば，それほどお互いの認識は大きくかけ離れていないかもしれないが，日本にあまり馴染みのない外国人を雇用した場合は，いわゆる日本企業における伝統的な価

値観や常識が通用しないことを覚悟しておく必要がある．なぜならば，外国人労働者たちにはそれぞれのルーツがあり，アイデンティティを形成してきた言語や文化も日本のそれらとは異なるからである．必然的に彼らの職業に対する意識も異なるため，同じく職業に対する価値観や就労意識も異なるのは当然なことである．

こうした変化が職場におけるダイバーシティ・マネジメントにも影響をし始めている．これまでのダイバーシティ・マネジメントは，女性やマイノリティ，障害者，LGBTといった社会的弱者に対する差別の是正が主たる取り組みであったが，もはや現代において女性の社会進出の促進や社会的弱者に対する公平な就業や登用の機会を提供することは，企業のCSR活動としては常識的かつ基本的な取り組みとなっている．むしろ，グローバル化が深化する現代において，もっと重要なのはグローバル競争環境下で勝ち抜く価値を創り出す人材を確保し，活躍できる環境を与えることにある．そのためには，異なる人種や民族が有する文化や宗教などの違いを受容し，従業員の多様性を戦略的にいかせる体制作りが大切である．

経済産業省も日本企業の経営力と国際競争力を高めるためには，より戦略的なダイバーシティ・マネジメントが必要であるとし，「ダイバーシティ2.0」を推進している．2017年3月には「ダイバーシティ2.0行動ガイドライン」を制定しており，以下の「実践のための7つのアクション」を指針として提示し，経営におけるダイバーシティの実践を各企業に推奨している．

◆ダイバーシティ2.0行動ガイドライン「実践のための7つのアクション」

①経営戦略への組み込み：経営トップが，ダイバーシティが経営戦略に不可欠であること（ダイバーシティ・ポリシー）を明確にし，KPI[5]・ロードマップを策定するとともに，自らの責任で取組をリードする．

②推進体制の構築：ダイバーシティの取組を全社的・継続的に進めるために推進体制を構築し，経営トップが実行に責任を持つ．

③ガバナンスの改革：構成員の多様性の確保により取締役会の監督機能を高め，取締役会がダイバーシティ経営の取組を適切に監督する．

④全社的な環境・ルールの整備：属性に関わらず活躍できる人事制度の見直し，働き方改革を実行する．

⑤管理職の行動・意識改革：従業員の多様性を活かせるマネージャーを育成

する.

⑥従業員の行動・意識改革：多様なキャリアパスを構築し，従業員一人ひとりが自律的に行動できるよう，キャリアオーナーシップ[6]を育成する.

⑦労働市場・資本市場への情報開示と対話：一貫した人材戦略を策定・実行し，その内容・成果を効果的に労働市場に発信する. 投資家に対して企業価値向上に繋がるダイバーシティの方針・取組を適切な媒体を通じ積極的に発信し，対話を行う.

（経済産業省「ダイバーシティ2.0 行動ガイドライン」2017, p.1より引用）

同ガイドラインで重要なのは，ダイバーシティ・マネジメントを経営戦略の1つに位置付けている点である. 多様性の優位性を見出し，それを組織経営の重要課題としてトップが率先して取り組みをリードしていくと明示している点は大きな進化といえる. また，同ガイドラインは最近のグローバル化の深化，変化する社会情勢と経営環境に適合できるよう2018年6月に重要な改訂を行っている. 1つは，①の経営戦略への取り組みにおける「KPI・ロードマップの策定」において，2017年版では女性管理職の比率についてのみ述べていたところ，改訂版では女性の他に「国際人材（外国人や，海外にて相当程度の長期間にわたる豊富な実務経験と顕著な業績を有する者）」を付け加えた点である. また，もう1つは③のガバナンスの改革における「取締役会の監督機能向上」において，2017年版では「取締役会の構成を見直し，構成員の多様性を確保する」としていたところを改訂版では後半部分を「構成員のジェンダーや国際性の面を含む多様性を確保する」に書き換えている点である. つまり，経済産業省が提示するガイドラインにおいても，組織における国際性や外国人労働者を意識した改訂がなされている部分にダイバーシティ・マネジメントの変容が映し出されているということである.

4．外国人労働者の受入れ拡大と今後の課題

外国人労働者の受入れ拡大の社会的背景と，受入れ側である企業における外国人雇用の課題とダイバーシティ・マネジメントの変容をみてきたが，実際のところ，多面的に捉えると他にもさまざまな問題が潜んでいる.

もっとも懸念しなければならない問題は，これまでとは異なるセグメントの

外国人労働者を入れることによって，日本社会にどのような影響があるのかを十分に議論していないという点である．単に労働力が不足しているからといって，不足分を海外から補充すれば良いという単純な問題ではないことをもっとさまざまな角度から議論をすべきではないだろうか．外国人材が一定数日本社会に入ってくるということは，労働の現場だけでなく，その人たちが暮らす生活圏においても変化をもたらすことになるからである．そして，受入れ側である日本社会はその準備ができているといえる段階にあるのかということも一緒に検討する必要がある．

2つ目は，日本の労働社会は本当に今後も政府が試算したとおりに労働力不足が続くのだろうかという疑問である．日本は，先進国の中でもめずらしく「M字カーブ」現象がある国である．女性が出産や育児によって職を離れてしまい，その結果30歳代を中心に働く人口が減ってしまうため「M字カーブ」現象が現れる．近年の働き方改革によってその曲線も以前よりは改善されているといわれているが，それでも日本ではいまだに結婚や出産後にフルタイムで働くことが難しいケースが多く，女性の労働力を十分に活用しているとはいえない状況にある．また，日本は健康寿命が諸外国と比べて相対的に長い国としても知られている．定年退職をしてもまだ元気で働ける人は一定数いるといわれているが，その人たちをうまく活用できているだろうかという疑問も湧いてくる．加えて，内需拡大は未来永劫続くものではないという点も無視できない．

そして，3つ目に今回の新たな外国人労働者の受入れを拡大したセグメントは，単純労働でもなく，高度人材でもない，14業種における「特定技能」という新たな枠組みであるという点である．14業種の中には，ともすると，日本人の若年層の労働機会と重なる部分もあり，日本人の若者たちの就業の機会を奪ってしまうことになることも懸念すべきである．とくにサービス業分野に関しては，その可能性を否定できない．

外国人人材の受入れの拡大に関しては，このように複数の側面において懸念材料をはらんでおり，今後も論判が繰り返されることが予想される．

5．おわりに

前節であげた課題がある一方で，すでに外国人人材の受入れ拡大は始まって

いる．私たちがさまざまな不安に駆られるのは，十分な議論がなされないうちに大きな決断が政治によってなされてきたからではないだろうか．

過去にも，日本経済が飛躍的に向上したバブル時代に人手不足が顕在化し，外国人を労働者として受け入れたいという社会的要請が高まった際に，日系人を受け入れ，日本社会の労働力不足の代替としたのではないかとの批判が高まったことがあった．その時も十分な議論はされないまま「定住者告示」と呼ばれる法改正によって，かつて海外に移住した日本国民の実子やその孫にあたる日系二世や日系三世といった「日系人」に「定住者」という活動の制限を受けない在留資格を与えた結果，大規模な日系ブラジル人や日系ペルー人の受入れに発展することとなった．その後日本経済が低迷し，多数の日系人が派遣切りや失業に遭い，大きな社会問題となったことも記憶に新しいところである．

しからば，同じような過ちを繰り返さないためにも，読者諸賢にはぜひ本章を題材に心ゆくまで議論をしていただきたい．

注

（1）選択的移民政策とは，2003年に成立したフランスの「移民の抑制，外国人の滞在及び国籍取得に関する法律」（通称：サルコジ法）に端を発した移民政策である．質の高い移民の受入れに対し，優遇政策を採る国が多い．

（2）人手不足倒産とは，従業員の離職や採用難などにより収益が悪化したことなどを要因とする倒産（負債1000万円以上，個人事業主を含む）を指す．（帝国データバンクによって定義）

（3）帝国データバンクによる人手不足による企業倒産の動向調査．2013年から2018年現在まで継続調査を行っている．

（4）14業種とは，介護，ビルクリーニング，素形材産業，産業機械製造業，電気・電子情報関連産業，建設，造船・舶用工業，自動車整備，航空，宿泊，農業，漁業，飲料食品製造業，外食業の各業種を指す．

（5）KPIとは「Key Performance Indicator」の略語である．組織の目的を達成するための「重要業績評価指標」を意味する．

（6）従業員自身が会社に与えられた仕事をこなすだけでなく，自分のキャリアは自分で作るという意識を持ち，自身のキャリア形成に努めていくことをいう．

参考文献一覧

郭潔蓉・森下一成・金塚基（2019）『多文化社会を拓く』ムイスリ出版.

経済産業省（2017）「ダイバーシティ2.0行動ガイドライン」.

経済産業省（2018）「ダイバーシティ2.0行動ガイドライン」（平成30年6月改訂）.

谷口真美（2005）『ダイバーシティ・マネジメント——多様性をいかす組織』白桃書房.

帝国データバンク（2019）TDBレポート『特別企画：「人手不足倒産」の動向調査（2013〜2018年）』.

広島市立大学国際学部国際社会研究会編（2010）『多文化・共生・グローバル化——普遍化と多様化のはざま——』ミネルヴァ書房.

法務省出入国管理庁（2018）「新たな外国人材の受け入れについて」.

Susan E. Jackson and Associates (1992), *Diversity in the Workplace*, The Guilford Press.

事前学習の内容

　労働人口とはどの層の国民を指しているのか，また日本における労働人口はどのような推移なのかを事前に把握しておこう．

　また，日本にはどのような就労が認められている在留資格があり，それぞれどのような業務に対してビザを発行しているのかを理解しておこう．

ディスカッションテーマ，ロールプレイのテーマ

1. 日本の労働市場に外国人労働者が増えることに対して賛成か反対かを論じてみよう．その際に必ずそう思う理由を述べること．
2. 外国人労働者を組織に迎え入れる際，職場ではどのような点に配慮をすべきか，具体的な意見を述べてみよう．
3. 外国人労働者の受入れを拡大する前に日本社会はどのような準備をしておかなければならないか，具体的な政策を考えてみよう．

キーワード解説

1.「外国人労働者」
　外国籍を持つ労働者を他国から受け入れる際に用いる言葉である．海外では「移住労働者」とも呼ばれる．

2.「高度外国人材」
　入管法上の「高度学術研究分野」「高度専門・技術分野」「高度経営・管理分野」の3分野において，優秀な能力や資質を持つ外国人の研究者や大学の教授，システムエンジニア，会社の経営者などを指す．

3.「特定技能」
　2019年4月より導入が予定された新しい在留資格．特定技能1号では深刻な人手不足と認められた14分野にのみ付与される．

4.「ダイバーシティ・マネジメント」
　組織内に存在する「多様性」を競争優位の源泉としていかすための組織運営の戦略，方針，体制のことを指す．

5.「多様性」
　人材の多様性を指す．具体的には，性別，国籍，年代，民族・人種といった外面的なことだけでなく，考え方，価値観，信条，宗教といった内面的な違いも含めた違いを意味する．

第10章

多文化共創による持続可能な社会開発

佐伯康考

１．はじめに

　共創とは何か．そして，なぜ共創がいま必要とされているのか．筆者が勤務する大阪大学共創機構は複雑化する社会課題を解決するために，「University in Society, University for Society」という精神のもとで学内外を繋ぐ中核組織として2018年元日に設立された．大阪大学共創機構の機構長であり大阪大学総長でもある西尾章治郎は共創（Co-Creation）について，社会と「共に新しい価値を創造する」ことを目指す理念であると説明し，大阪大学が100周年を迎える2031年に向けた大学像である「社会変革に貢献する世界屈指のイノベーティブな大学」の実現に向けた企業，自治体，地域社会，市民との共創を推進している．

　また教育面においても，学部生・大学院生が自身の専門を深めるとともに，異なる専門分野の学生たちとの共創を通じて新しい知を開拓し，創造的な活動を通じたイノベーションを生み出すことを目指して大阪大学 CO デザインセンターが2016年７月に設立された．同センターのプログラムでは，複雑な社会的課題の解決に向けて，専門領域と社会領域の繋がり，そして人々の繋がりを生み出すことを目標に，大学院生（修士）と学部学生にも受講を許可している第一段階，大学院生（修士）を対象とした第二段階，大学院生（修士・博士）を対象とした第三段階で構成されている．

　こうした共創を重視する取組みは大阪大学に限ったものではない．東京大学は2012年４月に策定した「東京大学における社会連携に関する基本方針」において，大学から社会への一方向的な知の還元を行うのではなく，双方型の「知の共創」を推進すると定めている．2018年４月には九州大学が共創学部を新設するなど，各大学における共創活動は非常に活発化している[1]．

日本社会の人口減少が今後も続く可能性が高い中，異なる背景を持った多様な人々による多文化共創を通じて新しい価値を生み出すことの重要性が増している．しかし，世界各国において排外主義が台頭しており，日本社会における2019年4月1日から施行された「出入国管理及び難民認定法及び法務省設置法の一部を改正する法律案」をめぐる議論においても多文化共創社会を目指すための方策が十分に検討されたとは言い難い．外国人と日本人が代替関係となって仕事を奪い合うのではなく，互恵的な補完関係となり，多文化共創を通じて日本社会が抱える社会課題の解決に貢献していくことが，感情的な議論による過激な移民排斥派の主張の影響力を低下させるためには必要不可欠である．

　また2018年11月23日に開催されたBIE（博覧会国際事務局）総会で加盟国による投票の結果，開催が決定した大阪・関西万博においても，「途上国を含めた多くの参加国と共に作る万博とすること（Co-Creation）」が重視されている（経済産業省 2019）．このように共創活動が広がっている背景を理解するには，Sustainable Development Goals（SDGs）などの世界的潮流を理解する必要がある．

2．共創という新たな潮流の背景

（1）SDGs：“No One Left Behind（誰一人取り残さない）”世界を目指して

　2015年9月25日に開催された国連総会において，「the 2030 Agenda for Sustainable Development（持続可能な開発のための2030アジェンダ）」が採択された．安倍晋三首相からはアジェンダの採択を歓迎すると共に，その実施のために，旧来の「南北」の二分法を越えた，多様なステークホルダーの参加による「グローバルパートナーシップ」が必要であるというステートメントが述べられた（外務省 2015）．

　2000年9月に採択され，国際社会が2015年までの達成に向けて取り組んだMillennium Development Goals（MDGs）では，極度の貧困や飢餓の撲滅に一定の成果をあげた．ただし，MDGsでは世界全体の深刻な貧困問題の削減が進んだものの，地域や国によっては達成に遅れが発生し，また世界の4分の3の貧困層を占める中所得国における国内格差の問題があった（外務省 2014）．そうしたMDGsへの問題意識も踏まえ，多様性を尊重し，“誰一人取り残さな

い"（No One Left Behind）世界を実現するために，全員参加型のアプローチ，すなわち，多様なアクターによる共創を通じた社会課題の解決を世界は目指すこととなった⁽²⁾．日本は長年にわたって国家を中心とした枠組みだけではなく，人間を中心としたアプローチである「人間の安全保障」を提唱してきた．誰一人取り残されないかたちで共に価値を創り出そうとする日本が重視してきた理念を世界が今必要としているのである．

　またMDGsに積み残された課題も踏まえてSDGsでは政府間協力のみならず，民間セクターの積極的関与を推進すると共に，民間セクターに加えて新興国や市民社会など，より多様なアクターによる共創が重視されている．（外務省 2014）．ESG⁽³⁾投資への関心も高まる中，社会的責任をビジネスチャンスに変えるという発想転換が推奨されており，企業としてもこうした世界的潮流に積極的にコミットしようとする大きな流れが生まれている．

（2）共創についての先行研究

　共創についての先行研究はマーケティング分野を中心に経営学分野で数多く行われてきた．例えば，プラハードとラワスマミ（2004）は，Information Technologyやソーシャルメディアの発達により，企業から個人（B to C）への一方向だった価値提供のベクトルが，個人対個人にシフトし（C to C），双方向・多方向の顧客との共創プロセスの中に価値の源泉があることから，共創には4つの要素（DART）があると指摘している（図表10-1参照）．

　またウィノグラッドとハイス（2011）は1982年から2003年までに生まれたミレニアル世代は人口も他世代より多く，かつ多様な民族で構成されており，性別や人種の壁を越えた互恵的な関係性を構築しようとする傾向があり，ソーシャル・ネットワーキング・サイト（SNS）を使用して情報を共有することを特徴としてあげている．そして2008年の米国大統領選挙では民主党でもっとも若い候補者であったバラク・オバマ氏は同世代のコミュニケーションスタイルを意識した選挙活動で先行しており，同世代が大統領選挙勝利の決定力になったと指摘している．

　野中と徳岡（2009）は日産自動車の欧州市場への本格市場参入に際し，商品企画に欧州各国スタッフと日本人スタッフが言語や文化の違いによる数多くの困難を経験しながらも，それを上回るダイバーシティによる価値創造について

図表10-1　共創を構成する４つの要素（DART）

Dialogue（対話）	ただ顧客の意見を聞くだけではなく，顧客と対等な立場で問題解決にあたり，共に学習することが求められる．
Access（利用）	「所有」よりも「利用」を好む消費者が増加する中で，従来型の販売中心のサービス提供は転換を迫られている．
Risk Assessment（リスク評価）	消費者が受け身だった時代から価値共創への関わりを強めていく中で，リスクとメリットの両方を企業は消費者に説明することが必要になる．
Transparency（透明性）	かつては企業と消費者の間に大きな情報格差があったが，急速に情報格差が解消されつつあるため，高い透明性が求められる．

出所：プラハードとラワスマミ（2004, pp. 59-83）をもとに筆者作成

説明している．

　そして日本の経営者たちも，1990年代初頭から共創を経営戦略の重要な理念として掲げてきた．例えば，シャープ中興の祖であり，ソフトバンクグループ創業者の孫正義に多大な影響を与えたことでも知られる佐々木正（2004）は，「異なるものを排斥するのではなく，新たな創造を行うために，価値観の違うものを結び付けることが必要である」と主張し，共創の重要性を強調している．

　また，富士ゼロックス元会長であり，日本経済同友会代表幹事として活躍した小林陽太郎は，従来の「企業と個人」の関係を，「企業と社会」の関係へと拡大し，より広い共創関係を構築することの重要性を強調している（経済同友会 2003）．さらに，企業の社会的責任（CSR）を広く普及させるだけでなく，「プロダクト・アウト」と「マーケット・イン」というマーケティングで用いられる２つのアプローチに加え，社会課題を解決する存在としての企業が「ソサイエティ・イン」という，より公的な視点から社会に貢献しようとする姿勢が重要であると強調している．

　多様な個人が共創することによる価値創造は，第二次安倍政権が推進する「働き方改革」の中で重要性を増しているダイバーシティの概念とも近い考え方といえよう．雇用の分野における男女の均等な機会及び待遇の確保等に関する法律（男女雇用機会均等法）が制定されたのは1985年であるが，2018年に医学部入試で女子受験生への差別が多数の大学で行われていたように，差別は依

然として根深く存在している．多様な背景を有するものたちの共創こそが，新しい価値を生み出す上で重要であることを社会に広く浸透させ，旧来の価値観のもとで黙認されていた差別は見直されなければならない．

3．外国人受入れにおける多文化共創の必要性

多文化共創はなぜ重要なのであろうか．それは，異なる文化を有する者たちの摩擦を回避するためのコミュニケーションに労力を要するとしても，それを上回る新しい価値を生み出せることが持続可能性を高める上で重要だからである．ともすれば外国人労働者は移民排斥を掲げて支持拡大を目指す政党の標的になりやすい．そうした極端な主張を行う政党が支持を拡大している背景には富の公正・公平な分配がなされていないことによる社会の歪みがある（経済のグローバル化に伴って資本家への富の偏在が進んでいる）．

社会の不平等を測定する指標として用いられるジニ計数[4]の推移を見ると，米国では1979年に0.346であったのに対して，2016年には0.415にまで格差が拡大しており（図表10-2参照），情報技術の進化により，GAFA（Google, Apple, Facebook, Amazon）に代表される情報通信企業大手を中心に資本家は世界中の莫大な富を得ることに成功した．そして，シリコンバレーなどの情報通信産業で就労する人々は学歴も高く，高度な技術を有する高学歴の知識労働者たちである．対照的に，低技能労働者の就労機会は情報技術の進歩に伴い，AIや機械によって代替されるリスクに直面している．こうした富の分配構造に不満を抱えている人々が増加する中で，自国第一主義を中心としたポピュリズムが世界各国で支持を拡大し，社会の分断を招くような言説が繰り返されることは多文化共創社会を阻む大きな障害となる．

実際に外国人労働者を受け入れる場合に発生する影響は受入れ地域の労働市場の状況によって大きく異なる．例えば図表10-3の人手不足の労働市場では需要曲線が大きく右側にシフトしている．中央最低賃金審議会が2019年度の全国最低賃金を901円に設定し，東京都と神奈川県では史上初となる1000円台になるなど賃金上昇圧力の強い状況が続いているが，こうした賃金上昇の影響を受けて供給曲線も右側にシフトすることになり，実際，2019年6月に女性の就業者は過去最多となる3000万人の大台を突破した．こうした労働需要の増加が労

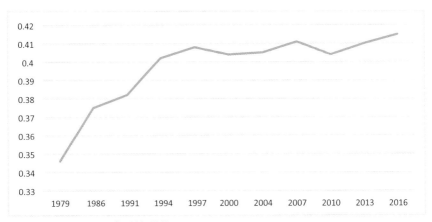

図表10-2　米国社会のジニ係数推移

出所：World Bank Open Data をもとに筆者作成

働供給を上回っている労働市場であれば外国人労働者を受け入れても，日本人の賃金も上昇するかたちで労働市場全体の厚生が拡大していく．

　しかし，外国人労働者の受入れ拡大などに対して労働需要の増加が十分ではない労働市場においては，賃金が外国人労働者の受入れ前よりも低い水準で均衡することになる．実際には日本人労働者と外国人労働者ではスキルも言語能力も異なるため，外国人労働者の流入によって日本人労働者の賃金がすぐに低下するような事態は生じない．しかし，労働市場全体の厚生を高めるためには新たな需要を創り出すことが必要不可欠である（図表10-4参照）．

4．外国人の人的資本形成の課題

　世界各国社会で外国人に対する排他的感情が広がりをみせる中，日本社会では2019年6月末時点の在留外国人の人数が263.7万人（総務省 2019），2018年10月末時点の外国人労働者の人数が約146万人（厚生労働省 2019）と共に過去最多を記録した．ただし，外国人労働者の雇用形態が非正規雇用に偏重していることには留意が必要である．2008年に世界経済危機が発生した時，多くの外国人労働者が職を失い，生活基盤が失われ，母国へと帰国せざるをえない状況が多数発生した．もし経済が悪化した場合には同様の悲劇が繰り返される恐れも

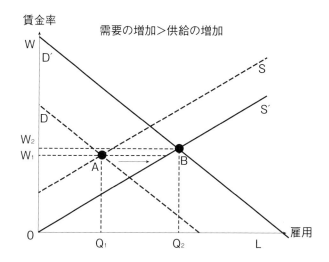

図表10-3　十分な需要増加が発生した場合

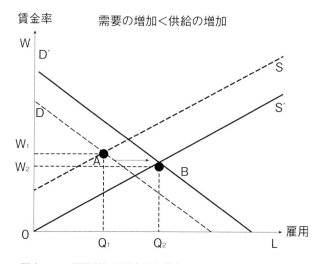

図表10-4　需要増加が限定的な場合

ある.

　そうした事態を招かないためには，異なる背景を持つ者が有する互いの強み
を活かしながら，新しい価値創造を行い，より多くの需要を生み出していくこ
とが必要である．例えば米国のシリコンバレーには海外から多数の技術者が就
労し，米国経済を牽引するIT産業の中核を担っている．多文化共創から生ま
れた新規の需要によって，母国の労働者にとっても望ましい状況が生まれてい
るのである．こうした状況を鑑みれば，日本社会に中長期的に在留する外国人
たちの人的資本形成を積極的に後押しすることにより，互恵的なかたちで日本
社会と在留外国人が共創していくことが期待される．しかし，そのための人的
資本形成には3つの課題が存在する．

　第一の課題は在留外国人の日本語学習に対する機会費用が大きいことである．
日本語能力を向上させるために必要な学習時間数は出身国で用いた言語や学習
態度などによって大きく異なるが，旧日本語能力試験（2009年まで実施）が定
める標準的な学習時間に基づき，時給を1500円として機会費用を計算したもの
が図表10-5である[5]．1級合格を目指して900時間の学習のために労働時間を
減らした場合（時給1500円と仮定），180万円分の所得を放棄したことになる．
そして，放棄した所得に加え，直接的な費用として日本語学校に支払う学費や，
学校に通うまでの交通費，教材費などが発生するため，日本語学習のために支
払う機会費用は大きな負担となる．出身国によっても異なるが，上記の費用を
母国に送金した場合には数倍以上の価値となることも多いため，日本語学習よ
りも就労時間を増やすことが魅力的な選択肢になるという難しさがある．

　第二の課題は日本語能力の向上がもたらす収益の少なさである．上記のよう
な高い機会費用が発生しても，日本語能力を高めることによって将来的に高い
収益が見込めるのであれば（日本語能力の向上が有益な教育投資となるのであ
れば），日本語学習に継続的に取り組む者は増えるであろう．しかし残念なが
ら，現状では日本語能力の向上による賃金の増加は非常に限定的なものに留ま
っている．例えば多数の外国人労働者が就労している職場では企業側が通訳を
できるコーディネーターを配置していることも少なくないため，日本語能力を
高めることで賃金が増加するわけではない．そのため上述のような日本語学習
に必要な機会費用に見合うリターンを感じにくく，学習を継続する動機づけが
難しい．

図表10-5　旧日本語能力試験合格のために放棄した所得（※標準的な学習時間を時給1500円で計算した場合）

4級	3級	2級	1級
150時間	300時間	600時間	900時間
22.5万円	45万円	90万円	135万円

出所：日本語能力試験「旧試験との比較」をもとに筆者作成 https://www.jlpt.jp/about/pdf/comparison01.pdf?mode=pc

　さらに，外国人労働者の就労分野は農業，コンビニ，外食，製造業，縫製業など日本語能力の必要度が決して高いとはいえない．職場には同国人が多いケースも少なくなく，母国語だけで一定の生活を送ることができてしまうため，日本語学習に対する必要性を感じにくい．もしも日本にいる期間が3年，5年などの限られた期間である場合はさらに日本語教育への動機付けは難しくなるであろう．

　そして第三の課題は，日本語教育を受けることによって，教育の受益者たちが社会にもたらす正の外部性があるにもかかわらず，日本語教育への政府による公的支援が不十分な状況が続いていることである．政府の公的支援が不十分な場合，私的価値のみで需要と供給が均衡するため，社会的価値を考慮した場合よりも質的にも量的にも低い点で均衡することになる（図表10-6参照）．本来であればS*の量の日本語教育が実施されるべきなのに政府からの支援がないために，Sの量しか教育が実施されず，社会的に本来実施されるべき日本語教育の不足（S*−S）が発生してしまう．日本語教育推進法成立も踏まえ，日本語教育への投資増加によって需要曲線を右側にシフトさせ，日本語教育の価格をt*へ，量をS*へと質・量の両面で拡張される必要がある（図表10-6参照）．

　実際，文化庁（2018）が実施した調査では，日本語教師などの人数は4万1606名と増加傾向が続いているが，その内訳ではボランティアによる者が2万3043名（55.4％），非常勤による者が1万2908名（31.0％），常勤による者が5655名（13.6％）と85％以上がボランティアと非常勤に支えられる状況が依然として続いている（図表10-7参照）．図表10-6に示したように，日本語教育の価格は社会的価値も含めた場合はt*であるべきなのに，政府からの介入がないためにtの水準に留まってしまう．日本語教育の価格が低ければ，必然的に日本語教師の待遇も低水準となり，ボランティアによる者や非常勤による者によっ

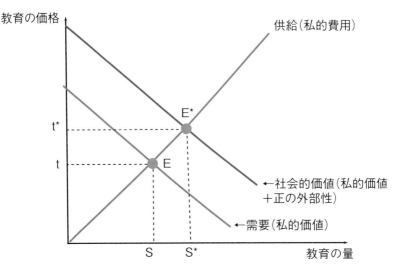

図表10-6 公的支援が不足している日本語教育市場の需要と供給
出所：筆者作成

て支えられる構造が長年にわたって続いている．外国人を受け入れるのであれ
ば，日本語教育や多言語対応などの受入れに伴う費用が当然，発生する．その
費用を最低限必要な経費として必要最低限な水準に留めるのか，それとも将来
的に日本を多文化共創社会へと発展させるための投資と見なすのかが問われて
いる．

　近年の日本の労働市場は労働需要が超過する状態が続いており，求人倍率も
高止まりする中で，東京都と神奈川県の最低賃金が史上初めて1000円台を突破
した．日本語能力が低くても仕事がみつかりやすく，さらに賃金も増加傾向で
あれば，日本語教育よりも就労時間を増やすことを選択する外国人労働者が増
えることは想像に難くない．この意味において私的価値のみに基づく需給調整
では日本語教育市場の均衡点は社会的価値も含めた場合と比べて低い水準に留
まる恐れが大きい．日本語教育が将来の日本社会にもたらす価値を踏まえ，政
府による公的な日本語教育への支援拡充と，在留資格などの審査における日本
語能力の評価などを通じ，日本語教育の質・量の両面で改善を図る必要がある．

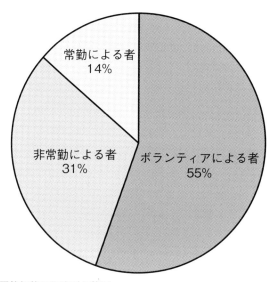

図表10-7　日本語教師等の職務別の状況

出所：文化庁国語課（2018）『平成30年度　国内の日本語教育の概況』

5．Town & Gown：地域社会と大学の多文化共創

　本節では大学の多文化共創に向けた取組み事例を検証し，共創に向けて必要な要素について考察を行う．大学が所在する地域には学生だけでなく，多様な市民も在住していることから，地域との良好な共創関係の構築は欧米の大学も歴史的に取り組んできた重要課題である．Gavazzi and Fox（2015）は，大学と地域との関係を，他者によって手配され，パートナーに対してどのような感情を抱いているかにかかわらず，終わらせることができずに有意義なものにせざるをえないような結婚に例えている（pp. 189-190）．

　例えばニューヨークのアッパー・ウエストに所在するコロンビア大学では，かつて製造業が栄えた Manhattanville 地域に新キャンパスの設立を進める中で，地域と互恵的なかたちでの発展を目指した取組みを積み重ねている．例えば，新キャンパスを設立するための建設工事ではスタッフの採用にあたって地域住民，女性，マイノリティの雇用を優先するなど，社会課題の解決にも貢献しよ

うとする姿勢を明らかにしている．また，建設の順番でも，地域住民にも開かれた施設である The Forum をいち早く竣工し，オープンスペースを地域住民も使用できるようにしている．また地域住民の雇用機会を増やすために，新キャンパスの最寄り駅である 125th Street 駅（1 系統）付近に Columbia University Employment Information Center を設置してコロンビア大学における仕事情報を発信すると共に，履歴書の書き方などをはじめとするキャリアサポート事業も積極的に行っている．こうした就労支援に加え，子ども向けの科学教室などを開催すると共に，その情報を地域住民の多様性を考慮して英語とスペイン語の 2 言語で同じ情報量を発信している点は日本の大学にも学ぶところが多いといえるだろう．

　また日本国内の大学と地域の多文化共創の事例としては，1990年に大分県別府市に開学した立命館アジア太平洋大学の事例があげられる．同大学は若年人口の流出が続いていた同市の人口の増加に大きく寄与している．移住・定住対策には数多くの自治体が積極的に取り組んでいるが，日本人と学生が半分ずつ，英語と日本語が半分ずつ，日本人教員と外国人教員が半分ずつなどの当時の「常識」では考えられないような構想について懐疑的な見方も少なくなかったが，地域住民と世界中から集まる留学生たちの多文化共創による前例のない大学づくり・地域づくりを実現させたことで，国内外からの観光客を中心とした交流人口も大きく増加している．

　Gavazzi（2015, p. 51）は，"effort and comfort（心地良さと労力）の 2 つの要素から大学と地域の関係性を類型化し，もっとも理想的な関係として，双方が互いに労力をかけながら，同時に快適さも高い調和型の関係性であると指摘している（図表10-8参照）．コロンビア大学と立命館アジア太平洋大学の事例でも当初から大学と地域の関係性が良好だったわけではなく，関係者が粘り強く顔を合わせて意見交換を重ね，信頼関係を積み上げたからこそ共創関係を構築することができたことは重ねて強調されるべきである．

　筆者が勤務する大阪大学は2021年 4 月に箕面新キャンパスを新設する[6]．新キャンパス所在地の箕面船場は繊維産業で知られる地域であり，市民からは，大阪大学外国語学部の外国語・外国学研究の成果と，世界中から集う留学生との共創を通じ，世界の多様な文化圏へのマーケティングを実現したいという思いが寄せられている．これはまさに大学が核となった地域と共創まちづくりで

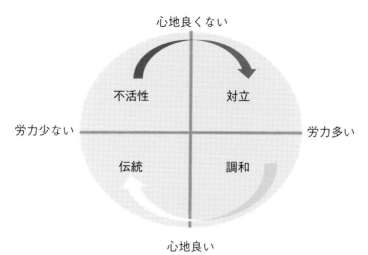

心地良くない

不活性　　　　対立

労力少ない　　　　　　　　　労力多い

伝統　　　　調和

心地良い

図表10-8　地域と大学の共創関係の類型化

出所：Gavazzi（2015, p. 50）をもとに筆者作成

あり，箕面船場地域の今後のまちづくりについて議論を行う場[7]で，「社学共創」というコンセプトが市民側から用いられるなど，地域と大学が共創するという概念が市民にも浸透し始めている．佐伯ら（2019）が強調しているように，大学が産官学民の共創プラットフォームとして多様なアクターによる多方向のコミュニケーションを促進し，共創によるイノベーションを生み出していくことが地域と大学の将来にとって非常に重要である（図表10-9参照）．

6．おわりに

　世界的に広がりをみせる移民排斥の風潮を超克するためには，多文化共創による新しい価値創出を通じ，持続可能なかたちで社会を発展させることが必要である．そして，多文化共創のモデルケースを増やしていくことは今後の日本社会と外国人が共生するビジョンを具体化する上でも重要である．将来的に外国人やその子弟たちが受入れ社会に対するネガティブな感情を強めるような事態を招いてしまった場合，犯罪などの反社会的行為へと駆り立てやすい状況を

図表10-9　大学と社会とのコミュニケーション類型

段階	方向	活動内容
第一段階	一方向	・市民向け公開講座. ・大学から市民に向けた知の開放.
第二段階	双方向	・大学が地域と連携し，地域課題の解決に取り組む. ・Community Outreach Partnership Center Program（米国連邦政府支援），Community Design Centers.
第三段階	多方向	・地域と大学の共創による新しい価値創出によってエリア全体が発展. ・大学が核となることで，産学官民の多様なアクターが集まるハブを形成.

出所：佐伯ら（2019）

生んでしまう．そうではなく，彼らが居場所を見つけ，日本社会で輝けることで，日本社会に対する感謝や愛着の念が育まれ，社会に積極的に貢献しようという気持ちを抱けるようになる．

　大学は留学生や外国人研究者が多く集う国際的な知のプラットフォームとして多文化共創社会の実現に向けた中核的役割を担うポテンシャルを有している．そして大学を核として集積した多文化な人材によって高まる地域の多様性は新しい価値創造の源泉になりうる．だからこそ大学は外国人留学生・研究者と共に，積極的に地域社会の社会課題解決に貢献する存在になるべきである．

　近年は世界的に企業や大学の社会的責任が問われている．自社の利益だけを追求するのではなく，社会や周辺地域に与える影響や責任を考慮し，社会的存在として企業の社会的責任をはたそうとする姿勢を消費者は厳しく観察している．そして，こうした厳しい目は大学の社会に対する姿勢にも同様に向けられている．社会の抱える課題が複雑化し，解決困難になっているからこそ，大学は多文化共創を通じたイノベーティブな解決策を推進するプラットフォームとして機能し，持続可能な社会開発に貢献していかなければならない．

注

（1） 早稲田大学共創館や広島大学総合科学部国際共創学科など，数多くの大学が共創に向けた取組みを行っている．

（2） SDGsの17個ある目標の17番目は目標達成のためのグローバルなパートナーシップである．

（3） Environment, Social, Governance

（4） 0から1の間の数値を取り，係数が0に近いほど所得格差が小さく，1に近いほど所得格差が大きい．

（5） 2010年から実施されている日本語能力試験ではN1〜N5の各レベルごとの標準的な学習時間数を明示していない．

（6） 北大阪急行線の箕面延伸事業は当初の2020年度開業から2023年度開業に延期となったが大阪大学箕面新キャンパスは計画どおり2021年4月に新設される．

（7） 2019年3月24日（日）に箕面船場まちづくり協議会の主催による「第5回箕面船場まちづくりフォーラム」が開催された．

参考文献一覧

ウィノグラッド．モーリー／ハイス．マイケル・D．（2011）『アメリカを変えたM世代──SNS・YouTube・政治再編』（横江公美・監訳）岩波書店．

宇沢弘文（2011）「ヨーロッパにおける都市のルネッサンス」『日本不動産学会誌』Vol.16, No.2, pp. 9-14.

外務省（2014）．ポスト2015年開発アジェンダと人間の安全保障．https://www.mofa.go.jp/mofaj/gaiko/oda/files/000071567.pdf.

外務省（2015）．持続可能な開発のための2030アジェンダを採択する国連サミット 安倍総理大臣ステートメント．https://www.mofa.go.jp/mofaj/ic/gic/page3_001387.html.

小林陽太郎（述）『経済同友会歴代代表幹事インタビュー集 小林陽太郎（1999〜2002年度）』経済同友会．

佐伯康考・森栗茂一・中尾聡史（2019）「大学を核とした共創まちづくり」『実践政策学』vol5（1），pp. 31-36.

佐々木正（2014）『生きる力 活かす力』かんき出版．

東京大学社会連携部社会連携推進課（2012）．社会とともに歩む東京大学．https://www.u-tokyo.ac.jp/content/400002747.pdf.

永田靖・佐伯康考編（2019）『街に拓く大学──大阪大学の社学共創──』大阪大学出版会．

日本経済同友会（2003）『第15回企業白書──「市場の進化」と社会的責任経営──企業の信頼構築と持続的な価値創造に向けて──』．

文化庁国語課（2018）『平成30年度 国内の日本語教育の概況』.

Gavazzi, S. M. (2016), *The Optimal Town-gown Marriage: Taking Campus Community Outreach and Engagement to the Next Level,* CreateSpace Independent Publishing.

Melhuish, C. (2015), *Case studies in university-led urban regeneration*, London, UCL Urban Laboratory.

事前学習の内容

「共創」と「SDGs」について企業や自治体がどのような取組みを行っているかについて調べてみよう.

ディスカッションテーマ，ロールプレイのテーマ

1. 共創とは何か？　なぜ共創が必要とされているのか？
2. 多文化共創の推進に大学はどのような貢献ができるか.
3. どのようなアプローチが社会と大学の共創関係構築には有効か.

キーワード解説

1.「共創」
複雑な社会課題を解決するためのイノベーティブな知を生み出すために，多様なアクターが「共に新しい価値を創造する」ことを目指す取組み. ビジネスにおいても情報通信技術の発達によって消費者と企業のコミュニケーションスタイルが劇的に変わったことを背景として，消費者との共創による価値創造の重要性が高まっている.

2.「SDGs」
Sustainable Development Goals の略称. No One Left Behind（誰一人取り残さない）を理念として，持続可能な世界の実現に向け，17のゴールと169のターゲットで構成されている. Millennium Development Goals の後継として2015年9月にニューヨーク国連本部において約190カ国・地域の首脳によって採択された.

第Ⅲ部

海外での多文化「共創」から

ベルリン市内の公共施設に貼られた「難民歓迎」を訴えるステッカー（綿田愛子提供）

第11章

韓国の移民政策と多文化社会

申　明直

1．はじめに

　本章ではまず韓国の移住民政策について探ってみる．短期循環型の単純技能職労働者だけでなく，結婚移住民についても検討する予定である．これと共に韓国の非正規滞在労働者の現況と変化過程も調べてみる予定であるが，とくに雇用許可制の実施以来，非正規滞在労働者の変化過程に注目したい．

　韓国の雇用許可制は，日本の初期技能実習制（研修技能実習生制）を手本とした産業技術研修制の問題点を克服するため，2004年に部分的に実施され，2007年全面実施された制度である．この雇用許可制がどのように定着され，とくに「第2次外国人基本政策」の樹立後どのように変貌していったかを探る．その後，一般製造業移住労働者と違って雇用許可制のもとの農業移住労働者の問題点と改善政策について考察する．

　最後に韓国の法務部と女性家族部を中心に実施されてきた社会統合政策について調べてみる．法務部が中心となりあらゆる形の移民者を対象に実施している「社会統合プログラム」の内容と運営機関，講師養成課程，プログラムを履修した移民者に与えられる各種の利点についても調べる．さらに，最初は結婚移民者を対象に実施されたが，最近は訪問就業（H-2）外国籍同胞が義務履修対象となった「移民者早期適応プログラム」と，結婚招待をする前に韓国人を対象に実施されている「国際結婚案内プログラム」についても探ってみる．

2．韓国の移住民政策と多文化社会

　移住民とは本章では「90日以上居住する目的で合法的に韓国に滞在している外国人」を指す．在韓外国人処遇基本法に基づき「在韓外国人」とは，「大韓

民国の国籍を有しない者で大韓民国に居住する目的をもって合法的に滞在している者」と出入国管理法31条に定める「90日を超えて大韓民国に滞在するには（中略）外国人登録をしなければならない」となっているからである.

　具体的には，韓国に住んでいる外国籍の同胞（在外同胞 F-4と訪問就業 H-2），外国人労働者（非専門就業 E-9），韓国人と結婚して韓国に住んでいる人（結婚移民 F-6），外国人留学生（留学 D-2），専門知識や技術を持って韓国に住んでいる専門家（教授 E-1／会話指導 E-2／研究 E-3／技術指導 E-4など）および，彼らと一緒に住んでいる家族（訪問同居 F-1）などを指す. 農畜産業関連季節移住労働者（短期就業 C-4）もここに該当する.

　2018年末基準韓国の滞在外国人は236万7607人で，人口比4.57％に達している. 最近 5 年間，毎年8.5％の増加率をみせている. 国籍および地域別では中国（45.2％），タイ（8.4％），ベトナム（8.3％）の順である. 在留資格別では在外同胞（F-4）18.8％，非専門就業（E-9）11.8％，訪問就業（H-2）10.6％の順[1]である.

（1）訪問就業と非専門就業

　韓国の移住民在留資格の中でもっとも多くの在外同胞（F-4），非専門就業（E-9），訪問就業（H-2）資格である. すべて営利活動と就職が可能な在留資格である. このうち在外同胞（F-4）と訪問就業（H-2）資格が中国と旧ソ連地域の国籍を持つ外国籍同胞に与えられる在留資格であれば，非専門就業（E-9）は，外国籍同胞以外の外国籍所持者に与えられる在留資格である.

　在外同胞（F-4）と訪問就業（H-2）資格がとくに多いのは，韓国政府樹立以前，国外移住同胞（中国と CIS 地域）を在外同胞法から除外したことが平等の原則に反するという，憲法不合致判定（2001.11）以降, 居住国の同胞間の差別を最小限に抑えるために，2007年訪問就業制（H-2）の導入と共に在外同胞（F-4）資格を付与し，自由往来と国内雇用を拡大して以来，中国および独立国家共同体（CIS）在外同胞が持続的に増加しているからである. 2018年末基準で外国国籍同胞は87万8665人である. 在外同胞（F-4）50.6％，訪問就業（H-2）28.5％，永住（F-5）10.5の順である. 2018年末現在，取得審査を経て，訪問就業（H-2）資格の代わりに在外同胞（F-4）資格を取得する移住民が増えるにつれ，訪問就業（H-2）資格は減り，在外同胞（F-4）資格は増

える傾向にある．国籍別では，中国（82.9％），アメリカ（5.1％），ウズベキスタン（3.9％），ロシア（2.9％），カザフスタン（1.4％）の順で，まだ，中国国籍の朝鮮族が多数となっている（法務部　2019：pp. 68-73）．

　在外同胞（F-4）資格は，就職と事業場移動の面で韓国人ととくに差がない．永住（F-5）資格や簡易帰化申請も難しくない．しかし，この資格を取得するためには，教育水準，職種，役職，財産など申請者の階層関連基準の内の１つ以上の基準を満たさなければならない．従って，単純労働分野での就業は禁じられている．

　この基準に達していない韓国の海外同胞は訪問就業（H-2）の資格を取得しなければならない．訪問就業（H-2）資格は，基本的に３年間，最大４年10カ月の滞在が許可される資格で，単純労働の38業種のみ就職活動が可能である．従って，訪問就業（H-2）の資格を持つ中国と旧ソ連地域などの国籍の外国籍同胞は在留期間がより自由な在外同胞（F-4）資格を取得するために，滞在期間中に技能士以上の資格を取得するか，同じ事業所（子育てヘルパー，漁業，地方の製造業など）で２年以上継続勤務をして在外同胞（F-4）への資格の上昇を図る．しかし，訪問就業（H-2）資格は単純労働が許されないため，事実上の専門職への就職が難しい海外同胞の移住民は困難を経験することもある．

　外国籍の同胞が移住民ではない場合，単純労働に従事するための資格は非専門就業（E-9）と船員就業（E-10）の資格を取得しなければならない．非専門就業（E-9）資格は，訪問就業（H-2）資格に比べて就職可能な業種，在留資格の移動，滞在期間や居住地移動など，すべての面での制約が多い．訪問就業（H-2）資格保有者は，ほとんどの単純サービス労働に就労することができる一方，非専門就業（E-9）資格保有者は全体のサービス業の中で，建設廃棄物業のみ従事することができる．また，訪問就業（H-2）資格は，事業所の移動が自由な反面，非専門就業（E-9）資格保有者の事業所の移動は，使用者の契約解除，休業および廃業，あるいは労働者の傷害に起因する離職がある場合，最初の就業期間の３年間に３回，延長された就業期間には，２回に限り可能である．さらに，非専門就業（E-9）資格国は韓国と MOU を締結しているアジアの16カ国に限定されている．

　このように韓国移住民の在留資格は，民族や階層，国籍，性別に区分されている．「同民族／高階層」に与えられる在外同胞（F-4）資格は，全業種に就

職が可能（単純労働不可）なだけでなく，事業所の移動も制限がないが，「同民族／低階層」に与えられる訪問就業（H-2）資格は，サービス業を含む単純な技能職のみ就職が可能である．「他民族／低階層」に与えられる非専門就業（E-9）資格は，滞在期間の制約はもちろん，単純サービス職の中でも就職が制限される．職種間の移動だけでなく，職種内移動において多くの制約が与えられる．「民族」を在留資格の１次条件に，「階層」を在留資格の２次条件とする先民族後階層の原則が適用されたわけである．在外同胞（F-4）資格がシティズンシップの包摂過程であれば，訪問就業（H-2）資格は，シティズンシップの縮小過程，非専門就業（E-9）資格は，シティズンシップの排除過程[2]ということができる．

（2）結婚移民

韓国の結婚移民（F-6）在留資格保有者は15万9206人である．2002年，毎年28％以上の高い増加率を示したが，2014年４月に国際結婚の健全化のための結婚移民査証発給の審査が強化されて「国際結婚案内プログラム」の履修が義務づけられ，ここ３年間の平均増加率はわずか1.6％にすぎなかった．2000年代初めまで，中国とフィリピン国籍の結婚移民者が多かったが，最近ではベトナム，カンボジア，モンゴル，タイなど国籍が多様化した．国籍別では，中国（36.9％），ベトナム（26.7％），日本（8.6％），フィリピン（7.4％）の順であり，女性が全体の83.2％を占めている（法務部 2019, pp. 50-55）．

このように，女性が結婚移民の多数を占めるという事実は，韓国移住民の在留資格が民族と階層，国籍だけでなく，性別によっても区別されていることを示唆している．前述の「他民族／低階層」に与えられる非専門就業（E-9）資格保有者がほとんど男性という事実も，民族／層／国籍／性別序列化の一断面ということができる．就職可能業種自体がほとんど男性を必要とする業種であるためでもあるが，他民族／女性にとっては移住の機会自体がほとんど与えられていないからである．

非専門就業（E-9）資格が与えられていない女性の在留資格は，再び民族／非民族の基準に基づいて分けられる．単純職サービス業を在外同胞（F-4）と訪問就業（H-2）資格を持つ中国と CSI 同胞女性が占めている一方，非民族女性の在留資格は結婚移民（F-6）に制限される．

結婚移民（F-6）在留資格には，就業業種や在留期限などに特別な制限を置かない．国民の配偶者として２年以上の国内滞留条件さえ満たせば，永住（F-5）資格が与えられ，家族招待券が与えられるだけではなく，各種の社会的保障法と国民基礎生活保障法，医療給与法，緊急福祉支援法などの対象になる．他民族／アジア諸国国籍／女性にこのように市民権が保障されたのは，彼らの労働がまさに「国民」の再生産に寄与するためである．各種社会保障法も他民族の結婚移民者のためというよりも，韓民族の二世のためのものである．結局，結婚移民在留資格の付与過程とはシティズンシップの包摂過程というよりも，韓民族二世のためのシティズンシップの拡張過程（アンチャンヒェ2016，p. 113）といえる．

　これに関連して韓国の結婚移民政策の変貌過程は大きく３段階に分けることができるが，①中国朝鮮族の女性を中心とした偽装結婚の問題（1990〜1997），②結婚仲介業者を通じた他民族女性との売買婚と家庭内暴力／人権侵害の問題（1997〜2007），③多文化家族の離婚と解体を防ぐための多文化家族支援の問題（2008現在）である．韓中修交（1992年）と一緒に朝鮮族女性の国内流入ではじまった結婚移民１段階の諸問題が結婚移住女性の国籍取得の要件を強化した1997年「国籍法」の改正で一段落したとすれば，結婚移民２段階の焦点は結婚移住民の家庭内暴力の根源となる結婚仲介業の問題に合わせられたが，これは「結婚仲介業の管理に関する法律」の制定（2007.12）を介してある程度一段落[3]した．３段階のポイントは，結婚移民者の結婚後，すなわち家族の解体と子育ての問題であった．これは，2008年に制定された「多文化家族支援法」と多文化家族支援センターの設立などを通じて具体的かつ繊細な方法でその解決策を模索してきている．結局，結婚移民政策が法務部の移民政策から女性家族部の家族政策に変貌していったわけである．

３．雇用許可制

（１）産業技術研修生制から雇用許可制に

　韓国の産業技術研修生制度は，日本の外国人研修制度を参考にして，1991年「海外投資企業の産業技術研修制度」を導入してから始まった．以後，1993年11月の外国人産業研修制度が本格的に施行されたが，その後中小企業協同組合

中央会などを管理主体とした「団体推薦」産業技術研修制度が施行されたのは，1994年1月である．2000年4月には，産業技術研修生制度の問題点を補完するための研修2年と就職1年を結合した「研修就業制」が実施されたが，2002年の末，非正規滞在の割合が79.8％に達するなど，人権侵害と労働搾取に追いやられた産業研修生の事業所離脱がより深刻になると[4]「雇用許可制へ」の本格的な移行を検討せざるをえなかった．

　さらに，労災を負った移住労働者の経済正義実践市民連合の講堂座り込み（1994年），ネパール産業研修生の明洞聖堂座り込み（1995年）などは，雇用許可制の導入をより促した．雇用許可制の導入過程は大きく2つに分けることができる．1995〜2001年（第1期）には，産業技術研修制を廃止し，移住労働者受入制度の導入などが議論されたが，1997年に外貨危機などで財界の強い反発で白紙化された．2002〜2003年（第2期）には，産業技術研修生制度の改善策として雇用許可制と労働許可制が一緒に取り上げられたが，長い議論の末，2003年7月に外国人雇用法が可決され，これに基づき2004年8月から雇用許可制が本格的に施行[5]された．

　雇用許可制は，導入以降さらに2回変化する．まず「雇用許可制定着期」ということができる2005〜2012年には再入国特例制度などの導入を通じて，国内産業構造の多様化や雇用の二極化などに対処しようとした．具体的には，①特別韓国語試験制度の導入（2011年）と②誠実勤労者再入国特例制度（2012年）の導入などがこれに該当する．2013年以降，現在に至る「雇用許可制変化期」には，熟練技能人材需要の増加と労働需要の質的変化に合せて雇用許可制度の緩和が模索された．①熟練技能居住（F-2-6）資格の導入（2008年）と，特定活動（E-7-1）資格の導入（2011年），②熟練技能人材点数制（E-7-4）の導入（2017）などが，雇用許可制緩和政策といえる．

　とくに，2017年8月に示範施行され，2018年1月から本格的に施行された「熟練技能人材点数制」（E-7-4）は，要求レベルの一定の評価さえ保持すれば，2年ごとの更新を続け永住権を取得することができ，事実上の長期滞在や家族連れが可能である[6]．雇用許可制度が「単純技能職」の労働力を中心とした「短期循環型」から「熟練技能職」労働力を中心とした「長期滞在型」への変化を模索していることがわかる．とくに労働力の流出が激しい農畜漁業と建設業，そして熟練技能を切実に求めている中小製造基幹産業[7]の場合は，これ

までの「短期循環」の原則ではなく，家族連れ，長期滞在を通じた永住化（統合／包摂）の道をより積極的に模索している．

（2）農漁業移住労働者と雇用許可制

　韓国農漁村の労働力流出による労働力不足は，1990年代以降，農漁村にも移住労働者受入の風を呼び起こした．農漁村のこのようなニーズに応え，農林部は1995年に農畜産業移住労働者の導入を決定したが，正式に「外国人農業研修生」が入国したのは，2003年7月だった．しかし，2004年以降「雇用許可制」が導入され，農畜産業分野も研修生ではなく労働者を受け入れ始めたが，韓国政府が雇用許可制MOUを結んだすべての国ではなく，「少数業種特化国」すなわち，ベトナム，タイ，カンボジア，ミャンマーから選抜供給された．選抜基準は，現地での韓国語能力試験の成績である．成績が良い男性志願者の多くは，製造業と建設業を好んだため，農畜産業には相対的に韓国語能力試験の成績が低い人や女性の志願が多い．

　韓国は輸出主導の経済成長を追求していた時期，低賃金と低穀値政策を追求したが，これは農村の近代的生産関係の構築を妨害する一方，低収益性に起因する農漁村離脱，家族農に基づく前近代的な生産システムの維持，前近代的な社会関係と文化の残存などを誘発させた．農業のこのような前近代性は農業移住労働者政策にも影響をおよぼしたが，その代表的な条項が勤労基準法63条の労働時間及び休憩時間の例外規定である．

　前近代的であり，人権侵害的な農畜産業移住労働者に対する処遇は，その後移住労働者の勤務地離脱と非正規滞在に繋がった．従って，政府はこのような農畜産漁業の現実にあわせて雇用許可制を修正補完せざるをえなかったが，「勤務先追加制度」（2009年）と「誠実勤労者再入国就業制度」（2012年）がこれにあたる．「勤務先追加制度」とは，農繁期と農閑期の人材需要の差が大きくて発生する不法派遣問題を解決するために，元の事業所との労働契約を維持しながら，一定期間（2カ月～4カ月）他事業主と労働契約を締結する制度である．しかし，「勤務先追加」制度と農漁村移住労働者が滞在満了後に再入国し従前の事業所で再び働くことができるようにした「誠実勤労者再入国就業」制度の両方ともあまり効果的ではなかった．制度に対する農場主の認識が極めて低かっただけでなく，元の職場に戻ってこないことを懸念した農場主が制度

の利用を拒んだからである。その結果，農漁業分野での移住労働者の事業所離脱率は，2012年以来むしろ増加[8]した。

　これを解決するため導入された制度は，2015年10月に導入された「農畜産業標準勤労契約書」制度と「季節勤労者制度」の示範運用であった。両方とも農畜産業の季節労働形態を考慮したものであり，まず「農畜産業標準勤労契約書」制度とは月の総労働時間を製造業の労働者のように一括して定めるのではなく，農繁期と農閑期に応じて労働時間，休日，賃金の支払い形態などを協議により別に定めることができる制度のことをいう。

　「季節勤労者制度」とは，農業移住労働者が農繁期に入国して３カ月の間に指定された農家で働いて出国した後，次回の農繁期に再び入国できるようにした制度で，季節労働者の需要が大きい露地野菜や果物作目を中心に自治体が中心となって実施している。季節労働者を受け入れる方法は二種類ある。まず，自治体が必要な季節労働者の需要を法務部に申請すれば，法務部は短期就業（C-4）資格を与え，自治体が姉妹提携を結んでいる海外の都市とMOUを締結する方式で，90日以内の滞在就労ができ，滞在期間は延長されない。槐山，洪川，鉄原，楊口などがこの方式を採用した。もう１つは，地域に居住する結婚移民者の実家の家族を季節労働者として選抜する方式である。報恩，沃川，永同，華川などがこの方式で季節労働者を受け入れている[9]。

　季節労働者制度は，2015年（槐山郡／19人）と2016年（８個自治体／200人）の試験事業を実施した後，2017年には21の自治体（1086人）に，2018年には42の自治体（2822人）にそれぞれ拡大した。楊口郡，洪川郡など22の自治体は，フィリピン，ベトナムなど７カ国18の自治体とMOUを締結して季節労働者を招待することもあった。季節労働者の非正規滞在率も低く，全体的に2.3％（115人），結婚移民者の親戚として季節労働者に参加したケースは，わずか1.9％にすぎなかった。

　問題は，滞在期間が90日しかないため，仕事を学ぶだけでも１カ月以上かかる農畜産業の現実を考えると，今よりもはるかに長い滞在期間が必要（平均2.8カ月）であるという農場主の要求が多い（イ・ヘギョン他 2018，p. 177）。農畜産分野割当て人員の拡大，自治体の運営負担とシステムの不足，雇用許可制（勤務先追加制度など）との連携[10]などの問題もまだ残っている。

４．韓国の社会統合政策

（１）社会統合プログラム

　韓国の滞在外国人の数が2007年８月，100万人を超え，結婚移民者も2000年代以降，着実に増加し，さまざまな社会問題が発生することになったが，これらの問題を事後に解決するよりも，事前に予防することが問題の解決にかかる莫大なコストを節約できるという意見が提起され始めた．問題の予防のための「社会統合教育プログラム」の必要性が台頭し始めたのである．2007年の移住民100万人の時代を迎えて「外国人処遇基本法」が作られ，2008年に各省庁別自治体別に実施されてきた移民者関連政策やプログラムを一括に推進するために「第１次外国人政策基本計画」を策定したが，これにより作られたものが2009年の社会統合プログラム（KIIP）である．

　社会統合プログラムは，外国人登録証を所持した在留外国人および帰化者を対象に実施する．具体的には，韓国語と韓国文化を０段階（15時間）から４段階（各100時間）まで最大415時間を履修しなければならず，各教育段階は法務部の事前評価あるいは韓国語能力試験（TOPIK）の点数に基づいて割り当てられる．最後の５段階である「韓国社会の理解」は，永住者をはじめとする長期滞在の移民のための必須教育（基本50時間）と，帰化を目的とする移民に必要な教育（深化20時間）で構成されている．

　プログラムは未成年，再定住難民など移民の種類に応じた分野別に弾力的に運営されている．ボランティア活動，現場見学のような社会活動も正規の教育課程として認められる．出産，就職などで教育機関へのアクセスが困難な移民のためのリアルタイム画像教育（中央拠点運営機関を通じた）も実施されている．中級コースに属する韓国語教育は，韓国語教育機関や多文化家族支援センターなどとの重複を避けるために，地域の大学や女性家族部の正規の韓国語教育などと連携する「連携プログラム」の履修課程も実施しているが，2018年末現在，社会統合プログラムに参加した人は，結婚移民１万7645人（34.8％），一般移民３万2994人（65.2％）で，一般移民の履修者が結婚移民の履修者の約２倍に達する．

　運営機関は官民ガバナンスの形で運営されている．2009年20個で始め，2018

年末現在，運営機関は，地域管轄拠点運営機関47個，一般運営機関262個など計309個に増えた．社会統合プログラムの講師（多文化社会専門家）は，全国20個の ABT 大学 [11] を通じて委託養成されている．2009年には，一部の ABT 大学（院）に学位課程を開設し，2018年末まで，大学内の短期コース（多文化社会専門家2級養成課程）を介して876人の専門家を養成した．学位課程は，「社会統合プログラム多文化社会専門家認定基準等に関する規定」（2015年）を介してより具体化されており，2018年末現在，単位認定コース開設大学（院）は46校（3年間合計1691人が課程履修）に達している [12]．

（2）移民早期適応プログラムと国際結婚案内プログラム

「移民早期適応プログラム」は，在韓外国人処遇基本法（2007年）と多文化家族支援法（2008年）が進むにつれ，2009年示範実施された．立ち上がりは結婚移民者が韓国入国時に初期結婚適応度を高め，結婚後に発生可能な家庭と社会への不適応問題を予防するために作られた「ハッピースタートプログラム」（2011年7月）であった．結婚移民者とその配偶者を対象に作られたハッピースタートプログラムは，その後中途入国の子ども，外国籍同胞，外国人芸能人，外国人労働者，会話指導講師，留学生などで，その対象が拡大された「移民早期適応プログラム」（2013年10月）へと統合発展していった．

プログラムは，基本的には自由参加制を原則としているが，単純技能職に就職する外国籍同胞（訪問就業：H-2）は，2014年9月から義務的にこのプログラムを履修しなければならない．第2次外国人基本計画（2013〜2017年）が本格化し，結婚移民者だけでなく，さまざまな移民のための早期適応政策が必要になったからである．しかし，この章で注目したいのは一般移民ではなく，結婚移民者のための早期適応プログラムである．

このプログラムは，2009年「ハッピースタートプログラム」の時期から一貫して先輩結婚移民者とのコミュニケーションを強調している．プログラムは，感情的な共感を形成（1次時），相互理解と配慮（2次時），移民の意志と責任（3次時）で構成されており，まず1次時に行われる感情的な共感を形成するためのメンタリング（mentoring）に注目する必要がある．先輩結婚移民者をメンター（mentor）に，新規結婚移民者をメンティー（mentee）に設定し，同じ国の先輩結婚移民者がすでに経験した文化の違い，コミュニケーションの

断絶，家族間の葛藤などの問題解決のためのアドバイスを与えるプログラムである[13]．メンターの先輩結婚移民者は国内居住１年以上の者で韓国語と該当の外国語を一緒に駆使し，模範的な家庭生活を維持している者の中から選抜される．

　２次時に該当する「相互理解と配慮」プログラムは，結婚移民者への一方的な教育時間ではなく，結婚移民者の夫や家族を対象とした結婚移民者の出身国の文化を紹介するプログラムで，これにより，文化の違いを一緒に克服していくよう試みた．最後に「移民の意志と責任」を目標に設定した３次時は韓国社会に適応するための各種法制度，文化を理解するためのプログラムである．各次時の講師は，先輩結婚移民者のメンター（１次時），特別講師（２次時），専門講師（３次時）で構成され，８つのABT大学を通じて養成された４つの地域別の総260人余りの講師は，13カ国の言語で韓国の法制度等を教育することが可能[14]である．

　別の結婚移民者のプログラムとして，国際結婚が行われる前に実施される「国際結婚案内プログラム」がある．2011年の履修義務化措置で１万6701人がプログラムを履修したが，2014年４月に国際結婚の健全化のための結婚移民査証発給の審査強化と国際結婚の減少傾向で毎年20.3％ずつ減少し，2016年から再び増加傾向に切り替えると，2018年には8821人がプログラムを履修した．

　結婚移民者のための統合プログラムは，前述の早期適応プログラム，国際結婚案内プログラムのほか，女性家族部が実施するプログラムも多数存在する．これは，全国217の地域に存在する多文化支援センターを介して行われており，地域社会の多文化家族を対象に，家族相談や教育，韓国語教育などの訪問教育サービス，通訳・翻訳，子どもの教育支援などのサービスが提供されている．

５．おわりに

　韓国の移住労働者と結婚移住民の在留資格を比較すると，在外同胞（F-4）資格はシティズンシップの包摂過程，訪問就業（H-2）資格はシティズンシップの縮小過程，非専門就業（E-9）資格はシティズンシップの排除過程，結構移民（F-6）資格はシティズンシップの拡大過程といえる．「民族」を在留資格の１次条件に，「階層」と「女性」を在留資格の２次条件にした先民族・後

階層／女性の原則が適用されたといえる．特に結婚移民女性にさまざまな市民権が保障されたのは彼らの労働が「国民」の再生産に寄与するためで，これは結婚移民者関連の政策が法務部の移民政策から女性家族部の家族政策に変貌していったことと無関係ではない．

2004年から実施され始めた雇用許可制は，特別韓国語試験制（2011年），誠実勤労者再入国特例制度（2012）の実施と共に定着期に入ったといえる．以降，熟練技能居住（F-2-6）資格（2008）と特定活動（E-7-1）資格（2011），熟練技能人力点数制（E-7-4）の導入（2017）などを通じて，「短期循環型」から熟練技能職の労働力を中心とした「長期滞在型」への変化を模索していることがわかる．とくに労働力の流出が激しい農畜漁業と建設業そして熟練技能を切実に求めている中小製造業のルーツ産業を中心に変化がはっきりとしている．

農畜産業の移住労働者の場合，前近代的で人権侵害的事業所が多いため，勤務地離脱による非正規滞在が増えている．このような現象を改善するため，「勤務処追加制」（2009年），「農畜産業標準勤労契約書制」（2015年）などを導入したが，あまり大きく改善されていない．

2000年代に入って移住民が200万人を上回るにつれ，多文化社会で発生しやすい諸問題を事前に防止するため，さまざまな社会統合プログラムを民官ガバナンスの形で運営している．とくに「移住民統合プログラム」は2018年末現在，全国20カ所の大学で養成された876人の専門講師により，47カ所の拠点運営機関と262カ所の一般運営機関で行われている．このプログラムは元々結婚移民者を対象としたものであり，結婚移民者のための早期適応プログラムでは結婚移民者の先輩結婚移民者もメンター講師として参加し，全国15カ所の出入国管理事務所と217カ所の多文化家族支援センター，17カ所の外国人支援センターでメンタリングを行っている．結婚移民によるトラブルを事前に防止するため実施される社会統合プログラムもある．外国人配偶者の出身国（地域）の文化などを理解するため韓国人を対象に行われている「国際結婚案内プログラム」を事前に履修しなければ配偶者の招待自体が不可能である．

注
（1）法務部出入国外国人政策本部（2019.6）『2018出入国外国人政策統計年報』．

（２）アン・チャンヒェ（2016）「移住民の市民的階層化」『フェミニズム研究』16
　（２），韓国女性研究所，p. 100.

（３）イ・ヒソン他（2018）「結婚移住女性政策の問題化」『社会的質の研究（社会的
　質研究）』２巻３号，pp. 53-59.

（４）コ・ジュンギ（2006）「外国人雇用許可制の問題点と改善策」『労働法論叢』９
　集，p. 295.

（５）盧恩明（2019）「韓国の移住労働者とシティズンシップの再構成」『東アジア市
　民社会を志向する韓国』風響社，p. 127-129.

（６）キム・ソユン（2018）「外国人労働者の雇用政策の変動に関する研究―雇用許
　可制を中心に」釜山大学，p. 61-65.

（７）金型，鋳造，溶接，塑性加工，表面処理，熱処理業種などの素材を部品に製造
　し，部品を完成品に製造する基礎工程産業.

（８）農業は，2008年（10.7％）に比べ，2013年には約２倍（19.3％），漁業は約2.4倍
　の33.9％に達した（法務部出入国外国人政策本部（2008～2013）『統計月報』）.

（９）2018年まで自治体 MOU 方式は2518人（72％），結婚移住者招待方式は960人
　（28％）である．イ・ヘギョンほか（2018.12）『外国人短期季節勤労者制度の実
　態分析と総合改善方案研究』韓国移民学会，p. 84.

（10）ヤン・スンミ他（2018）「雇用許可制以後の農畜産業分野の外国人労働者勤務
　地離脱と不法滞在に関する質的研究」『農村社会』28（２），127-133頁．オム・
　ジンヨン（2019）「農業部門の外国人労働者雇用の新しい風，季節勤労者制」『月
　刊公共政策』2019年１月，p. 64-65.

（11）ABT（Active Brain Tower）大学とは，移民社会統合などのための専門講師養成
　と各種移民支援プログラムの推進，社会統合研究のための「社会統合研究所」
　と移民政策専門大学院の開設などを推進する目的で指定された移民社会統合主
　要拠点大学である.

（12）チョン・サンウ他（2018.12）「多文化社会専門家活性化のための改善策研究」
　仁荷大学産学協力団，p. 3-4.

（13）チョン・ミョンジュ他６人（2014）「在留類型別移民早期適応プログラムのコ
　ンテンツ開発」法務部，p. 12.

（14）イ・ソンスン（2017）「法務部の結婚移民早期適応プログラムの運営現況と課
　題」『多文化コンテンツ研究』24，文化コンテンツ技術研究院，p. 24-25.

参考文献一覧

アン・チャンヒェ（2016）「移住民の市民的階層化」『フェミニズム研究』16（２），
　韓国女性研究所.

イ・ヒソン他（2018）「結婚移住女性政策の問題化」『社会的質の研究（社会的質研

究）』2巻3号.

イ・ヘギョン他（2018.12）『外国人短期季節勤労者制度の実態分析と総合改善方案研究』，韓国移民学会.

イ・ソンスン（2017）「法務部の結婚移民早期適応プログラムの運営現況と課題」『多文化コンテンツ研究』24，文化コンテンツ技術研究院.

オム・ジンヨン（2019）「農業部門の外国人労働者雇用の新しい風，季節勤労者制」『月刊公共政策』2019年1月.

韓国農村経済研究院（2018）『韓国農業革新，生産性及び持続可能性の検討』.

キム・ソユン（2018）「外国人労働者の雇用政策の変動に関する研究——雇用許可制を中心に」釜山大学.

コ・ジュンギ（2006）「外国人雇用許可制の問題点と改善策」『労働法論叢』9集.

チョン・サンウ他（2018.12）「多文化社会専門家活性化のための改善策研究」仁荷大学産学協力団.

チョン・ミョンジュ他6人（2014）「在留類型別移民早期適応プログラムのコンテンツ開発」法務部.

盧恩明（2019）「韓国の移住労働者とシティズンシップの再構成」『東アジア市民社会を志向する韓国』風響社.

法務部移民統合課（2018.12）「国際結婚案内プログラム履修対象と運営事項告示」（施行2019.3.1.：法務部告示第2018-319号）.

法務部出入国外国人政策本部滞在管理課（2019.3.8）「報道資料——2019年上半期の外国人季節勤労者割り当て」.

法務部出入国外国人政策本部（2019.6）『2018出入国外国人政策統計年報』.

ヤン・スンミ他（2018）「雇用許可制以後の農畜産業分野の外国人労働者勤務地離脱と不法滞在に関する質的研究」『農村社会』28（2）.

事前学習の内容

韓国の移住民支援団体について調べてみよう.

ディスカッションテーマ, ロールプレイのテーマ

1. 韓国の雇用許可制と日本の移住民政策を比較してみよう.
2. 韓国の社会統合政策と日本の政策を比較してみよう.

キーワード解説

1. 「韓国の雇用許可制」
   韓国の国内人力不足を解決し, 非正規滞在および産業研修生制度を解決する
   ため, 2004年から外国人労働者が合法的に雇用できるように許可をする制度.
2. 「韓国の社会統合政策」
   移民者が韓国社会の構成員として適応・自立できるように基本素養を提供す
   る政策. 社会統合プログラム, 移民者早期適応プログラム, 国際結婚案内プ
   ログラムなどがある.

第12章

難民の社会参加と多文化社会
：トルコと日本の難民受入れを事例として

伊藤寛了

1．はじめに

　国連人道問題調整事務所（OCHA）によれば，2019年に人道支援を必要とする人は世界で約1億3200万人に上るとみられている（OCHA 2019, pp. 4-5）.そして，国連難民高等弁務官事務所（UNHCR）が6月20日の世界難民の日にあわせて毎年公表する報告書によれば，2018年末時点において移動を余儀なされた人々の数は7080万人で，イギリスやフランス，タイの人口を上回る人数となっている．その内訳をみてみると難民申請者が350万人，国内避難民が4130万人，難民が2590万人である．2590万人の難民の内，UNHCRが管轄している難民は2040万人，国連パレスチナ難民救済事業機関（UNRWA）（キーワード解説）が管轄している難民は550万人である（UNHCR 2019）．戦後最悪の難民危機や人道危機と称される状況を数字で示すとこのようになる.

　こうした状況の中，2016年5月には史上初の世界人道サミットがトルコのイスタンブールで開催され，各国首脳や国際機関，NGO，市民社会，企業，学術関係者など9000人が出席した．その成果として人道的課題に対処するためのオンライン・プラットフォーム[1]が立ち上げられた．また同月のG7伊勢志摩サミットにおいて日本政府はシリア難民の留学生としての受入れを表明し，同年9月には国連総会として初となる難民と移民に関する国連サミットが開催された．同サミットで採択されたニューヨーク宣言では，難民と移民の人権の保護や大量の難民・移民の受入国への支援などのほか，2018年中に難民と移民に対応する新たな枠組みとしてのグローバル・コンパクトを採択することが盛り込まれた.

　当初の計画どおり，2018年12月の国連総会で難民と移民に関するグローバ

ル・コンパクトが採択された．難民に関するグローバル・コンパクトのポイントとして次の4つが指摘されている．すなわち，①難民受入国の負担軽減，②難民の自立促進，③第三国定住の拡大，④安全かつ尊厳ある帰還に向けた環境整備，である[2]．また同コンパクトに盛り込まれた「グローバル難民フォーラム」が，2019年12月17日・18日にジュネーブで開催される予定である．

　本章は，こうした世界的な難民保護・支援をめぐる機運の高まりを捉え，難民とはどういった人々で，どのように保護や支援が実施されているのかについて理解を深めることを目指す．まず第2節で難民の定義と保護制度について難民条約とその周辺を中心に確認する．続く第3節と第4節では，世界最大の難民受入国であるトルコと，本書の読者にとって馴染みのある日本を事例として取り上げる．最後に，難民と暮らし，多文化社会を共に作り上げていく上で考慮すべき点について考察する．

2．難民レジーム

（1）難民条約と難民の定義

　難民を保護する国際的な制度である難民レジーム（難民保護体制）の根幹をなすのは，1951年に制定された「難民の地位に関する条約」（以下，難民条約）である．第二次世界大戦における悲惨な出来事を繰り返さぬよう，国際連合が創設され，1949年には世界人権宣言が採択された．同宣言において庇護を求める権利と何人も差別されずに基本的人権を享受できる旨が確認された．その精神を受け継ぎつつ，第二次世界大戦によって急増していた難民の保護に対応すべく制定されたのが難民条約であった．ただし，以下にみるように，条約における難民の定義は第二次世界大戦後という当時の状況が色濃く反映されものであり，その後の世界的な難民発生という事態を見通すものとはなっていなかった．まず難民の定義であるが，これは難民条約の第1条A（2）に次のように記されている．

　　1951年1月1日前に生じた事件の結果として，かつ，人種，宗教，国籍もしくは特定の社会的集団の構成員であることまたは政治的意見を理由に迫害を受けるおそれがあるという十分に理由のある恐怖を有するために，国

籍国の外にいる者であって，その国籍国の保護を受けることができない者
またはそのような恐怖を有するためにその国籍国の保護を受けることを望
まない者.

　つまり難民条約によれば，「人種，宗教，国籍もしくは特定の社会的集団の
構成員であることまたは政治的意見を理由に迫害を受けるおそれがあるという
十分に理由のある恐怖」を有しており，「国籍国の外」にいて，かつ「国籍国
の保護を受けられない」，あるいは「保護を望まない」者が難民なのである.
ここで留意が必要なのは，「1951年1月1日前に生じた事件の結果として」と
いうくだりである. この点に関しては同条において次のように記されている.

　B（1）この条約の適用上，Aの「1951年1月1日前に生じた事件」とは，
次の事件のいずれかをいう.
　　（a）1951年1月1日前に欧州において生じた事件
　　（b）1951年1月1日前に欧州または他の地域において生じた事件
各締約国は，署名，批准または加入の際に，この条約に基づく自国の義務
を履行するにあたって（a）または（b）のいずれの規定を適用するかを
選択する宣言を行う.
（2）（a）の規定を適用することを選択した国は，いつでも，（b）の規定
を適用することを選択する旨を国際連合事務総長に通告することにより，
自国の義務を拡大することができる.

　このように難民条約における難民には「1951年1月1日」という時間的制限
が付されているのである. また各国は難民を「欧州出身者」に限定するかどう
か，言いかえれば地理的制限を付すか否かを選択することができたのである.
ただし，その後の世界的な難民の発生により，「時間的制限」と「地理的制
限」を維持していては状況の変化に対処できないことが明らかとなった. その
ためこれらの制限は1967年の「難民の地位に関する議定書」によって廃止され
ることとなったが，同時に議定書の第1条3には，次のようにも記された.

　ただし，既に条約の締約国となっている国であって条約第1条B（1）

（a）の規定を適用する旨の宣言を行っているものについては，この宣言は，同条 B（2）の規定に基づいてその国の義務が拡大されていない限り，この議定書についても適用される．

　すなわち，条約批准の際に地理的制限という留保を付した場合には，議定書についてもかかる留保を維持することができるのである．次節で取り上げるトルコは，同議定書への加入にあたって明確に地理的制限を主張していた（その含意については次節で検討する）[3]．

　難民条約上の定義は現在ももっとも基本的な難民の定義であるが，紛争などから逃れた避難民や「国籍国の内」にいる者は条約上の定義に明示的には含まれていない．そのため条約制定時とは異なる状況下で発生した「難民」にどのように対処すべきかという課題が生じた．では次にそうした課題に直面した難民レジームがどのように展開していったのかについて，また難民保護の基本的な内容について概観してみよう．

（2）難民レジームの展開

　難民の定義は地域的な取決めによって拡大されてきた．例えば1969年の「アフリカにおける難民問題の特殊な側面を規律するアフリカ統一機構（OAU）条約」は，迫害のみならず，暴力が一般化・常態化した状況から逃れた人々も難民として定義した．1984年の「難民に関するカルタヘナ宣言」は，OAU条約に加えて，内戦や重大な人権侵害といった事情によって，生命，安全または自由が脅かされたため自国から逃れた者も難民の定義に含めている．また2001年に改訂版がアジア・アフリカ法律諮問委員会（AALCO）によって採択された，「1966年難民の地位と処遇についてのバンコク原則」においてもOAU条約の定義が継承されている[4]．

　難民条約では難民は「国籍国の外」にいる者と定義されていたが，では国内に留まった場合，あるいは国内で避難している者はどうか．そうした人々は「国内避難民」に分類され，1998年の「国内強制移動に関する指導原則」では，「武力紛争，常態化した暴力，人権侵害または自然・人的災害の結果またはそれを避ける目的で，家または居住地を離れて逃げることを強いられているが，国際的に認められている国境を越えていない個人または集団」と定義されてい

る.

　難民保護の中心的な機関は冒頭でも言及した UNHCR である．1950年12月の設立当初はわずか34人にすぎなかった職員数は，2019年5月時点で1万6000人を超え，134カ国で活動している[5]．こうした UNHCR の拡大の背景には，難民の増加と地域的な拡大があることはいうまでもない．他方，1948年のイスラエル建国に伴って発生したパレスチナ難民に関しては，UNHCR 設立前であったことから，前述の UNRWA が所管している．また，国内避難民の人数などの数値は，ノルウェー難民評議会のもとに1998年に設立された国内強制移動モニタリングセンター（IDMC）が取りまとめている．

　難民の保護や支援は UNHCR のみで行えるものではなく，他の機関との連携・協力が不可欠である．例えば，保護を必要とする人々の移動に関しては国際移住機関（IOM），食料支援については世界食糧計画（WFP），児童の保護に関しては国連児童基金（UNICEF），保険・医療は世界保健機関（WHO），開発援助においては国連開発計画（UNDP）が活動を展開している．ここからわかることは，難民の保護や支援はさまざまな分野にまたがる複合的なものであるということである．もちろん，難民受入国というもっとも重要なアクターの存在を忘れてはならない．

　しかし国や国際機関といった従来のアクターのみが難民の保護という働きを担うことは難しい状況となっている．2015年の「欧州難民危機」の際に「難民レジームの崩壊」が喧伝された背景にあるのはそうした状況である．かかる状況に対応すべく，先のニューヨーク宣言において難民保護の新たな枠組みとして提示されたのが，「包括的難民支援枠組み（Comprehensive Refugee Response Framework: CRRF）」である．CRRF では，国や国際機関といったアクターに加え，企業や大学などを含む多様なステークホルダーの関わりや民間セクターとの協働などの手法が示されている．そして難民を受け入れることは，負担ではなく投資であり，受入れコミュニティーを利することにもなるという点が強調されている[6]．

　では難民の保護の中でもっとも枢要なものは何なのか．それは迫害を受ける，つまり生命の危険に晒されるおそれがある国に難民を送還（ルフールマン：refoulement）しないということである．これを「ノン・ルフールマン原則」という（難民条約第33条）．加えて，受入国において安全な生活と基本的な人

図表12-1　難民などの発生・受入上位5カ国（2018年）

発生国		受入国	
国名	人数	国名	人数
シリア	670万人	トルコ	370万人
アフガニスタン	270万人	パキスタン	140万人
南スーダン	230万人	ウガンダ	120万人
ミャンマー	110万人	スーダン	110万人
ソマリア	90万人	ドイツ	110万人

出所：UNHCR 2019

権が保障されることが重要である．その点について難民条約では，例えば難民の法的地位（第12条〜第16条），職業（第17条〜第19条），福祉（第20条〜第24条）に関する規定が設けられている．ただし，難民条約は大枠の原則を規定するものであり，具体的な保護や支援の方法については記していない．その部分は——難民の認定も含め——各国に委ねられている．では次に各国がどのような難民の保護と支援を実施しているのかについて，トルコと日本の事例からみていくことにしよう．

3．トルコにおける難民受入れと多文化社会への取組み

（1）難民受入れの概要

　トルコは人の移動の十字路に位置し，昔から人の移動が盛んで，過去に幾度も数万〜数十万単位の人がトルコに押し寄せた．この地理的な特徴が，トルコが難民条約の「地理的制限」に拘る背景にある[7]．制限を廃止してしまうとシリア難民を含め，数百万人を難民として受け入れる必要が生じ，甚大な経済的な負担や社会制度・インフラが立ち行かなくなることをトルコは懸念しているのである．トルコの難民政策の中で重要なものとして，「1994年規則」と「外国人および国際保護法（以下YUKK）」がある．前者は湾岸戦争により大量の避難民が到着した際に，閣議決定により制定された．後者はシリア難民の流入から2年後の2013年に制定されたもので，トルコにおける難民政策に関する基本法である．同法により内務省に「移民管理総局」が設置され，同局が移民や難民などの外国人行政を一括して所管することとなった．

トルコの難民保護制度は，「国際保護（uluslararası koruma：international protection）」と「一時保護（geçici koruma：temporary protection）」に大別できる．「国際保護」は難民条約に加入するトルコ政府に対して保護を求め，トルコに何らかの形で入国して難民申請を行った人々に関する制度である．トルコにおける難民申請者は年々増加傾向にあり，2010年には8932人であったものが2018年には11万4537人であった（図表12-2参照）．とくに2017年に急増した理由としては，後述のEU・トルコ合意によりトルコからEUへの渡航が難しくなり，トルコで難民申請を行ったことが考えられる．トルコにおける国別の難民申請者上位 5 カ国はイラク 6 万8117人，アフガニスタン 3 万7854人，イラン5036人，ソマリア1723人，パキスタン227人となっている（図表12-3参照）．YUKKにおいて「難民」は，①「難民（mülteci：refugee）」と②「条件付き難民（şartlı mülteci：conditional refugee）」に分類される．難民条約の難民の定義に合致する者で欧州出身者は①の「難民」，欧州出身でない者は②の「条件付き難民」と分類される．条件付き難民は第三国定住までのあいだ，一時的にトルコでの滞在が許可される．一方で難民とは認められないものの国に戻ると迫害や生命の危険がある者には③「二次的保護（ikincil koruma：secondary protection/subsidiary protection）」が付与される．②と③に分類された人々は，トルコ全国に62カ所ある「衛星都市」（uydu kent：satellite city）の内，移民管理総局が指定するいずれかの都市に居住することが求められる．それぞれのカテゴリーの具体的な数字は管見の限り公表されていないが，難民認定数は極めて少なく，認定者以外の多くの人は第三国定住までのあいだトルコでの滞在が許可されているとされる[8]．

　一方の「一時保護」は，シリア難民のように集団として大量に流入し，個別の審査対応が難しい人々に対処する方法であり，EUにおいても1990年代の東欧から多数の難民流入を受けて「一時保護指令」が策定されている．トルコにおけるシリア難民数はイスラム国（IS）がシリアで勢力を拡大した2014年から急増し，2019年 9 月26日時点で366万7435人となっている（図表12-4参照）．トルコに流入したシリア難民の多くが，トルコから地中海やバルカン半島を経由して欧州を目指した．大量のシリア難民の流入に苦慮したEUは，トルコに対して難民流入の抑制について協力を求める．2015年10月に「EU・トルコ共同行動計画」，翌16年 3 月にはEU・トルコ合意が発表された．これによりトル

図表12-2 難民申請者数の推移 (単位：人)	
年	人数
2010	8,932
2011	17,925
2012	29,678
2013	30,311
2014	34,112
2015	64,232
2016	66,167
2017	112,415
2018	114,537

出所：トルコ移民管理総局

図表12-3 国別難民申請者数 (2018年) (単位：人)	
国名	人数
イラク	68,117
アフガニスタン	37,854
イラン	5,036
ソマリア	1,723
パキスタン	227
パレスチナ	183
トルクメニスタン	168
イエメン	138
ウズベキスタン	96

出所：トルコ移民管理総局

図表12-4 シリア難民数の推移 (単位：人)	
年	人数
2011	0
2012	14,237
2013	224,655
2014	1,519,286
2015	2,503,549
2016	2,834,441
2017	3,426,786
2018	3,623,192
2019	3,667,435

出所：トルコ移民管理総局
（2019年9月26日現在）

コによる欧州への移民・難民の流出管理，トルコからギリシャへの非正規移民のトルコへの送還などが決定された（この結果トルコからEUへの非正規移民の数は激減した）．その見返りとしてEUはトルコへの60億ユーロ，7000億円を超える資金提供などを約束した．

　シリア難民の約半数は18歳以下で，0歳から4歳の層が最多となっている（図表12-5参照）．この背景にはトルコで生まれた子どもが多いことが考えられる．事実，トルコ内務省の発表によると，2018年11月までに40万人以上の新生児が誕生した．また平均年齢も若く，22.58歳である．当初シリア難民はトルコ南東部のシリア国境に近くに設置された難民キャンプに多く滞在していたが，キャンプの維持費などの問題から次第にキャンプは閉鎖され，2019年9月26日時点では7つのキャンプに6万2653人のみが滞在している．もっとも多くシリア難民が滞在している県は最大の人口を擁するイスタンブール県であるが，以降はシリアに近いトルコ南東部の県が続き，キリス県では人口の半数近くをシリア難民が占めている．

（2）難民支援施策と多文化社会への取組み

　トルコにおける難民支援施策の多くは，EU・トルコ合意によるEUからの資金援助によるプロジェクト（EU Facility for Refugees in Turkey: FRIT）であ

図表12-5　年齢ごとの分布図　　　　　　　　　　（単位：人）

年齢層	人数	年齢層	人数
0-4	558,078	50-54	92,773
5-9	495,298	55-59	66,268
10-14	385,206	60-64	46,749
15-18	275,015	65-69	30,857
19-24	553,171	70-74	17,635
25-29	352,952	75-79	10,638
30-34	293,934	80-84	5,879
35-39	214,491	85-89	3,285
40-44	149,010	90＋	1,704
45-49	114,492		
合計		3,667,435	

出所：トルコ移民管理総局（2019年9月26日現在）

り，それらは主としてシリア難民を対象としている．FRITは人道支援と開発支援に大別され，2016年から2017年の第1期では人道支援よりも開発支援にやや多くの予算が配分されていたが，2018年から2019年の第2期においては，2019年9月30日現在の情報では開発支援に関する予算額が人道支援のそれに比べ倍以上となっている[9]．FRITによる支援は食料，生活費，教育，医療，就労などの多岐にわたっている．そしてそれらの支援は，基本的に各分野を専門とする機関とトルコ政府が連携して実施している．例えば，生活が苦しく十分な収入を得ることが難しい世帯向けの支援（ESSN）は，国連世界食糧計画（WFP），シリア人児童の公教育へのアクセスの促進支援（PICTES）は国連児童基金（UNICEF），各種の就労・企業支援は国際労働機関（ILO）が中心となっている．

こうした支援と並んで，難民と共に生きるという視点を持つ，多文化社会への取組みも行われている．例えば教育支援の分野では，受入れコミュニティーの啓発を目的とした①「一時保護の地位にある者への指導の手引き」と②「一時保護の地位にある者への特別教育の手引き」と題したガイドブックが作成・配布されている．これらのガイドブックはUNICEFとトルコ国民教育省が協力して作成しており，例えば①の第5章「多文化主義と多文化相談」では，異なる文化的な背景を有する児童への対応の方法や教室で行いうるワークの例な

どが提示されている．また②の第4章「国民教育省の特別教育サービス」では，特別な教育のニーズの見分け方や事例研究，模範授業の例などが紹介されている．いずれも2017年に行われたワークショップの成果物として刊行されているが，その背景には2016年のトルコ政府による教育政策の方針転換がある．それまでシリア難民児童は公教育のほか，シリアの教育カリキュラムに基づきアラビア語で授業が行われる一時教育センターやNGOが運営する教室などで教育を受けていたが，EU・トルコ合意の方針転換により各センターは順次閉鎖されることが決定され，NGOによる教育支援も原則禁止となった．

　トルコのシリア難民支援の分野では日本も国際協力事業団（JICA）やジャパンプラットフォーム（JPF）を通じた支援を行っている．ここでは政府によるものと民間による支援をいくつかみてみよう．1つ目は女性のエンパワーメントを支援する取組み，「SADA」である．SADAは日本政府も資金を拠出し，UN WOMENが中心となって2017年に始動した女性専用センターである．シリア難民が多数居住するトルコ南東部のガズィアンテップ市にあり，トルコ語教育や職業訓練のほか，トルコ人コミュニティーとの対話・交流の機会，社会心理的支援などが提供されている．次に民間主導による教育支援を2つみてみよう．1つは難民支援協会（JAR）によるトルコにいるシリア難民を日本に留学生として受け入れるプログラムである．このプログラムには1000人を超える応募があり，その中から選考を通過した6名が来日し，首都圏と関西圏にある日本語学校2校で受け入れられた．もう1つは国際基督教大学（ICU）が2018年にスタートさせた奨学金制度「シリア人学生イニシアチブ」である．このプログラムでは2021年まで年間1〜2名のトルコにいるシリア難民を留学生としてICUに受け入れ，学費や寮費の免除，渡航費や一部の生活費を給付するものである．これらのプログラムで高等教育を受けた学生は，将来，シリアが安定した後に祖国の復興に資する人材となることが期待される．

　他方，トルコ政府もトルコ国民の啓発イベントや難民と市民との交流プログラムを各地で実施しはじめている．これらの活動は必ずしも「難民」に特化したものではなく，広く外国人一般を対象としている．例えば移民管理総局とUNHCRがトルコの主要都市で「（社会）適応：ともに語り合う」という連続イベントを開催しており，また同局とドイツ国際協力公社（GIZ）が「（社会）適応ミーティング」（第2期）をトルコ各地で行っている．

こうしたさまざまな取組みが行われていることは歓迎すべきことである．しかしこれらは「一時的」な対応という側面が強く，EU からの資金援助終了後も継続するかが課題である．対応の一時性に加え，難民の定住や社会適応に向けた具体的かつ総合的な施策が欠如していることも課題である．ただし，400万人近い難民保護の負担と責任をトルコ一国に帰せることはできないだろう．難民の受入れをトルコに「外注」した EU の今後の動向，またグローバルコンパクトの精神のもと国際社会の継続的なコミットが問題の解決には不可欠である．折しも最近，シリア難民に対する国民感情の悪化や経済的な負担から，シリアへの越境軍事作戦により構築した「安全地帯」へのシリア難民の送出し（帰還）促進をトルコ政府が企図していることが報じられた．難民保護の観点からもかかる動向には留意する必要がある．

4．日本における難民受入れと多文化社会への取組み

（1）難民受入れの概要
　ベトナム，ラオス，カンボジアのインドシナ三国では1975年の政変により社会主義体制へと変革し，迫害を受けるおそれのある多くの人々が周辺諸国へと流出した．これらの人々がインドシナ難民である．その内，ベトナムから漁船などで脱出した人々をボート・ピープル，ラオスやカンボジアから陸路でタイに逃れた人々をランド・ピープルという．1979年6月の東京サミットにおいてインドシナ難民に関する特別声明が出され，各国に負担と責任の分担を求めた．翌7月，同声明を受けて第1回インドシナ難民問題国際会議がジュネーブで開催された．
　1975年5月，日本にはじめてのベトナム難民（ボート・ピープル）が上陸した．その後，日本に到着するボート・ピープルが増加し，国際的な関心や圧力なども高まると，1978年4月28日付閣議了解によりベトナム難民の定住が許可され，翌79年にはインドシナ難民の日本での定住受入れと支援が決定された．当初500人であった定住受入枠はその後拡大されていき，1994年6月には閣議了解により受入枠が廃止され，また1979年前半におけるベトナムからの大量流出を背景として，UNHCR がベトナム政府と覚書を取り交わし，家族統合を目的とするケースについてベトナムからの合法的な出国が認められた．これを合

法的出国計画（ODP）と呼ぶ．ODPにより海難事故の防止や一次庇護国である周辺諸国の負担軽減，難民流出の抑制が期待された．最終的に日本は，ODPによる1420人を含む1万1319人のインドシナ難民を受け入れた．日本に受け入れられた難民は，姫路定住促進センター（兵庫県），大和定住促進センター（神奈川県），国際救援センター（東京都）のいずれかにおいて，日本語教育や就労支援などからなる約半年間の定住支援プログラム（後述）を受講した上で，日本での定住生活をスタートさせた．

　他方1981年に日本は難民条約に加入し，「出入国管理令」を「出入国管理及び難民認定法」に改正して難民認定制度を導入した．この制度により，難民条約上の定義に該当すると法務大臣により認められた人々は，日本において条約難民として受け入れられることとなった．また難民とは認められないものの，人道上の観点から国際保護を必要とする人に対しては人道配慮による在留許可が与えられる．法務省の発表 [10] によると，2018年末時点で750人が条約難民として認定され，2628人が人道配慮により在留を許可された．条約難民に対する定住支援は2002年になり閣議了解により決定され，翌03年より定住支援プログラムが実施されている．また難民認定申請中で，生活に困窮している人に対しては，生活費などを支給する保護措置が実施されている．

　2010年には，日本はアジア諸国としてはじめて第三国定住による難民の受入れを開始した．第三国定住とは，自発的な本国への帰還，一次庇護国への定住と並ぶ難民問題の3つの恒久的解決策の1つであり，難民キャンプなどで一時的に受け入れられている難民を第三国に定住させることをいう．当初日本の第三国事業は，タイの難民キャンプに滞在するミャンマー難民を受け入れるパイロット事業と位置付けられていたが，2014年には継続的な実施が閣議了解により決定され，翌15年からはマレーシアに滞在するミャンマー難民が受入対象となっている．2019年9月末時点での受入数は，50家族194人である．第三国定住難民は来日前に約3週間の出国前研修で，日本語の挨拶や日本の生活習慣などについて学び，来日後は都内の定住支援施設にて約半年間の定住支援プログラムを受講する．

（2）難民支援施策と多文化社会への取組み
　これら日本政府による難民への支援は，政府から業務委託を受けたアジア福

祉教育財団難民事業本部（RHQ）が実施している．インドシナ難民の受け入れ当初は，難民の受入れ・定住支援の経験はおろか，外国人の定住支援の経験すら乏しく，対応が後手に回り，難民を受け入れた自治体やコミュニティーにしわ寄せがいった．その後，定住支援プログラム終了後のアフターケアに関する施策が展開された．例えば，難民の社会適応を専門とするインドシア難民相談員の配置，難民が多く居住する地域での相談窓口の設置，日本語学習教材の援助，ボランティア団体への支援，難民コミュニティーへの支援などである．しかしインドシナ難民への支援は，受入れ開始時から民間の力による部分が大きく，1995年10月に開催された「インドシナ難民フォーラム」において，16団体が「インドシナ難民関係功労内閣総理大臣表彰」を授与された．

　定住支援プログラムでは，572授業時間（1授業時間＝45分，以下同じ）の日本語教育，120授業時間の社会生活適応指導（生活ガイダンス），および就労支援が行われる．難民に対する日本語教育は日本で生活する上で必要となる基本的な日本語を習得することを目指すものである．社会生活適応指導は日本社会に適応するために必要となる社会制度や歴史，政治，文化などに関する知識の習得を目的としている．また自立した生活を営む上で不可欠となる就労支援においては，就労を専門とする職業相談員が中心となって，難民の職歴や希望も考慮に入れながら職業斡旋を行っている．また定住後に円滑に地域社会に溶け込んでいけるよう，プログラム内で地域コミュニティーとの交流の機会が提供されている．

　日本での生活経験のない第三国定住難民に対する支援は，条約難民のそれとはいくつかの点で異なっている．定住支援プログラムにおいては，プログラム終了後に家族で暮らす住居を含む定住先を選定・確保する支援が第三国定住難民に対する支援では行われる．その際，自立した生活を送ることが可能（収入を得られる）な就労先を確保しつつ，収入に見合った住居を手配し，適切な学校があるか，病院や商店へのアクセスは容易か，通訳を確保できるかといった点，加えて子どもがいる家族については待機児童のいない保育所があるかといった点を考慮に入れる必要がある．また定住後のアフターケアとしては，日本語教室の設置や地域定住支援員の配置といった支援がある．日本語教室に関しては，難民が通いやすい場所と日時を調整し，学習に集中できるよう託児サービスなどのアレンジも行われる．後者は，難民が定住先で生活を立ち上げ，地

域社会に円滑に溶け込めるよう地域関係者が支援をする制度で，2012年に政府によって導入された．地域定住支援員による支援は，地域に関する情報提供，行政機関・医療機関への同行支援のほか，地域関係者とのネットワークの構築や地域社会との交流支援など多岐にわたる．

これまで第三国定住事業に関しては2回，有識者らによる検討会議が実施された．2012年から2013年に開催された会議では，タイからマレーシアへの受入対象国の変更が決定された．また2018年から2019年に開催された会議では，受入対象国をマレーシアに限定せずに広くアジア地域の国とし，対象難民もミャンマー難民に制限することなく，また受入人数についても現行約30人の倍を年2回（現在は9月末に1回）に分けて受け入れることなどが話し合われた．加えて，地域定住のあり方や難民向けのアフターケアの終期を5年程度とすることなどについても議論された．

多文化社会への取組みは，国による支援のほか，民間主導によるものも少なくない．例えば，「さぽうと21」は難民への日本語学習支援や子どもの教科学習支援を実施し，難民支援協会は難民申請者らに日本語学習支援を実施している．柳井正財団はそうした団体への資金援助を行っている．一方で，日本国際社会事業団（ISSJ）や国際日本語普及協会（AJALT）も文化庁の委託事業を活用しながら，前者はムスリム女性（ロヒンギャ難民ら）向けの日本語教室を，後者は難民への日本語教室をそれぞれ設置している．加えて大学生による難民支援サークルによる活動も行われており，例えば筑波大学のCLOVERや聖心女子大学のSHRETといった団体が難民に関する啓発活動や，学習支援などの活動を行っている．さらには，国際機関による支援として，難民に対する奨学金である「難民高等教育プログラム（RHEP）」をUNHCRとUNHCR協会が実施している．2019年9月現在，RHEPには国内の11の大学が参画しており，15人の枠がある（内2人は大学院）．

5．おわりに

第二次大戦後に大量に発生した難民を保護すべくUNHCRが組織され，難民条約が制定された．しかし，難民条約の難民の定義は時代の状況を色濃く反映したものであった．そのため，「議定書」や地域的文書によって，難民の実

状への対応が図られてきた．それらは2016年12月に「UNHCR 国際的保護に関する指導原則」としてまとめられた．難民は本国から避難することを余儀なくされた人々であり，それゆえに難民条約を中心とする難民レジームによる保護の体制が敷かれている．

　過去最多といわれる難民の受入れをめぐっては負担と責任の分担が課題となっているが，しかしこれは今にはじまったものではなく，上述のとおりインドシナ難民のときも同様であった．ただし，「自国第一主義」の潮流の中で分担は必ずしも成功裏に進んでいるとはいえない．トランプ政権は受入難民数を大幅に制限し，またアメリカへの入国も水際で防ごうと躍起になっている．けれども類似の対応は難民受入れの「先進国」とされる EU やオーストラリアがすでに行なってもいるのである．3 節でみたとおり，EU は資金を提供してトルコに難民受入れを要請した．こうした EU による難民受入れの外部化（externalization）は，トルコのみならずリビア，ニジェールそしてルワンダにもおよんでいる．

　他方で，グローバルコンパクトの採択やグローバル難民フォーラムの開催といった，難民の保護と支援に関する意識の高まりもみて取れる．それらは必要に迫られての対応ではあるものの，各国が当事者意識を持って対応したインドシナ難民のときも国際的要請が背景にあった．ただし，難民の保護において受入れと等しく重要なことは，「受入れ後」である．受け入れられた難民が幸せに暮らすということもさることながら，受入れという制度を持続可能なものとするという観点からも「受入れ後」のプロセスが重要となるのである．

　そのプロセスを円滑に機能させるために不可欠なのは受入れや支援に従事する人材の育成であり，市民の意識の醸成であろう．そうした点については，トルコでは 3 節で触れた社会適応に関する各種のイベントが開催されているほか，移民管理総局が各県の移民専門官の育成に力を入れている．また日本では 4 節で触れた「検討会議」において人材育成や啓発施策等の対応策が話し合われた．そして「外国人材の受入れ・共生のための総合的対応策」による「共生社会実現のための受入れ環境整備」として種々の施策の実施が計画されている．こうした取組みにより，難民を含むさまざまな背景を持つ人々が社会参加することによって，真の多文化社会が実現されるのではないだろうか．

注

（1）https://www.agendaforhumanity.org/

（2）https://www.unhcr.org/jp/global-compact-on-refugees

（3）https://www.unhcr.org/jp/treaty_1951_1967_participant トルコの他にはコンゴ，マダガスカル，モナコが地理的制限を付している．

（4）https://www.refworld.org/docid/3de5f2d52.html

（5）https://www.unhcr.org/figures-at-a-glance.html

（6）https://www.unhcr.org/jp/global-compact-on-refugees

（7）EU 加盟を目指すトルコは，難民政策についても EU 基準に適合させることが求められ，「地理的制限」についても——国際的な協力が得られる限りにおいて——将来的な廃止を検討していた．しかしそうした中でシリア紛争が発生し，大量のシリアからの避難民が流入し，廃止の契機は事実上反故となった．

（8）第三国定住までに14年も要したイラク人女性のケースを取り上げたドキュメンタリー番組，「遅い春」（トルコ語音声，英語字幕付き）がウェブ上で公開されている（https://www.youtube.com/watch?v=htZFkU6Wwd0）．

（9）https://ec.europa.eu/neighbourhood-enlargement/sites/near/files/facility_table.pdf

（10）http://www.moj.go.jp/content/001290415.pdf

参考文献一覧

伊藤寛了（2019a）「日本における難民受け入れと定住支援の歩み」『国連ジャーナル』（2019年春号）日本国際連合協会．

伊藤寛了（2019b）「トルコにおけるシリア難民の受け入れ——庇護，定住・帰化，帰還をめぐる難民政策の特徴と課題」小泉康一（編）『「難民」をどう捉えるか——難民・強制移動研究の理論と方法』慶應義塾大学出版会．

小泉康一（1998）『「難民」とは何か』三一書房．

滝沢三郎（編）（2018）『世界の難民をたすける30の方法』合同出版．

滝澤三郎・山田満（編）（2017）『難民を知るための基礎知識——政治と人権の葛藤を越えて』明石書店．

墓田桂・杉木明子・池田丈佑・小澤藍（編）（2014）『難民・強制移動研究のフロンティア』成蹊大学アジア太平洋研究センター．

OCHA（2019）*GLOBAL HUMANITARIAN OVERVIEW 2019.*

UNHCR（2019）*Global Trends:Forced Displacement in 2018.*

事前学習の内容

1. 「難民」について図書館やインターネットなどを通じて調べてみよう. また難民に関する報道やニュース記事を検索して, それについての感想を簡潔にまとめてみよう.
2. 国連難民高等弁務官事務所（UNHCR）のHPを閲覧して, 難民をめぐる状況について調べてみよう.
3. 「難民」と「移民」の違いについて調べてみよう.

ディスカッションテーマ, ロールプレイのテーマ

1. 自分が難民となったら何を持って, どこに逃げるのか考えてみよう.
2. そして自分が難民となって避難した先で何に困るのか, また何をしてほしいと思うか考え, グループで話し合ってみよう.
3. 難民受入国の政策を企画・立案する立場になった場合, どういったことに留意して, どのような政策を実施すべきか話し合ってみよう. その際, 難民を受け入れるべきか否か, どれ位の人数を受け入れるべきかなどについても考えてください.
4. いかにして難民と生きる社会を共に創り上げていけるかについて各自でアイデアを考え, 各自でまたはグループごとに発表しよう.

キーワード解説

「国連パレスチナ難民救済事業機関（UNRWA）」

1948年のイスラエル建国により発生したパレスチナ難民の救済のために1949年に国連総会で設立された. UNHCRより早く設立されており, パレスチナ難民については UNRWA が所管している.

神奈川県藤沢市の浄土宗善然寺にある「日本在住 インドシナ人の墓」．戦乱などにより難民として母国を逃れ，日本で亡くなったベトナム，ラオス，カンボジア人の遺骨を納める共同墓地として1987年に建てられ，2016年に拡張工事が行われた．3カ国の遺族や有志と難民事業本部が月に一度共同でお墓参りを行っている．
写真提供：公益財団法人アジア福祉教育財団難民事業本部

第13章

ドイツの移民政策と地域社会
：欧州難民危機を受けたドイツ社会の対応

錦田愛子

1．はじめに

　「政府としては，いわゆる移民政策をとることは考えていない」．2018年10月29日の衆議院本会議で，安倍晋三首相は外国人労働者の受入れ拡大に向けた入管難民法改正案に関し，代表質問にこのように答えた．新たに受入れを決めた労働者はあくまで期限付きの滞在を前提とした外国人材であり，日本に定住することは想定しない．日本政府として彼らの定住に向けた政策をとる予定はない，というのがその主旨であろう．

　日本はGDPでみても世界第3位の経済規模を誇り[1]，少子高齢化が進み，すでに深刻な労働力不足に陥っている．移民労働者を受け入れる余裕があり，必要ともしているはずの日本が，将来的にも移民を入れない方針で持続的な成長が可能なのかは，今後の議論が必要なところだ．その是非はともかく，先例として，日本と同様の立場をとりながら，実質的には多くの移民労働者を受け入れ，近年になって自国は「移民国家である」と認め，政策を転換した国がある．意外に思われるかもしれないが，それはドイツだ．

　ドイツは20世紀末まで「移民国ではない」との立場を堅持してきた．1977年にシュミット政権下で確認されたこの見解は，政権が交代した後も維持され，ドイツの移民問題に対する基本的立場となってきた（近藤 2007, p. 6）．しかし1990年代後半より政策転換がなされ，関連法規の改正を経て，2005年には移民の統合研修（Integrationkurs）制度が設置されるに至った．その10年後の欧州難民危機では，ドイツはEU諸国の中でもっとも多くのシリア難民を受け入れ，彼らの多くが統合研修を受けることになる．そこには政府による決定だけでなく，民間レベルでの協力や人道支援活動も大きな役割をはたすこととなっ

た.

　出発点を同じくするドイツのこのような経験から，日本は何を学ぶことができるのか．本章では，ドイツの移民／難民受入れ政策の変遷と，そこへの市民社会の関わりを検討することによって，教訓を導き出す材料を提供したい．ドイツの変化はどのような背景に基づく決定だったのか．どのような政策の転換が起きたのか．地域社会や市民レベルではどんな取組みがみられたのか．欧州難民危機から（本稿執筆時点で）4年が経過する中，ドイツではどのように移民／難民の受容と統合が進んでいるのか．政策分析とベルリン市内での調査結果に基づき論じる.

2．ドイツの外国人労働者をめぐる変遷

（1）ドイツに住む「移民の背景」を持つ人々

　ドイツは「移民国家ではない」と自己規定しながら，第二次世界大戦後以降，多くの人々を国外から受け入れてきた．1950年代以降の高度経済成長期には，二国間協定に基づいて来た外国人労働者がドイツの成長を支えた．西ドイツではトルコやイタリア，ギリシアからガストアルバイター（客人労働者）が，東ドイツではモザンビークやベトナム，キューバ，アンゴラなど社会主義諸国から契約労働者が連帯と称して，それぞれ受け入れられた[2]．ガストアルバイターは1970年代に入り，経済が低成長期を迎えると募集が停止され，出身国へ帰ることが期待されたが，実際にはその後も帰国せず，むしろ家族の呼び寄せによりドイツへの定住が進んだ．東ドイツの契約労働者は，東西ドイツ統一後に帰国推奨の措置がとられたが，中には難民または労働者としてドイツに残る者もいた．今でもベルリン市内で花屋やレストラン経営などで多くみかけるベトナム系の人々は，その一部である.

　またこれと並行して，第二次世界大戦後，ドイツはナチスによる迫害という過去の経験を踏まえて，極めて寛大な難民受入れ政策をとった．基本法（憲法に相当）16条は政治難民に庇護の請求権を認めたが，これは法理念上，難民として保護される権利を，国家主権よりも上位の権利と位置付けるものであった．こうした権利付与は「難民庇護法制の世界史上画期的」（本間1985, pp. i-ii）と評された．この規定に基づき，1960年代までは主に東欧諸国から難民が庇護

を求めて移住し，短期間で滞在許可を得ることになった．1970年代以降は，トルコやレバノンなどでの政変や紛争を受けて，アジア・アラブ諸国出身者の難民の割合が増えることになる（昔農 2014，pp. 42-45；久保山 2017，pp. 21-22）．

　この他にもドイツには，ドイツ出自の帰還民（アウスジードラー）がいる[3]．彼らは何世紀も前に東欧や旧ソ連などかつてのドイツ東方領土に移住したドイツ系移民の子孫であり，冷戦崩壊後，居住地で差別や迫害を受けて「祖国」ドイツへ移住した．ドイツとの権利・義務関係に継続性を認められた彼らは，すぐに国籍や健康保険，年金，失業保険などを受給できたが，ドイツ語を話せず，ドイツの生活習慣を身に着けていないなど統合の議論の対象となった（昔農 2014，pp. 42-45；佐藤 2010，p. 55）．こうした存在は，日本でいえば，帰還の背景は異なるものの，20世紀初頭にブラジルなど中南米へ移住して，1990年代以降日本へ出稼ぎで渡航しそのまま定住した日系ブラジル人と，ある面では重なるところがある．

　こうしたさまざまな由来の人々の移住の結果，ドイツは「移民の背景」を持つ人々[4] が多く居住する国家となった．2005年に実施されたミクロ・センサス（国勢調査）では，その割合が調査されて初めて全人口の18.2％に上ることが示され，ドイツ社会に衝撃を与えた（近藤 2007，p. 17；The Local, 11 March 2008）[5]．また同センサスでは，ドイツ在住の外国人は定住志向が強く，半数が10年以上，3分の1以上が20年以上，ドイツに滞在していることが明らかにされた（近藤 2007，p. 21）．

（2）移民／難民をめぐる法制度の変化

　こうした現状を認めたドイツ政府は，移民や難民を受け入れる法制度の改正に乗り出した．

　1990年には外国人法を全面改正し，外国人労働者とその家族の法的地位の安定化が図られた（近藤 2007，p. 14）．他方で難民については，ドイツの良心ともされた基本法の庇護権既定が1993年に改正され，「迫害のない出身国」「安全な第三国」というカテゴリーが設置された．この改正により，それらの国々から来た難民は原則としてドイツでは庇護申請できないこととなった[6]．これは1970年代以降の難民の増加を受けて，これを経済的動機による庇護制度の

「濫用」とみる人たちの間で，戦後初めて「反移民・難民」の動きが出てきたことが背景にある（昔農 2014，p. 43；久保山 2017，p. 22）．世界に類をみない難民保護法制であった庇護権規定は，こうして形骸化してしまったとの批判もある．

　他方で2000年に施行された改正国籍法では，出生地主義が一部採用され，ドイツで生まれた長期滞在者の子どもにドイツ国籍の取得が認められた．また二重国籍が一定の要件で容認された．これらは外国人法の改正と同様に，長期滞在者の法的地位の正常化を促進するもので，同年中には約19万人もの移民が，帰化してドイツ国籍を取得することになった（近藤 2007，p. 13）．

　そしてシュレーダー政権下の2004年，ドイツは遅まきながら自国が「移民国」となっていることを認めた．2005年1月には移民法が施行され，これに基づき連邦政府予算による移民の統合研修制度が開設された．これは600時間のドイツ語教育と30時間の社会統合授業を含むもので，原則として週25時間の全日制授業の形態をとる．この授業を通して，受講者はドイツ社会の規範や制度などについて基礎知識を身に着けることが目標とされた（佐藤 2010，pp. 121-123）．

　さらに重要なのは，2000年代後半から，地方自治体で，市民社会アクターと協働しながら，行政が乗り出す形で，難民の社会統合に向けたさまざまな取組みが進められたことである（久保山 2017，p. 24）．自治体の取組みは，連邦政府による統合政策からもれてしまった庇護申請者をも包摂し，補完的に機能し始めるようになる．今や人口の約2割を「移民の背景を持つ」人が占めるようになったドイツで，社会における多様性（ドイツ語では Vielfalt）の受容は徐々に拡大していった．その背景には，他のヨーロッパ諸国に比べて，ドイツでは多文化主義（ドイツ語では Multikulti）思想の退潮が比較的遅かったことの影響もあるといわれる．「移民国家」としての自覚が遅れたことで，「新同化主義（new assimilationism）」（Brubaker 2001）への移行が遅く，多様性を推進する意識や取組みがまだ続いていたことは，2015年の欧州難民危機でドイツが難民の受入れに寛容な態度をとった背景となったとの指摘もある（Schönwälder and Triadafilopoulos 2016, p. 370, 376）．

3．欧州難民危機後の変化

（1）ドイツ国内での難民受入れの試み

　欧州難民危機は，2011年に中東各国で起きた「アラブの春」がシリアにも伝播し，諸外国の介入により紛争が国際化・長期化する中で起きた．2014年に入り「イスラーム国」がシリアで勢力を拡大し，有志連合が空爆を開始すると，シリア国内での戦闘は激化し治安はさらに悪化した．そこへきて翌年8月，ドイツのメルケル首相が「われわれにはできる（Wir schaffen das!）」と述べ，シリア難民の受入れに積極的な態度を表明したことで，一気に難民の移動が加速することになった（長井 2017，p. 22）．1日当たり1万人，多いときは1万5000人の難民がドイツに殺到し，（遠藤 2016，pp. 27-28），2015年には実に「世界全体の庇護新規難民申請の半分以上がEU加盟国で行われ」ることになった．（山口 2016，p. 5）．

　難民の登録手続を担当する連邦移民難民庁（Bundesamt für Migration und Flüchtlinge，略称はBAMF）によると，2014年から2017年の間に約150万人の庇護申請がドイツで出された（BAMF 2018）．この内2015年は5割近く，2016年は6割近い申請者が何らかの庇護を認められたというのは，日本の基準からすれば驚異的な数字といえるだろう（久保山 2017，p. 25）．国境にたどり着いた難民は，EASYと呼ばれるシステムで各州に振り分けられ，庇護申請の審査を経て，それぞれの滞在資格を付与された[7]．

　ドイツ政府当局は，連邦レベルの法改正や，州レベルの条例，構造改革などを行い対応に努めた．だが難民の増加の勢いはそれを上回るものがあり，人手不足の多くは市民ボランティアによって補われることとなった．この期間に，地方や市民社会のレベルでは総計約1万5000に上るプロジェクトや対応策がとられたという（Schiffauer/Eilert/Rudloff 2017: 13 cited in BAMF 2018）．

　まず必要となったのは，難民の宿の確保と必要最低限の物資の供給だった．難民は庇護申請手続書類の提出後，6カ月間は州の指定した宿泊施設に滞在しなければならないが，一度に多くの難民がおし寄せたため，施設の準備や振り分け作業が追いつかない．そこで緊急措置として，カリタスなど大手NGOが役所（Sozialamtなど）と連携して会員に依頼したり，個人がFacebookやオ

ンラインのコミュニティなどで連絡を取り合うなどして，滞在先の施設が決ま
るまでの短期間，自宅の一室を難民に提供する人々を探すことになった[8]（長
坂 2017，p. 46, 52）．彼らの中では，かつてのアウスジードラー受入れの経験
がいきたという人もいる．市民活動の役割は，その他にも，新しく開設される
施設で入居する難民を登録したり，衣服や日用品など必要物資の寄付を集めて
配ったり，子どもの就学手続や役所の窓口での交渉を助けたり，買い物の手伝
いをしたり，ボランティアでのドイツ語コースを開設するなど多岐にわたった
（長坂 2017）．公的なプロセスでは，庇護申請手続の際の難民への事情聴取や，
その際の通訳，記録といった専門的な過程にも，臨時職員が雇われたり，ドイ
ツに長く住む「移民の背景を持つ」市民が加わったりしていたようである[9]．
総じて，それまで NGO やボランティア活動に関わった経験がなかった人々が
多く参加したことが，欧州難民危機におけるドイツでの市民活動の特徴といえ
る．

（2）3年後に残された諸課題

　ドイツ政府や市民によるこのような取組みは，実際にどれほどの成果をあげ
たのか．筆者は欧州難民危機から3年後の2018年，ベルリン市内などで調査を
行い，アラビア語話者であるシリア・パレスチナ系難民から話を聞いた[10]．

　まず難民の居住地だが，欧州難民危機後に各地で体育館やスポーツジムなど
を借り切り，臨時で開設された宿泊施設は，大半がすでにその役割を終えて閉
鎖されていた．そこに住んでいた難民は，郊外などにある別の居住施設へ移動
させられるか，自ら家を探して移り住んでいた．旧テンペルホフ空港跡地に設
けられていたベルリン市内で最大規模の仮宿泊施設も，ハンガー建物内のもの
は2018年に閉鎖され，300人程度が居住する小規模なコンテナ住居が敷地内に
設けられるのみとなった[11]．

　次に語学だが，2016年以前にドイツに来た難民は，その多くが統合研修を終
え，一定レベルのドイツ語を習得し，職業訓練（Ausbildung）中か仕事を探し
ている段階にあった．筆者がベルリンで長期在外研究を行っていた2018年度中
に働き始める者も多かった．だがもちろん，こうした適応状況には個人差もあ
る．一方で，習得の早い者の中には，すでにC1レベルのドイツ語を修了し，
ドイツの大学に入学して専門科目を学ぶ者がいたのに対して，他方では，年齢

の比較的高い者や，育児や出産などに追われる家族などで，まだ初級レベル（A1）のドイツ語を学んでいる者もみられた．

　失業の問題は，とりわけシリア国内ですでに就労経験があり，資格や技能を持つ者の間で強い不満がみられた．彼らは就労意欲があり，出身国での経験に基づき自分の技量に自信を持っている．しかし移住後は，ドイツの資格認定制度によって出身国での技能が正式に認定される必要があり，手続きには時間がかかる．移動中に証明書をなくしている場合も多く，また必ずしもすべての資格がドイツで認定されるわけではない．職に関連したドイツ語学習のため，基礎的語学力習得の後は職業訓練でさらに2～3年間勉強する必要がある．すぐには働けないことから，能力が正当に評価されないと不満を抱き，労働意欲を失う者も多くみられた．

　より一層の困難を抱えていたのは，庇護申請が認められず，ノン・ルフールマン原則に基づき国外退去の猶予のみを認められた難民たちだった．彼らは住居と保険は支給されるものの，就労は認められず，半年から1年未満の短期ビザの更新を繰り返す不安定な立場にあった．統合研修を受ける権利がなく，ドイツ語学習の機会も限られるため，彼らはいまだにドイツ社会になじめないままでいた．ベルリンの場合，一定数のアラブ系人口がいるため，ドイツ語を学ばなくても生活をすることはできる．だがそれはドイツ社会との間の壁をますます高くし，働きたい，学びたいという希望を持って移住した人々に，将来の見通しが立たない不安や，現状への強い失望を抱かせる結果となっていた．

　市民活動との関わりでは，2016年時点ですでに「当初の興奮はさめた」といった声が聞かれたように（長坂 2017，p. 88），それからさらに2年が経過した時点では，大勢の市民が参加して難民支援を行うという目立った場面はもはやみられなかった．それでもまだ2018年夏の時点では，勢力を増す右翼政党 AfD への反対集会で移民／難民の受入れ支持がスローガンの中に含まれたり（2018年5月27日），難民受入れ支持の連帯運動を訴える市民運動の連合体ゼー・ブリュッケ（Seebrücke）らが大規模なデモを企画し，50組織以上の NGO が参加する（2018年9月3日）など，一定数の人々を動員できるだけ移民／難民問題への関心は保たれていた．

　だが他方では，シリア人およびイラク人青年と，ドイツ人住民との間の喧嘩から拡大したケムニッツ暴動（2018年8月26日～9月初旬）[12] にみられるよう

に，旧東ドイツなど保守的な地域を中心に，移民／難民に対する排斥の動きも徐々に顕在化しつつあった．

4．おわりに

　ドイツにおける移民／難民の移動は，第二次世界大戦から，米ソ冷戦，東西ドイツの分断と統一など，政治史上の動きに大きく影響されてきた．移民／難民をめぐる法制度は，それらの変動を受けて随時改正され，現状に至っている．欧州難民危機は，それらの変化の延長線上に起きた出来事であり，ドイツ政府と社会の懐の深さが試されることとなった．大きな社会的混乱にも陥らず，経済指標の目立った悪化も招かなかった結果をみれば，ドイツは緊急事態の困難に十分に耐えたと評価できるだろう．難民の統合が順調に進み，彼らが技能を持った人材として労働市場に参入していけば，将来への「投資」となりえることがドイツでは真剣に議論されている（久保山2017，p. 21）．

　翻って日本はどうか．日本政府はシリア難民を留学生として2017年から５年間で150名受け入れる方針を決めた．また2019年４月施行で，新たな外国人労働者受入れ制度を導入した．これは日本としては，今後の展開に期待を持たせる大きな転機である．だがドイツや「移民国家」の欧米諸国を含むOECD諸国の指標でみると，日本の移民受け入れ人数は極めて少ない[13]．難民に至っては，年間１％にも満たない認定率である．ベルリン市内の難民支援NGOで，日本のシリア難民受入人数について訊かれ，留学生受入計画について説明したときの反応を，筆者は忘れることができない．シリアやパレスチナ，イラクなどからの移民／難民の若者が集まったざっくばらんな談話の場で，彼らは興味深そうな笑顔を少し曇らせたまま，しばらく無言になった．そのうち一人の快活な青年が「その人数（150人）って，うち（NGO）の事務所を一日に訪れる人数くらいだね．この通り（移民が多く住む地区）にはその何倍も住んでる」と茶化してみせ，どっとその場が明るくなった．私に対する配慮もあり，また批判する気にすらならないほどの，予想外の少なさに驚いたのだろう．

　簡単に，日本もどんどん移民／難民を入れるべきだとはいえない．受け入れた人々が経済的に自立し，安定した法的地位を得て，文化的に共生できる社会を築くことは，それ相応の準備と責任と覚悟を必要とするからだ．だがその初

めての一歩として，ここに日本と共通点の多いドイツの経験を示すことで，何らかの示唆をもたらすことができれば望外の喜びである．

注

（1）2019年 4 月12日に更新された「世界の名目 GDP 国別ランキング・推移（IMF）」を参照．https://www.globalnote.jp/post-1409.html

（2）モザンビークからの移民労働者の受入れについては，ドイツ人著者の取材に基づき書かれた漫画（ヴァイエ 2017）が興味深い．

（3）ドイツ系在外住民は，1950年代の帰還者（アウスジードラー）と1993年以降の後発帰還者（ユーバージードラー）とに分かれる．彼らは血統的にはドイツ人の子孫であるが，何世代もの間，他国の文化や生活習慣の中で暮らしてきたため，帰還後，困難を抱える者もいる．

（4）「移民の背景」とは以下のように定義されている．「(1) 1949年以降に現在のドイツ連邦共和国に移住した人，(2) ドイツで生まれたすべての外国人，(3) 少なくとも両親の片方が移民であるか，もしくはドイツで生まれた外国人である場合」（佐藤 2010，p114）．

（5）「難民危機」後の2017年にはその割合は19.3%に上昇している．

（6）庇護権規定改正をめぐる政治的経緯については（昔農 2014，pp. 46-53）参照．

（7）ここでいう資格とは，1951年の難民条約に従った難民としての認定，ドイツ基本法に基づく庇護権の認定，補完的保護，およびそれらのいずれでもないが何らかの理由で国外退去が猶予される資格，を指す（久保山 2016，p25）．

（8）そうして難民に自宅を提供した人々へのインタビューをまとめた著書として（長坂 2017）は興味深い記録である．

（9）筆者によるベルリン市内での聞き取り調査（2018年 6 月）．

（10）本研究は JSPS 科研費・国際共同研究加速基金（国際共同研究強化）「ドイツのアラブ系移民／難民の移動と受け入れに関する学際的研究」（研究代表：錦田愛子，16KK0050）による成果の一部である．

（11）Imanuel Marcus, "Berlin Tempelhof: An Airport for Skaters, Cyclists and Dogs," *The Berlin Spectator*, July 18, 2019. https://berlinspectator.com/2019/07/01/berlin-tempelhof-an-airport-for-skaters-and-cyclists-1/.

（12）旧東ドイツのザクセン州ケムニッツ（旧名カールマルクス・シュタット）市で開催されたお祭りで，イラク出身とシリア出身の難民の青年が地元のドイツ人男性をナイフで殺害したことが発端となり発生した暴動．極右過激派やネオナチ支持者らが，移民／難民排斥を訴え，数千人規模のデモや路上での外国人襲撃などを起こした．

⑬ OECD に よ る 統 計. https://data.oecd.org/migration/permanent-immigrant-inflows.htm

参考文献一覧

ヴァイエ，ビルギット（2017）『マッド・ジャーマンズ——ドイツ移民物語』山口侑紀訳．花伝社．

遠藤貢（2016）『欧州複合危機——苦悶するEU，揺れる世界』中央公論新社．

木下江見（2016）「移民の子どもの教育からみるドイツの統合と多文化社会」園山大祐編『岐路に立つ移民教育——社会的包摂への挑戦』ナカニシヤ出版，pp. 53-71.

久保山亮（2017）「第2章　ドイツにおける難民の受け入れと保護，社会統合」『ドイツの移民・難民政策の新たな挑戦——2016ドイツ現地調査報告』日本国際交流センター，pp. 21-30.　下記リンクより取得 http://www.jcie.or.jp/japan/cn/german-research/final.pdf

近藤潤三（2007）『移民国としてのドイツ——社会統合と平行社会のゆくえ』木鐸社．

佐藤裕子（2010）「移民からドイツ人へ——ドイツ帰化テスト導入をめぐって」浜本隆志・平井昌也編著『ドイツのマイノリティ——人種・民族，社会的差別の実態』明石書店，pp. 111-146.

昔農英明（2014）『「移民国家ドイツ」の難民庇護政策』慶應義塾大学出版会．

長坂道子（2017）『難民と生きる』新日本出版社．

錦田愛子（2017）「なぜ中東から移民／難民が生まれるのか——シリア・イラク・パレスチナ難民をめぐる移動の変容と意識」『移民・ディアスポラ研究』6号，p. 84-102.

錦田愛子（2017）「ヨーロッパの市民権を求めて——アラブ系移民／難民の移動と受入政策の変容」『中東研究』528号，p. 16-25.

本間浩（1985）『個人の基本権としての庇護権』勁草書房．

山口綾子（2016）「欧州の難民受け入れ問題——EUは危機をのりきれるか？」公益財団法人　国際通貨研究所ニューズレター第19号．

BAMF (2018) "The Changing Influx of Asylum Seekers in 2014 2016: Responses in Germany, " Working Paper 79 by Janne Grote, http://www.bamf.de/SharedDocs/Anlagen/EN/Publikationen/EMN/Studien/wp79 emn fluchtmigration 2014 2016 reaktionen ma%C3%9Fnahmen deutschland.html?nn=1840778

Brubaker, Rogers (2001) "The Return of Assimilation? Changing Perspectives on Immigration and its Sequels in France, Germany, and the United States, " *Ethnic and Racial Studies*, 24/4, pp. 531-548.

DW, "German population with immigrant background reaches new peak in 2017, "

Rebecca Staudenmaier, 1 August 2018, https://www.dw.com/en/german-population-with-immigrant-background-reaches-new-peak-in-2017/a-44906046

The Local, "Number of German residents with foreign roots rising,"11 March 2008, https://www.thelocal.de/20080311/10627

Schönwälder, Karen and Tria dafilos Triadafilopoulos (2016) "The New Differentialism: Responses to Immigrant Diversity in Germany," *German Politics*, vol. 25, no. 3, pp. 366-380.

事前学習の内容

移民／難民の受入れ支援について，自分の住んでいる自治体がどのような取組みを行っているか，調べてみよう.

ディスカッションテーマ，ロールプレイのテーマ

1. 自分の身近に，泊まるところのない難民の人がいて路上で生活しているのを目撃したとき，自分に何ができるか考えてみよう.
2. 日本は今後，移民または難民をより積極的に受け入れるべきか否か．その理由は何か．具体的にどのような政策を今後とるべきか，考えてみよう.

キーワード解説

「移民／難民」

人の移動には，移民，難民，国内避難民，無国籍者，帰還した難民など，さまざまな法的・制度的地位が存在する．だが紛争や災害などにより自国内で家を追われた人々が直面する課題には共通するものが多く，国内避難民から難民となったり，難民の中に無国籍者がいたりと重なる場合も多い．こうした状態を踏まえ，移動や国境変更などに起因した諸問題に直面する人々を同一カテゴリーに属する人々と捉えるのが「移民／難民」という分析概念である.

第14章

アメリカにおける非正規移民1.5世をめぐる政治と市民社会

加藤丈太郎

1．はじめに（アメリカン・ドリーム）

　「アメリカン・ドリーム」という語を一度は聞いたことがあるのではないか．アメリカン・ドリーム[1]とは，アメリカ建国の理想で，自由・平等・民主主義に基づき，出身や階級に関係なく，自らの努力で成功をつかむことができるという考えである．

　アメリカは総人口約3億3000万人の内，移民人口が約5000万人，さらに移民の5人に1人，約1070万人[2]が非正規移民（Undocumented Migrant）（キーワード解説1参照）である．非正規移民が総人口の3％を占める．非正規移民が電車の工事現場やレストランの厨房で働いているのは公然の事実である．もし，非正規移民がいなくなったら，電車は止まり，レストランで食事ができなくなる．

　アメリカ第一を掲げ，反移民の姿勢を鮮明にするトランプ大統領の誕生は，非正規移民たちを一度は恐怖や不安に陥れた．しかし，筆者が出会った非正規移民1.5世たちの多くは，トランプ政権下においても「アメリカでの居住権（Residency）を得る」というアメリカン・ドリームを抱き，行動していた．

　2020年11月3日に大統領選挙が行われる．非正規移民の処遇は，選挙の主要な論点の1つとなるであろう．本章を大統領選挙に関するニュースを読み解くきっかけにしてほしい（学習の目標）．

　本章は，筆者が2018年8月から2019年2月までニューヨークを拠点に行った調査結果に基づく．ニューヨークを選んだのは地域別でアメリカ最大の110万人[3]の非正規移民がいると推計されているからである．ニューヨーク市，その隣のヨンカース市，ニュージャージー州在住の非正規移民33名にヒアリングを行った．メキシコ人を中心に中南米出身者が多いが，一部，韓国，バングラ

デシュからのアジア系も含む．

２．非正規移民をめぐる歴史的経緯と政策

（１）ブラセロ計画から DACA まで

　非正規移民をめぐる歴史的経緯をこれまでの政策と共にみておこう．アメリカはメキシコから農業労働者の受入れを行う「ブラセロ計画」を1965年に廃止した．アメリカは世界有数の農業生産を誇ってきた．ブラセロ計画が廃止されても，農業の労働現場における労働需要がなくなるわけではなかった．したがって，メキシコ人農業労働者は「非正規」の状態で働き続けざるをえなかった（De Genova 2004）．非正規移民の増大を受けて，1986年には移民改革統制法（IRCA, Immigration Reform and Control Act）が施行された．非正規移民を雇用する雇用主への罰則を強化する代わりに，一定の条件を満たす非正規移民約300万人が一斉に合法化された（西山 2012）．非正規移民の合法化が進んだ一方で，非正規移民を雇用する雇用主への処罰は効果が上がらず，非正規移民の数は再び増大することとなった．1996年には不法移民改革移民責任法（IIRIRA, Illegal Immigration Reform and Immigrant Responsibility Act）が施行された．非アメリカ市民を強制送還可能とする「犯罪」の範囲が拡大 [4] され（Abrego 2011），移民が「犯罪者」として受け止められるようになった（Menjivar and Abrego 2012）．2001年９月11日にはニューヨークで同時多発テロ事件が発生した．テロ事件を受けて2003年に移民担当官庁の再編が行われた．本土安全保障省（DHS）が新設され，DHS の下に移民関税執行局（ICE, Immigration and Custom Enforcement）が置かれ，ICE が国境規制，移民取り締まりを担うようになった．2000年代，アメリカにおける非正規移民数は1000万人を超えたと推計されている．オバマ政権（2009年１月〜2017年１月）下では「ドリーム法」（Development, Relief, and Education for Alien Minors Act の頭文字を取って Dream Act と呼ばれる，非正規移民の内，高等教育を受けている者を合法化する）が目指されたが，共和党の反対多数で実現しなかった．そこで，2012年にオバマ大統領は「ドリーム法」の代わりに，大統領令によって「DACA」（Deferred Action for Childhood Arrival ／若年移民に対する国外強制退去の延期措置）を行った．約80万人の非正規移民1.5世が強制送還の危機から一時的

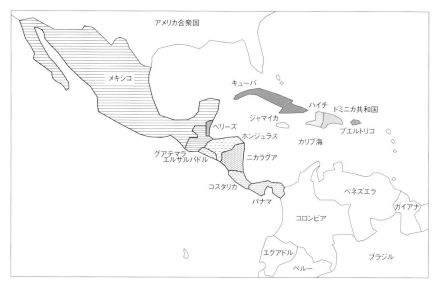

図表14-1　中米地図

出所：Guanxi Time「中米ってどこだっけ？」より著者作成

に解放されることととなった.

（2）1.5世とDACA

　1.5世とは，幼少期にアメリカ外からアメリカにやって来た移民の若者を指す. 親と一緒にアメリカに入国している場合もあるが，子どもだけで命がけで，先にアメリカに入国した親との合流を目指した例もある. 例えば，エルサルバドル（図表14-1参照）出身のRさん（男性）は，11歳のときに3歳年上の兄と共に1カ月をかけて，ホンジュラス，グアテマラ，メキシコを経由して，子どもだけでアメリカに入国した.

　非正規移民は常に摘発・強制送還のリスクに晒されている. しかし，オバマ政権において2012年にDACAが大統領令により施行されたことにより，非正規移民の若者の内，①2012年6月時点で31歳以下，②16歳未満でアメリカに入国，③2007年6月15日から継続的にアメリカに居住，④2012年6月15日と申請時にアメリカに居住していたこと，⑤2012年6月15日以前にアメリカに密入国，または合法的な身分の失効，⑥軍隊または学校（高校を基準）に所属している

こと（高校卒業資格 GRE も可），⑦犯罪歴がない者[5] が申請をすれば，強制帰還が一時的に（2年ごとに更新が必要）停止されるようになった．DACA を有すると，アメリカでの生活に欠かせない社会保障番号（Social Security Number）が付与される．社会保障番号は一部の国家公務員を除く大部分の仕事での就労，自動車の運転を合法的に可能とする．前述のRさんは「将来，市民権が得られたら警察官になりたい」と語るが，DACA では警察官になることができない．ソーシャルワーカーに当面の目標を切り替え，進路を見据えている．ともあれ DACA 受給者は大部分の仕事と運転ができるようになり，「人生が変わった」「オバマ前大統領に感謝している」といった言葉で DACA を評価している．ただ，DACA は居住権（Residency）ではないので，DACA が更新できなくなったら，強制送還のリスクがあることには変わりはない．なお，DACA はあくまでも若年移民向けの措置のため，若年移民の親世代は DACA によっては救済されない．むしろ，子どもの DACA の申請によって，DHS にその所在が明らかになるというリスクを負う．しかし，親は子どもの利益を考えて DACA の申請を認めてくれた．DACA の新規申請には446ドル（5万円弱程度）の手数料がかかる．この手数料が工面できずに申請ができなかった者もいる．なお，非正規移民1.5世の中には，家庭環境から，高校まで進学できなかった者，犯罪歴のある者も存在するが，彼・彼女らは DACA を申請することはできない．

　DACA をよりイメージするために調査対象者2人の例をあげる．いずれもメキシコ出身で，多忙な生活を送っている．ただ，その内容は対照的である．

　Kさんは20歳[6] の女性である．メキシコ出身で2歳のときにアメリカに来た．ニューヨーク市の隣に位置するヨンカース市に家族と居住している．ニューヨーク市立大学 John Jay College に成績優秀者として奨学金を得て通っている．両親がいずれも非正規移民で収入が限られているため，学費に加え，家族の生活費も稼がなければならない．大学の授業の合間に TA（ティーチングアシスタント）のアルバイトを行い，週末は地元で美容師として働いている．Kさんは高校のときに美容師免許をすでに取得している．ニューヨーク市立大学には11の College が存在し，いずれの College にも Dreamers Club が存在する．Dreamers Club とは居住権（Residency）のない学生の集まりで，居住権を求める活動を行っている．ニューヨーク市立大学は公立大学であり，学費が比較

的安い．居住権の有無にかかわらず学生を受け入れている．よって，非正規移民1.5世も入学しやすい．DACA あるいは非正規移民の地位で通っている学生が存在[7]する．K さんは John Jay College の Dreamers Club の代表を務めている．さらにヨンカース市に住む非正規移民の権利を擁護するために，K さんは複数の同世代の女性を誘って Yonkers Sanctuary Movement（YSM）を立ち上げた．メキシコ出身者だけでなく，白人のアメリカ市民が YSM の趣旨に共感し，活動に加わっていた．YSM は，成人向け英語クラスの運営，法律相談，ケースワークなどを行っている．K さんはいつ寝ているのかこちらが心配になるほど忙しい日々をすごしている．

　Y さんは21歳の女性である．9歳のときにメキシコからアメリカに来た．ニュージャージ州に居住している．アメリカ市民に壁を感じ，友人の大半はメキシコ出身者だという．母子家庭で育っている．大学に進学する希望を持っているが，母（41歳）が3年前に弟を産み，弟は言語障害を持って生まれてきた．母は弟の父親と別れている．Y さんは家計を支えるために，平日は医療アシスタント，週末はドラッグストアで毎日休みなく働き続けている．少しずつ貯金をして，いつかは大学に行きたいと思っているが，現状は厳しい．

　以上2人の例のとおり，DACA は非正規移民1.5世の就学・就労を可能としてきた．しかし，トランプ大統領の就任により変化が起きた．

3．トランプ大統領就任後に何が変わったか

（1）DACA 廃止

　2017年9月5日，トランプ大統領は「何百万人ものアメリカ市民がこの不公平なシステム（DACA）によって被害を受けている」と，DACA の廃止を表明した．トランプ大統領の側近は「不法外国人に就労を許可すると，何千何百ものアメリカ市民の仕事を奪うことになる」とその根拠を述べる．アメリカ市民と移民を区別し，アメリカ市民の方が上であると示したい意図が窺われる．オバマ前大統領は「彼・彼女（DACA を得ている非正規移民1.5世）らが何かを奪うことはない．この若者達の未来を脅かすべきではない．」と即座に反論した[8]．

　韓国出身で DACA を得て，ニューヨーク市郊外の移民支援団体で働いてい

るＪさん（女性）は事務所でDACA廃止の一報を聞いた．「涙が出て，状況を理解するのに時間が必要だった」という．ほどなくして，ブルックリン（ニューヨーク市における行政区の１つ）で，トランプ大統領のDACA廃止表明に対する大規模な抗議活動が行われた．Ｊさんの移民支援団体からもほぼすべてのスタッフが参加したが，Ｊさんは，ショックからその場に足を運ぶことができなかった．当事者であるにもかかわらず抗議活動にすぐに参加できなかったことを後から悔いているが，DACA廃止表明は，そのくらい当事者にとっては衝撃的であった．

　その後，DACA廃止を表明したトランプ大統領に対し，ニューヨーク州やカリフォルニア州で訴訟が提起されたため，訴訟が継続している間，USCIS（U.S. Citizenship and Immigration Services，DHS下の一部署）はDACAの更新申請を受け付けることとなった．しかし，新規での申請はできなくなった．USCISのウェブサイト[9]には，「DACAは法的地位ではないので，いつでも廃止する可能性がある」と記されている．本稿執筆時点（2019年8月）では，まだ更新は可能だがいつDACAが廃止されるか予断を許さない．

（2）アメリカ・メキシコ間への壁の建設

　トランプ大統領は大統領就任時の公約として，アメリカ・メキシコ間の壁の建設を掲げていた．アメリカ・メキシコ間には3000 km以上の国境があるが，そこにすべて壁を築くという．下院においては民主党が優勢である．民主党の反対により壁の建設予算が国家予算では確保できないことを受けて，2019年2月15日，トランプ大統領は対メキシコ国境での国家非常事態を宣言した．アメリカは，国境において麻薬と犯罪者の侵略を受けており，国境の壁建設の国防費としての予算確保が必要であるという．トランプ大統領の国家非常事態宣言に対して，複数の訴訟が提起された．2019年7月には最高裁でトランプ大統領勝訴の判決が出た．トランプ大統領は「大勝利」と自らの勝利を讃えた．トランプ大統領は，最高裁に共和党に立場が近い判事を送り込むことに成功し，それが勝因といえる．（ただし，他にも訴訟が続いているため，本稿執筆時点（2019年8月）では予算は確保されていない．）

　壁があっても，人は必要に迫られれば穴を掘る，川を渡るなどして壁を越えようとする．中米における経済崩壊，治安の悪化は深刻である．人の流れは止

写真14-1　「壁」を逆手に取ったワークショップ

出所：Make the Road New Jersey にて2018年12月20日筆者撮影

まらない．中米の経済崩壊はアメリカの新自由主義の流入が招いた側面もある．壁の建設が問題の根本的な解決策となりえるのであろうか．

　筆者は「分断」という言葉をよく耳にした．トランプ大統領の誕生後，移民擁護派と移民排斥派の間で分断が起きている．筆者はアメリカ市民（白人）で労働者階級出身の学生にも話を聞いたが，両親はトランプ支持者だという．白人労働者層においては，移民は面白くない存在に映るのである．移民排斥派は，物理的に壁を作るだけでなく，心の中にも壁を作っているようにみえる．一方，移民支援団体 Make the Road New Jersey では，1.5世の非正規移民たちを中心に，レンガに見立てたダンボールに将来の夢を書き，レンガを積み上げ壁を築いた後に一斉に壁を壊し，壁の建設に反対するワークショップを行っていた．そこには「分断」を乗り越えるという意味も含まれていた．

4．非正規移民1.5世と混合身分家族

　非正規移民1.5世は，親や兄弟とどのように関わっているのだろうか．1.5世が担っている自動車の運転，通訳という役割からみる．

（1）自動車の運転

　ニューヨーク市こそ公共交通機関が発達しているが，それ以外は車がなければ生活が成り立たない．しかし，ニューヨーク州[10]，ニュージャージー州とも，筆者の渡航時点では，非正規移民に運転免許証を発行していなかった．もし，非正規移民が車を運転する場合は，無免許運転ということになる．ベリーズ出身のＺさん（非正規移民一世，女性）一家を例に説明する．

　Ｚさんの夫は，造園業に従事してきた．顧客からの信頼も厚く，事業は順調に推移していた．Ｚさんの夫は，免許証なしで車を運転しているところを警察に捕まったが，その後裁判所に出頭し，罰金を支払い，難を逃れてきた[11]．しかし，4回目に無免許運転で捕まった際「次に無免許運転をしたらICEに身柄を移す」とＺさんの夫はついに警告を受けてしまった．ICEに身柄を移されたら何もできなくなってしまう．造園業は遠方まで出かける必要がある．Uber（アメリカで広く普及している配車サービス）を使うと往復50〜60ドル（5500〜6600円程度）はかかる．これでは稼ぎが飛んでしまう．夫婦の息子Ｊさん（DACAを取得，23歳）はとても優しく，コミュニティ・カレッジ（日本の短大に相当）の授業を休んで仕事先まで送迎してくれた．しかし，送迎が原因で進級が遅れてしまった．Ｚさんと夫は息子に申し訳なく思い，息子の送迎は使わないことにした．そして，今はほとんど仕事にならない状況になった．Ｚさんの夫は「家でイライラしている」ことが増えたという．

　Ｚさんは母国では事務職として働いていたが，アメリカではずっとベビーシッターをしてきた．雇われている家の子どもの習い事の送迎などもする必要があり，車は欠かせない．Ｚさんも夫と同様に3回，無免許運転で警察に捕まり，罰金を払っている．しかし，夫の件があってから，さすがに運転はしなくなった．結果，雇用先の選択肢が狭まってしまっている．「免許さえあれば，ほとんどアメリカ市民と同じように生活ができるのに」とその不便さを訴えていた．

（2）通訳

　アメリカは国籍の付与にあたり出生地主義を取っているので，アメリカで生まれた者はアメリカ市民（キーワード解説2参照）となる．非正規移民の家族が，アメリカで新たに子どもを生んだ場合，子どもはアメリカ市民となる．そして，2012年には若年非正規移民を対象としたDACAが始まった．親は非正

規移民のままである．すると，親が非正規移民，長子がDACA，末子がアメリカ市民と，家族の中で3つの地位が混在する「混合身分家族」（小井土 2014）という状況が生まれる．

　人による個人差はあると思われるが，半年間調査を続けた結果，非正規移民一世の英語力は総じて低かった．非正規移民一世とは3文以上，英語で会話を続けることが難しく，渡米当初は本当に驚いた[12]．

　メキシコ出身のDACA，Ⅰさん（女性，25歳）はコミュニティ・カレッジを卒業後，四年制大学に編入し，政治学を学んで卒業をした．卒業後は，移民支援団体のスタッフとして就労している．Ⅰさんを例に「混合身分家族」を説明する．父・母は非正規移民，自分は元非正規移民で現在はDACA，年の離れた弟（10歳）はアメリカ生まれでアメリカ市民である．弟はまだ子どもなので，一家で何か用があると，英語が話せるDACAの1.5世の自分に負担が集中する．Ⅰさんとランチに出かける機会があった．ランチ中にも，親の友人から医療通訳の依頼が来ており，その場で対応に追われていた．弟はスペイン語よりも英語が強く，親は英語が十分には理解できない．Ⅰさんは親とはスペイン語で話し，弟とは英語で話す．1.5世はいずれの言語も理解できるため，家庭内でも通訳的な役割を担っている．

5．おわりに：非正規移民1.5世と市民社会によるトランプ大統領への抵抗

　非正規移民1.5世は市民社会と連携して，トランプ大統領に抵抗し，「アメリカン・ドリーム」を掴もうとしている．「市」というボトムから抵抗が進んでいる点，1.5世を主体に運動が形成されている点を紹介する．そして，アメリカの1070万人の非正規移民における課題を提示する．

（1）市から進む運動
　トランプ大統領は反移民の姿勢を鮮明にしている．議会は下院こそ民主党が過半数を占めるようになったものの，上院は共和党が依然過半数を占めている．一方，ニューヨーク州議会上院・下院，ニューヨーク市議会においてはいずれも民主党が優位に立っている．
　ニューヨーク市議会議員のメンチャカ・カルロス氏（写真14-2）は「国の移

写真14-2　メンチャカ・カルロス氏（右）と筆者
出所：2019年2月1日メンチャカ氏事務所で撮影

民法が壊れているので，州・市レベルでできることをやっている」と語る．メンチャカ氏が中心となって実現した「IDNYC」はその例にあたる．これは，居住権の有無にかかわらず，ニューヨーク市内に居住している者にID カード[13]を発行するものである．非正規移民はID がないために，自らの子どもの学校の敷地内に入れない，市警に職務質問され連行されるというリスクを抱えていたが，ニューヨーク市においてはそれらから解放されるようになった．

　メンチャカ氏は，自身の事務所に弁護士を招き，移民向けの法律相談会を週2回行っている．投票権を有するのはアメリカ市民のみで移民には投票権はなく，票にはならない．移民向けの施策ばかりをやっているとアメリカ市民からの反発があるのではないかと想像した．「なぜ移民を支援するのか」を尋ねたところ，メンチャカ氏は「移民の生活が安定することが，地域の安定，経済の活性化に繋がる．だからアメリカ市民もそれを理解して，応援してくれる」と答えた．

　アメリカの大学は学費が日本よりも高く，アメリカ市民であれば大体何らかの給付型の奨学金を得て通っている．非正規移民の場合，従来はほとんど奨学金が得られなかった．しかし，ニューヨーク州においては，居住権の有無にかかわらず，大学教育への奨学金を州が支給する「NYS Dream ACT」が2019年

1月に成立した．さらに，居住権の有無にかかわらず運転免許証の発行を認める「Green Light NY」も2019年6月に成立した．ベリーズ出身のZさんは，「免許さえあれば，ほとんどアメリカ市民と同じように生活ができるのに」と語っていた．車が運転できる意義は大きい．Zさんが居住するニュージャージー州もニューヨーク州に続くことが望まれる．

　市や州で居住権の有無にかかわらず，生活が支えられるのは喜ばしい．しかし，「市や州がすでに十分やっているから国の出る幕はない」と，国の包括的な非正規移民に対する政策の実施を遠ざける側面もないだろうか．IDカードが持てても，奨学金が得られても，車の運転ができても，非正規移民は摘発・強制送還のリスクから解放されてはいない．摘発・強制送還のリスクがある以上，彼・彼女らは緊張状態を強いられ続ける．市や州での非正規移民に対する施策をどう国レベルの包括的な政策に繋げるか戦略を練る必要がある．

（2）非正規移民1.5世の活躍の影で：非正規移民一世の救済に向けて

　移民支援団体American Friends Service Committee は，DACA と TPS（Temporary Protected Status，自然災害・治安悪化などを理由に母国に帰ることが難しい人への一時的保護．法的地位ではない．40万人程度が一時的に保護されてきたが，トランプ大統領はこれも廃止しようとしている）が救済されるように「Dream and Promise Act」の制定を目指している．2019年3月12日には法案が提出された．救済可能性が高いところから救済するという戦略を取っているのかもしれない．しかし，DACA の非正規移民1.5世が「親と違って自らの意思でアメリカに来たのではない」「真面目に勉学に励んでいる」「アメリカ経済に貢献している」「アメリカ市民と同様に善き市民である」といった言説が法の実現を目指す運動で展開されると，非正規移民一世が影に隠れてしまう側面はないだろうか．ある一定のステータスを持っている人のみが救済され，そこに達することができない人は，ますます後ろに置かれてしまうのでは問題の根本的な解決策にはならない．

　トランプ大統領の誕生は非正規移民にとってすべて悪いことばかりではない．ニューヨーク市の移民支援ボランティア向けの研修会では「今までは黙っていたけれど，トランプ大統領の発言に耐えかねた．だから今日，ここに勇気を出して参加している」と市民の一人が新たな移民擁護派として声をあげ始めてい

た．メキシコ出身のＡさん（DACA，25歳，女性）はインタビューの最後に以下のように語っている．「DACA が非正規よりも上という区別は好きではない．私達はみんな非正規だ．残り1100⁽¹⁴⁾万の非正規のことを忘れてはならない．」

　DACA と TPS 以外の950万人の非正規移民の処遇をどのようにするかをあわせて議論を続けていく必要がある．

注

（1）デジタル大辞泉の定義による．

（2）Pew Research Center による2017年の推計．詳細は https://www.pewresearch.org/fact-tank/2019/06/12/5-facts-about-illegal-immigration-in-the-u-s/ を参照．

（3）Pew Research Center（2019）による．なお，この数値は隣接するニュージャージー州（Newark 市，Jersey City 市），ペンシルバニア州を含む．

（4）国境沿いにおける取締対象者は新たに「公式的退去」として処理されることで，将来的なビザ発行が困難になり，さらに，再越境を試みて拘束された場合は刑事罰に処することが規定された（飯尾 2017）．

（5）飯尾（2017）作成の「DACA プログラムの申請基準」に基づく．なお，非正規移民が軍隊に入るのは不可能と考えられるが，元の表のままの記載とした．

（6）年齢は調査時点に基づく．以下同様．

（7）筆者が研究の拠点としていた Queens College にも，複数の DACA／非正規移民の学生が在籍していた．教職員向けに非正規移民の学生への接し方を学ぶ研修も開かれており，大学として非正規移民の問題に積極的に取り組んでいた．

（8）2017年９月５日 'Trump Moves to End DACA and Calls on Congress to Act' https://www.nytimes.com/2017/09/05/us/politics/trump-daca-dreamers-immigration.html（NY Times）を参照．

（9）U.S. Citizenship and Immigration Services 'Deferred Action for Childhood Arrivals: Response to January 2018 Preliminary Injunction' https://www.uscis.gov/humanitarian/deferred-action-childhood-arrivals-response-january-2018-preliminary-injunction を参照．

（10）ニューヨーク州では本調査の後に，居住権の有無にかかわらず運転免許が持てるように変わった．詳しくは後述する．

（11）もし，日本で同じ状況が起きたら，免許の不所持者を即逮捕，その後，出入国在留管理局に身柄を送るという対応を取るであろう．

（12）筆者は日本において外国人支援に従事した経験を持つが，日本に暮らす外国人はアメリカの非正規移民一世と比べると，日本語をよく話す．いかに日本に来ている外国人が努力して日本語を話しているかということを実感した出来事と

なった.

(13) 移民ではなく訪問研究者という立場で,わずか半年滞在しているだけの筆者でも IDNYC を取得することができた.

(14) A さんは非正規移民が1200万人いると考えているため,この数字になっている.

参考文献一覧

飯尾真貴子（2017）「非正規移民1150万人の排除と包摂――強制送還レジームと DACA プログラム」小井土彰宏編『移民受入の国際社会学――選別メカニズムの比較分析』名古屋大学出版会,pp. 48-69.

小井土彰宏（2014）「グローバリズムと社会的排除に抗するアメリカでの非正規移民運動――監視機構の再編と新自由主義的排除メカニズムへの対抗戦略の諸相」『社会学評論』65（2）,pp. 194-209.

西山隆行（2012）「移民政策と米墨国境問題――麻薬,不法移民とテロ対策」久保文明編著『マイノリティが変えるアメリカ政治――多民族社会の現状と将来』NTT 出版,p. 5-26.

Abrego, Leisy J. (2011) "Legal Consciousness of Undocumented Latinos: Fear and Stigma as Barriers to claims-making for first-and 1.5-generation Immigrants." *Law & Society Review*. 45(2): pp. 337-370.

De Genova, Nicholas (2004) "The legal production of Mexican/migrant "illegality"." *Latino studies 2*, pp. 160-185.

Gonzales, Roberto G. (2015) *Lives in limbo: Undocumented and coming of age in America*, Univ of California Press.

Menjívar, Cecilia. and Abrego, Leisy. (2012) "Legal Violence: Immigration Law and the Lives of Central American Immigrants." *American Journal of Sociology*. 117(5): pp. 1380-1421.

＊本研究は日本学術振興会特別研究員奨励費 JSPS KAKENHI Grant Number JP19 J11883の助成を受けました.

事前学習の内容

・アメリカの移民問題について取り上げている新聞記事を集める.

・大統領選挙において，非正規移民について取り上げている内容を調べる.

ディスカッションテーマ，ロールプレイのテーマ

1. 「アメリカン・ドリーム」は誰のためのものですか？
2. 同世代の若者が自らの権利を求めてアメリカで闘っている状況を，どのように考えますか？
3. 皆さんがもしアメリカで非正規移民1.5世だったら何をしますか？

キーワード解説

1. 「非正規移民（Undocumented Migrant）」

   文字通り身分証を持たない移民を指す. 本稿では，居住権（Residency）を持たない移民と定義する.「不法移民」（illegal migrant）と呼ぶ場合もある. 本稿は移民に付与されている「不法」性自体を問うているので「非正規移民」（undocumented migrant）を用いる.

2. 「アメリカ市民」

   アメリカは日本（日本は血統主義）と違う出生地主義を取り，アメリカで生まれた者はアメリカ市民となる. トランプ大統領は移民の子どもがアメリカ市民となることを「止めなければならない」と表明している.

終章

新しい多文化社会論：共に拓く共創・協働の時代

川村千鶴子

１．　はじめに：内発性ある出入国在留管理庁に期待を込めて

　令和元年，改正入管法が施行され，法務省入国管理局が改組され，同省外庁として出入国在留管理庁（入管庁）が設置された．入管庁には，外国人支援を主眼とする在留支援部が設置された（2019年 4 月）．特定技能の申請や許可の状況に，適正な雇用と外国人支援を義務づけた．受入れ企業に「支援」を義務づけたのは，共に働く地域の構成員であってほしいという期待が込められているに違いない．継続的で安定的な在留活動を可能にする外国人保護の観点に加え，外国人の方に誰かが寄り添っていることによる安心感を与えることを期待した仕組み作りに取り組んでいる．国や自治体や企業，外国人・支援者・研究者との連携と対話の時代である．

　社会統合とは，文化的多様性を維持しつつ，外国人の権利の保障だけでなく，外国人自身も自立した市民として，地域の構成員として義務や責任も分担することを目指している社会と言えよう．出入国管理政策と社会統合政策は，一握りの専門家が策定するのではなく，日本社会の構成員全員が深く考え，議論を重ねて，内発的に推進されていくものである．本書の学びを振り返り，終章では心理学，文化人類学，多文化教育とライフサイクルの視座から，共に拓く共創・協働の時代を考察してみたい．

　まず，当初，なぜ日本の出入国管理政策には，内発性がなかったのかに触れたい．戦後，出入国管理及び難民認定法は，日本人自らの内発的ビジョンによって立案されたものではなかった．連合国占領下の1951年に，「ポツダム宣言の受諾に伴い発する命令に関する件」に基づく政令として施行された．GHQ（連合国最高司令官総司令部）が招聘した米国移民法の専門家がその立案に関与したことから「米国移民法及び国籍法」の影響を強く受けている（坂中

2000）．焦土と化した日本の国土で人々は疲弊し，生きることに追われ，移民法も在留資格について学ぶ機会も考える時空もなかった．その後，日本政府には，「永住」目的の外国人を求めていない点で，「移民」を受容する基本的スタンスがなかった．日系人の受入れを決めた1989年の改正入管法を経て，外国人集住都市といわれる地域では，さまざまな葛藤や不就学の問題などが浮上した．地域の教師やボランティアの市民が支え合ってきた．日本政府が「深刻な人手不足の状況に対応するため，一定の専門性・技能を有し，戦力となる外国人を受け入れる」ため，在留資格「特定技能」の運用を開始したのは，実に2019年4月であった．

　歴史的転換期ともいえるこの時期にこそ正しい理解が重要である．新しい制度を正しく理解し，中小企業経営者・自治体・住民・教育機関・医療機関などが連携し，不安を取り除いていく学びの場の創設である．同時に，海外体験の多い日本人，国際結婚による日本国籍取得者とその子ども，帰化人など多様な文化的背景を持った日本人および外国人が共に暮らしている認識を深めておこう．さまざまな経路で学習歴格差，所得格差，健康格差，情報格差を生み，社会の分断を深めてきた経緯を分析し，国籍・民族・文化・宗教などの違いに起因する差別や障壁を取り除いていくことにも留意したい．特定の民族の尊厳を傷つけるヘイトスピーチが横行し，経済至上主義や自国中心主義が台頭した．他者への排外主義が声高に叫ばれる危機的な状況にあっても，本書が，近視眼的な反応を克服し，協働の実践知をいかし，中長期的視点から共創の果実を享受できる多文化社会の一助となれば幸いである．

２．本書の振り返り：共に拓く共創・協働の時代に向けて

　第１章は，入国管理とは何かという根幹的な問いかけから始まった．入国管理は国の対外的な開放性や閉鎖性を写し出す鏡のようなものだと述べている．「国とは何か」について深く考え，在留資格と入国管理について丹念に読んでみよう．

　第２章においては法とは何か，誰が法をつくっているのか．法学の基本的な考え方や国籍の役割に触れ，日本の国内法における外国人の権利を概観した上で国際法の規定も検討している．外国人の人権保障のために国際法がはたすべ

き役割を議論できる．法規範が現実にどの程度合致しているか，法のあり方の基本について国際比較の視点も含めて検討した．

第3章では，世界規模の人材獲得競争の最中，非英語圏の日本での高度外国人材獲得競争における立ち位置，専門的・技術的分野の人材受入れと高度人材獲得政策を概観し，外国人留学生の現状と課題を分析している．地域活性化の取組みに着目できる．

第4章では，そもそも日系人とはどのような人々なのか．なぜ日系人は世界各地に暮らしているのか．日系人と日本社会とはどのような関係にあるのか．戦前・戦後，日本における日本人と日系人の国際移動を振り返った．この経験を振り返り，新しい入管法を探究してほしい．

第5章では，2019年から特定技能外国人の受入れが始まり，地方の中小企業の生産を担う人材をどのように迎え入れるのか．技能実習と特定技能の違いについて詳述している．新しい制度に関しては，地域の違い，立場の違いからさまざまな意見があるが，始めて外国人を雇用する企業の不安も想定しつつ，共に働く時代の企業にとって自らの基本姿勢を捉え直す契機となる．

第6章では，自治体の多文化共生政策と外国籍住民の社会保障に照射し，法的な課題などを検討した．2018年の改正入管法の影響を直接受けるのは自治体である．自治体は国籍にかかわらず同じ「住民」として等しく行政サービスを提供する責務を負っているからである．

第7章では，日本企業の海外進出と外国人雇用の状況を踏まえ，企業が取り組む労働現場における多文化共生とダイバーシティ・マネジメントのあり方の変化に着目し，外国人雇用の傾向と課題を考察した．企業の多国籍化は加速し，外国人材への需要は高まる中，入管法の改正によって就労に関わる在留資格の数は増え，日本の外国人労働者は年々多様化する．共に働く労働の現場におけるマネジメントのあり方を議論した．

第8章では，日本語教師の国家資格も検討され，日本語教育の現場をその内側から探究した．日本語学校とは何か．外国人が日本語を学ぶのにどのぐらい時間がかかるのか．共生社会における日本語教育の役割は何か．外国人受入れと日本語教育の関係など，「日本語」を外国語として教える／学ぶことについて知っておきたい基礎知識と今後の課題を共有することができる．

第9章は，外国人高齢者に光をあてる．戦後から長期在住している旧来外国

人はもとより，新来外国人の高齢者も増加しており，高齢社会も多文化・多国籍化の様相を呈している．日本で暮らす外国人高齢者の概況，地域社会における外国人の介護をめぐる健康格差の現状を分析し，格差解消に向けた健康支援とケアマネジメントのあり方を多文化「共創」の観点から議論した．

第10章では社会と大学の理想的な共創を分析した．いかなるアプローチが共創関係の構築には有効か．社会の発展に大学はいかに貢献できるのかを探究している．英米欧における社会と大学の共創関係の事例研究も参考に，2017年日経グローカルが実施した「大学の地域貢献度ランキング」で総合ランキング全国1位となった大阪大学社学共創機構の取組みが参考になる．

第11章は，韓国の移民政策を概観した．韓国では外国人産業研修制を導入したが，非正規滞在者の急増などさまざまな問題が発生し，2004年から2007年にかけて雇用許可制を導入する．しかし，雇用許可制も依然として多くの問題点を抱えている．韓国における滞在外国人の現況を概観し，とくに農漁業移住労働者のケースを中心に雇用許可制の課題について検討し，移住労働者や結婚移民者を対象とする韓国の社会統合政策のあり方を議論してみよう．

第12章の執筆者は，トルコに留学経験を持つ．世界最大の難民の受入国のトルコと日本の事例を検討しながら難民とはどのような人々なのかを考察し，新たな多文化社会論へと展開する．国際社会が取り組むべき喫緊の課題とされる難民問題．2018年末には世界の難民・避難民などの数は7080万人を超え戦後最多となった．なぜ難民は発生するのか．難民保護とは何か．難民と共に学び，共に働く日本を創っていこう．

第13章ではドイツの移民政策を検討した．ドイツでは2015年の「難民危機」の際にEU圏内で最大規模のシリア難民を始めとする移民／難民の移動を受け入れた．それから4年が経過し，各国において移民排斥を唱える右派勢力が力を伸ばす中，ドイツ国内ではどのように移民／難民の需要が進んでいるのか．ドイツに住んで，地域社会の受入れの取組みとその変化を捉えた貴重な論考である．

第14章では，ニューヨーク市およびその周辺部での調査を重ねた執筆者がその結果を踏まえ，幼少期に入国した非正規移民1.5世に着目し，彼・彼女らがアメリカで何を考え，行動しているのかを描いた．アメリカには約1100万人の非正規移民が存在し，全米人口の3％を占める．2016年にトランプ大統領が就

任して以降，アメリカ・メキシコ間の壁の建設を始め，非正規移民をめぐる事象に注目が集まるようになった．非正規移民一人ひとりがいかなる生活をしているのだろう．

　読者は，各章での議論から「市民」「市民権」「シティズンシップ」についても考察したことと思う．多文化社会の研究は，経済学・経営学・社会学・政治学・法学・人類学・医学・看護学・教育学・環境学など幅広い専門性と学際性を持つ．当事者性を重視し，多言語多文化社会での実践を重ね，統計データを駆使し，越境者の流れを分析し，多文化社会の内実を議論してきた．巻末の在留資格一覧表も参考に共に働く時代の日本における社会統合政策を展望してみよう．

３．心理学的アプローチ「カルチャーショックと適応モデル」

　日本政府は深刻な人手不足に対応するため，一定の専門性・技能を有し，戦力となる外国人を受け入れるために，在留資格「特定技能」の運用を始めた．第一に特定産業分野（不足する人材の確保を図るべき産業上の分野）である．特定技能１号では，分野別基本方針で，対象となる産業分野を特定し，2019年４月から５年間の受入れ上限数を示した．読者は以下の数値をどのように受け止めたのだろう．現段階の特定技能１号の特定産業分野は，14分野，介護業（６万人），ビルクリーニング業（３万7000人），素形材産業（２万1500人），産業機械製造業（5250人），電気・電子情報関連産業（4700人），建設業（４万人），造船・舶用工業（１万3000人），自動車整備業（7000人），航空業（2200人），宿泊業（２万2000人），農業（３万6500人），漁業（9000人），飲食料品製造業（３万4000人），外食業（５万3000人）となっている．

　厚生労働省は，総合的対応策などを踏まえ，外国人雇用管理指針の見直しを行い，2019年４月から施行した．「特定技能」を取得した外国人の地方での定着を支援するために，労務管理への助言や生活支援にあたっている．一定の条件の下であるが，転職の自由が認められている特定技能外国人が，より高い賃金を求めて都市部に移動する可能性もあるという．数値は，共に働く仲間の数値でもある．これらの外国人材がそれぞれ働いた経験と身に付けた技術・実践知を活かし，将来の「架け橋」となることが期待されている．外国人が地域市

民の構成員として一緒に暮らしていく意義がそこにある.

　移住する外国人の心理社会学的側面を考察する上で，心理学者アドラー（Adler 1975, pp. 12-23）の「カルチャーショックと適応モデル」は示唆的である．人が越境をはたし新奇性に満ちた時期を通過し，新しい社会に適応しこれまでになかった困難にぶつかる時期が2〜3年目のころといわれる．アドラーは，それを「位相」（phase）という言葉で心理的側面を分析した．異なる文化圏での初体験が「接触の位相」で始めて異文化に接触し好奇心をそそられ，興奮を覚えたり感動したりする.

　やがて生活にも困難を覚える時期がくる．留学生や技能実習生によくみられることだが，周囲の特別扱いがなくなり，ホームシックや自信喪失，無気力，うつ状態になる．第二の段階で「崩壊の位相」と呼ぶ．悩みを打ち明ける関係性を持てない場合，将来への不安や現実への適応ができなくなり，失踪の危険性が生まれる.

　第三の段階は，主体性を取り戻そうとする「再統合の位相」で，新たなエネルギーを獲得して励まし支えあう．第四の段階は，自文化と異文化の差異と共通点に気付き，両者の間の異同を正当と認め，落ち着きを取り戻す「自律の位相」である．移住者が心理的に安定し，意欲的に主体的に暮らす可能性はここまでの到達にかかっている.

　アドラー（1975：pp. 13-23）は「人は第2の文化について適切な理解，それを操作する技能を感じ取り，自分の能力として身につけることができる」という．周囲との円滑な人間関係を保ち，異文化に自分なりの理解ができ自信を持ち，職場においても心理的安定感が出てくる．この人格特性は，環境に対する柔軟な対応力と適切な対応技術，つまりサバイバル・ストラテジーを伸ばすことができると説いた．雇用主は，インターンシップ，アプレンティスシップ（実地職業訓練のための見習い制度），オン・ザ・ジョブ・トレーニング（職業内訓練．OJT）においても，外国人材の心理的側面に留意していくことが必要である.

　新規来日外国人への初期段階で，丁寧な研修，やさしい日本語による指導，あたたかい交流がもっとも重要である．誰でも異国での「接触の位相」は好奇心をそそられ，興奮を覚えたり感動したりする．周辺の街歩きや自宅に招く交流は，双方に多くの気付きをもたらし，対話力を伸ばすことができる．技能実

習生も地域住民との交流が一層貴重な経験といえる.

　筆者は，30年間の長期調査を続けた結果，自律の位相に到達することで，困難を克服して越境社会でサバイバルできる能力を獲得した外国人の事例を多数発見してきた. 自律の段階から第五の段階にあたる「独立の位相」は夢ではない. 文化の差異や共通点の評価に新たな意味づけもできる. 起業するなど，より豊かなキャリア形成と自己実現に向かうことも可能になる.「独立の位相」が得られた外国人材は，リーダーシップを発揮し，洗練された知恵と対話力を持っている. 地域にこのような先輩格の移住者が多く，移住の長期化と外国人との連携は，社会統合政策への道を拓くことになる. 社会統合政策は同化政策ではない. 外国人への一方的な管理，保護では社会統合はできない. 協働と共創の実践があって，外国人も地域の構成員として義務と責任をはたせる.

　心理学的アプローチは，移民だけでなく，ホスト住民の意識変化にも併用できる. 地域社会が移民を受容するプロセスとの関係性を分析してきた. 偶発的な出会いが，協働によって多文化意識を育て，移住者との遭遇を契機に新しい関係性が深まり，新たな多文化社会を共創しようとする能力が培われていく. 移住者とホスト社会の双方に培われる能力を筆者は，多文化共創能力（Multicultural Intelligence）と捉えてきた.

4．多文化教育の視点：格差社会における公平さと平等の概念

　新自由主義時代のグローバル化は，有利な者がさらに有利な立場になれる世界でもあった. すべての責任をマイノリティの自己責任とせず，ネオリベラリズムの格差社会の断絶と歪みを是正できる社会を志向してみよう. 一人ひとりの生涯に寄り添ってみると，社会には多様な格差が厳然としている. 民族・国籍による格差，性差，文化や宗教の違いによる格差もある. 外国人・日本人にかかわらず，学習歴や学歴格差，情報格差，そして所得格差がある. 就労（正規・非正規雇用条件など）による格差と近年重視される健康格差もある. さまざまな格差が，複雑に複合的に絡み合い，世代間の負の連鎖を起こしている場合もある.

　グラントは，多文化教育は，平等（equality）と公正（equity）を峻別すると指摘した. すなわち，平等なアクセスは必ずしも公正さを保障するとは限ら

図表15-1　日本地図を使って多文化共創アクティブ・ラーニング

ないからである．多文化教育は，民主的な判断力，社会的行動力，エンパワーメントなどと同様に批判的思考力を育成する（カール A グラント 2002, 序文）．法の壁，心の壁，格差の断絶をいかに防いでいくか．まさにここに社会統合政策の難しさが込められているともいえよう．

　多文化共創の実践例を学び，多文化共創アクティブ・ラーニング（AL: Active Learning）は，地域特性を捉え，故郷に希望を与えている．言語的な特徴としては，ポルトガル語話者は愛知県（3223人），静岡県（1344人），三重県（848人），滋賀県（655人），岐阜県（525人），群馬県（418人），スペイン語話者は愛知県（833人），神奈川県（516人），三重県（490人），岐阜県（349人）の順に多く，東海地域や北関東地域に集中している（第4章を参照）．

　技能実習生の職種と都道府県別の関係性をみると，北海道・岩手県・宮城県・広島県・千葉県・鹿児島県では，水産加工業などを含む食料品製造が多い．茨城県・熊本県は農業，岐阜県・岡山県は繊維・衣服関係が多い．静岡県・愛知県・三重県・広島県は，機械・金属関係など，地域で興隆している地場産業で実習生が受け入れられている（第5章を参照）．地域特性をいかした学びが行われ，さらにオンラインシステムで共有できる制度の構築も重要であろう．

また日本には多くの難民が暮らしている地域もある．大学生を中心に，高い意識を持って難民と共に働くというテーマに向き合っている．履歴書を書くのを手伝っている学生たちもいる．国連難民高等弁務官事務所（UNHCR）駐日事務所は2018年に実現可能なアクションプランを提案し，未来を切り拓く多文化共創の視座に立っている．難民認定された人々は，さまざまな知識や技術や専門性を持っていることに着目してみると，新たな市場を創出し社会貢献できる可能性を秘めている．英国，デンマーク，スウェーデン，ノルウェー，トルコ，オーストリア，ハンガリー，フランス，ニュージーランド，ドイツ，カナダなどのグッドプラクティスからも学ぶことが大きい．雇用主は，主体的にインターンシップやアプレンティスシップ（実地職業訓練のための見習い制度），オン・ザ・ジョブ・トレーニングを行い，雇用を通して難民に機会を提供してきた．難民はグローバルな市民であり，雇用主と難民との「共に働く」関係性は，協働と共創の価値を見出すことができる．経済協力開発機構（OECD）とUNHCRは，雇用主との連携において雇用主，難民，政府，市民社会へ向けた10のアクションプランをまとめた．①行政の枠組みをうまく運用・活用する．②雇用主に法的な確実性を提供する．③難民のスキルを特定し，検証することによってポジティブな意識になる．④雇用において求められるスキルを磨く．⑤難民の能力と雇用主のニーズをマッチさせる．⑥採用における機会均等を確保し，固定観念とたたかう．次に大切なことは経営者が自らの職場の労働環境を見直す．⑦労働環境を整備する．⑧長期的な雇用を可能にする．経営者が自信を持って難民と共に働くことによって新たな展望を拓き，「共創価値」を生み出すことができる．⑨難民雇用をビジネスチャンスにする．⑩当事者間のコーディネーションをする．これらのアクションプランを参考に，日本社会が，定住者である難民の労働市場への統合の可能性を探ることは意義深い．実用的なツールによって実践できる道を拓くことが，多文化共創の実現に繋がることを感じる．

5．グローバル・エスノスケープとライフサイクルの視座

（1）グローバル・エスノスケープ

　インド出身のアメリカの文化人類学者アルジュン・アパデュライは，グロー

バル・エスノスケープの研究を通して，新しいグローバルな文化経済は，複合的で重層的，かつ乖離的な（disjunctive）秩序であると指摘した．中心と周縁を説明する既存の中心−周縁モデルに依存することはできない．また，国際貿易論についての伝統的なモデルにみられるような人口移動理論によるプッシュ要因とプル要因，ネオマルクス主義的な発達理論でみられる余剰と不足，消費者と生産者などの単純なモデルによっても，取り扱うことはできないとした（アパデュライ 1996，2004：pp. 68-70）．人の移動の景観をグローバル・エスノスケープと表現し，「グローバルな文化のフロー」を5つの次元のランドスケープ（landskape）で表象した．（注1）

　5つの次元を次のように名づけた．（一）エスノスケープ〔民族の地景〕，（二）メディアスケープ〔メディアの地景〕，（三）テクノスケープ〔技術の地景〕，（四）ファイナンススケープ〔資本の地景〕，そして（五）イデオスケープ〔観念の地景〕である．接尾語スケープ（scape）が言い表しているのは，5つのランドスケープが持つ流動的で不規則的な形状である．5つのランドスケープの関係が，客観的に与えられるものではなく，どの視覚からみても同じように映るわけではない（アパデュライ 2004：pp. 68-70）．

　アパデュライ（2004：p. 77）は，日本の移民に対する閉鎖性を指摘したが，日本は本格的に外国人を受け入れる扉を開き，約146万人の外国人材が働き，これらのすべてスケープが脈動している．旅行者，移民，難民，亡命者，外国人労働者といった個人や集団が，家族の紐帯を広げてネットワークを構築し，国家間にも影響をおよぼしている．

　外国籍住民の割合が，年ごとに膨らみ，都市インナーエリアにおける表層の変化だけでなく，ホスト社会の深層において移民の文化変容や世代交代，祖国とのネットワーク化と重層的に絡み合いながら脈動してきた．移動する人々は，日々さまざまな出会いと接触を経験し，「トランスナショナリズム」の現象の1つと認識して"transnational migrants"と呼称される．地域は移動する人々の「接触領域」であり，相互に他者から得た学びを自己実現やキャリア形成，まち作りにいかし，多文化社会を創造するというポジティブな経過を持ってきた．

　外国人の流動性，重層性，多様性，そして複合性に着目すると，日本の各地で（1）多国籍の人々との出会いと民族の情景があり，（2）多言語の生活情報誌など豊富なエスニックメディアと生活関連施設やサービスがあり，（3）

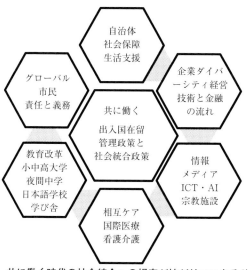

図表15-2　共に働く時代の社会統合への視座が拡がりつつある（筆者作成）

多国籍企業の影響を受けた技術の移転はもとより中小企業においても協働と共創の営みが始まった．（4）在留外国人約273万人の内，就労者が約146万人．銀行・郵便局などにとって外国人は重要な顧客であり，資本の流れと技術の流れもある．（5）マスメディアだけでなくモスク・教会・廟など多様な宗教施設が整い，情報交換から起業のネットワーク，子育て相談など観念的な繋がりは機能的な繋がりを持っている．（6）市民権の概念が議論され，外国人にも義務や責任があることを確認する．これこそが社会統合への道のりである．

（2）ライフサイクルの視座

　乳幼児期→思春期→青年期→成人期→壮年期→老年期という生涯発達のプロセスに着目するとライフサイクルの視座は，出入国在留管理政策と社会統合政策を結ぶ土壌を形成し，長期的展望を拓く．日本は，母子健康手帳の発祥地であり，30カ国の国に広まりつつある．多様性を受け入れるということは，出自（descent）の多様性を寛容に受け入れることでもある．2019年9月27日，文部科学省は国内にいる外国籍の子ども1万9654人が小中学校などに通っていない不就学の可能性があると発表した．これは初めての調査結果である．ライフサイクルの視座から，学習権が生存権であることがわかる．あらゆる人が基礎教

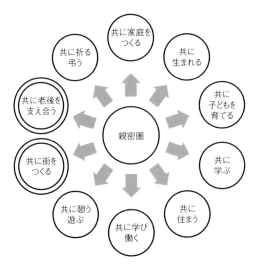

図中のテキスト:

共に家庭を
つくる

共に祈る
弔う

共に
生まれる

共に老後を
支え合う

親密圏

共に
子どもを
育てる

共に街を
つくる

共に
学ぶ

共に憩う
遊ぶ

共に学び
働く

共に
住まう

図表15-3　人生100年時代を迎え親密圏がさらに広がるライフサイクルの視座（筆者作成）

育の機会にアクセスでき，キャリア形成が可能になる公正な社会を実現するために2016年，基礎教育機会確保法が制定され，夜間中学の増設も進んでいる．外国人雇用管理指針にあるように，母国語その他外国人が理解できる言語または平易な表現の日本語による説明が必要である．

　青年期を経て成人の仲間入りをする心理社会的危機に関して，エリクソン（2001：p. 94）は，「親密性」（intimacy）対「孤独感」（isolation）をあげている．親密性とは自己を失う危機にさらされても自己を失わず，他者と親密な関係性を創る能力であり，キャリア形成によって地域コミュニティの地縁に基づく円滑な人間関係を保ち，心理的安定感を感じることができる．出入国在留管理政策が，ライフステージに応じた外国人雇用に関する法的整備を行い，協働・共創の実践を可視化することによって，より満足度の高い政策に結び付けることができる．

　介護分野は，経済連携協定（EPA），介護，技能実習，特定技能，資格外活動と間口が広がり，EPA は介護福祉士候補者が国家試験に落ちたら特定技能１号に移行できるようになり，看護師候補者の不合格者も取り入れるようになる．間口を広げることだけが，解決策ではない．介護職の労働環境を改善し，介護というケア空間にやりがいを持って働ける職場環境を整えることが先決で

あろう．低賃金で厳しい介護現場が日本人の介護士にとっても課題山積の労働職場であることを痛感してきた．職場が安心の居場所であり，多文化意識を向上させるアイデアや実践が必要となる．

　エリクソン（1973）は，「ケアの経験を重ねて，人間は叡智を獲得できる」と述べている．アイデンティティは，人間発達のプロセスとしての時間的な広がりの中で意味を持つ．筆者は協働と共創の介護現場に創出される「加齢の価値」を発見してきた．

　最後に，ライフサイクル論は，「生」と「死」という人間の普遍性と有限性を包摂していることに触れておきたい．弔いのステージには，人生観，死生観，宗教，老年学など文化が濃厚に表出され，人間の本質と普遍性を包含する．共創地域における「共に弔う」場面で人々は，外国人材が蒔いた多文化の種が萌芽し，地域に開花するには，人権の概念に根差す土壌と制度的枠組みが必要であることを実感する．心に潜む偏見や差別の存在も忘れてはならない．差別意識は，自己の奥底に潜んでいるのであって，多文化教育が生涯教育として必要とされるのは，人は生きている限り，差別意識と無縁ではないからである．ライフサイクル論は，人の「生」と「死」を包摂し，出入国在留管理政策に欠かせない視座であることがわかる．

6．おわりに

　零細企業はもとより中小企業の経営は，厳しいが，労働関係法令や雇用慣行に関する知識を持ち，共創・協働を実践している中小企業がある．内発的な社会は日常的な多文化共創の実践の蓄積の中に育っている．外国人材といわれる彼ら／彼女らは，トランスナショナルに行き来し，人と人，国と国との「架け橋」になって，グローバル市民に成長する．「労働力の補充」以上の共創価値を実感する雇用主もいる．建設現場で，跡継ぎがないとこぼしていた職人の技が，国境を越えて受け継がれるという醍醐味を味わうことができる．介護の経験が，母国の介護施設の創設にも役立つ．外国人材との協働の相乗効果は大きい．共に学ぶ，共に働く，共に住まう，共に老後を支え合う時空を共有し，トランスナショナルな地景に，多文化意識が地域住民にも確実に浸透し，新しいビジネスチャンスを得る可能性もある．さらに強調したいことは，信頼関係か

ら生まれた共創価値は，二国間が政治的に危機状態に陥るときや，災害時や非常時など緊急危機に瀕したときに威力を発揮してきた．今必要なことは，そうした共創価値を生み出すグッドプラクティスを共有し，重要性を再認識するシステムの構築である．

　出入国在留管理政策は，受容する外国人の人生と国際移動に視座を置き，質量共に変容しているホスト社会の内実に即したきめ細やかな政策を心掛けることになる．外国人材の帰還後，信頼の絆が構築され，日本での技術習得がキャリア形成に繋がり発展に寄与することを確認するとき，共生コストも多大なエネルギーも未来への持続可能な投資としていきていることを実感できる．

　外国人材の雇用に，未経験な雇用主が多く，専門的・技術的分野以外の外国人の受入れに不安を感じる場合も多い．本書は，経済発展と格差是正に，多面的意見と歴史性を共有し，相互に当事者性を実現するプロセスを大切にしてきた．「日本人性」を問い直し，安心の居場所を創出し，多様性を活力にする共創・協働の知恵を共有しよう．実践力を身に付ける人材開発に取り組み，誰もがグローバル市民としての自信を持つことが社会統合のビジョンに繋がる．

　多文化共創社会は，留学生，移民，難民，障がい者，高齢者，LGDP，一人親家庭，無国籍者，無戸籍者など，多様な人々との相互ケアを通して幸福度の高い社会の実現を目指す社会を目指している．国と自治体，企業，教育機関，医療機関，市民セクターの主体的協働が相乗効果を生み，その信頼が「共創価値」となる（川村 2015, 2018）．本書が共に拓く協働・共創の時代に，地域の活性化と幸福度の高い世界のへの連鎖の一助となることを願ってやまない．大学や高校におけるグローバル教育，地方公共団体職員，医療関係者，企業経営者・社員などの研修，社会人教育に本書のさまざまなヒントをいかしていただければ望外の喜びである．課題解決型の多文化共創能力（Multicultural Intelligence）育成のヒントが満載されたディスカッションテーマを活用いただきたい．

謝辞
　最後に本書の企画は，東海大学出版部の厳しい審査に合格し，激励をいただき出版していただくことができた．ベテランの稲英史氏には大変お世話になった．また，調査研究にご協力いただいた移民・難民・留学生・技能実習生をは

じめ，国際機関の皆様，日本政府関係者，自治体職員，教育現場の皆様，まちづくりや市民団体の皆様，そして多文化社会研究会の皆様に心からの感謝の気持ちを伝えたい．

　多文化社会研究会の創立30周年の節目に入管法が改正され，本書『インタラクティブゼミナール新しい多文化社会論――共に拓く共創・協働の時代』を上梓することが出来たことを記して感謝の気持ちを表したい。

注1

（一）　エスノスケープ：民族の情景，移動・移住によるコミュニティの情景（人々の移動）

（二）　メディアスケープ：新聞・雑誌，テレビ，映画，インターネットなど電子技術を介する情報の流動化の状況（メディアの越境と共有）

（三）　テクノスケープ：多国籍企業の増加がもたらす技術移転・技術情報の流動化状況（技術の移転と収斂）

（四）　ファイナンスケープ：通貨市場・株式相場への多国籍資本の流入，金融市場管理のボーダレス化の状況（国際金融の流れ）

（五）　イデオスケープ：自由，福祉，人権，民主主義，主権国家などの思想の普及や，異なる価値観，ライフスタイルなどの流入の状況（自由，人権，主権といったイデオロギーの伝播）である．

参考文献一覧

アパデュライ，アルジュン，門田健一（訳）（2004）『さまよえる近代――グローバル化の文化研究 ――』平凡社. *Modernity at Large Cultural Dimensions of Globalization* (Arjun Appadurai (1996) *Modernity at Large Cultural Dimensions of Globalization*. Minnesota University of Minnesota Press.).

井口泰（2011）『世代間利害の経済学』八千代出版.

エリクソン，H. エリック，小此木啓吾（訳）（1973）『自我同一性――アイデンティティとライフサイクル』誠信書房.

E.H. エリクソン，J.M. エリクソン，村瀬孝雄ほか（訳）（2001）『ライフサイクル，その完結』みすず書房.

OECD & UNHCR（2018，12月，日本語版）『難民と働く――雇用主との連携　雇用主，難民，政府，市民社会へ向けた10のアクションプラン』UNHCR駐日事務所発行.

カースルズ，ステファン・ミラー，M.J.（2011）『国際移民の時代』名古屋大学出版会.

カプラン，カレン，村山淳彦（訳）（2003）『移動の時代――旅からディアスポラへ』未来社.（Caren Kaplan, *Questions of Travel Postmodern Discourses of Displacement*,

North Carolina Duke University Press, 1996.).

川村千鶴子（2009）「じんりゅう時評：気づき愛の移民政策を――移民博物館がもた
　　らすもの」『国際人流2009年1月号』入管協会.

川村千鶴子（2015）『多文化都市新宿の創造――ライフサイクルと生の保障』慶應義
　　塾大学出版会.

川村千鶴子（2018）「多様性を活力に変え，格差社会の分断を防ぐ多文化共創社会」
　　『多文化社会研究』長崎大学多文化社会学部　第4号.

グラント，カール・ラドソン，グロリア＝ビリング（編）中嶋智子他（監訳）（2002）
　　『多文化教育事典』明石書店.

クリフォード，ジェイムズ，毛利義孝他（訳）（2002）『ルーツ――20世紀後期の旅
　　と　翻　訳』　月　曜　社．(James Clifford, *Routes, Travel and Translation in the Late
　　Twentieth Century*, U.S.A. Harvard University Press, 1997.).

小泉康一（2018）『変貌する「難民」と崩壊する国際人道制度』ナカニシヤ出版.

小﨑敏男（2019）「移民・外国人労働者と労働市場」「外国人受入れをめぐる議論」.
　　小﨑敏男・佐藤龍三郎編『移民・外国人と日本社会』原書房.

近藤敦（2001）『外国人の人権と市民権』明石書店.

坂中英徳（2000）「日本の出入国管理政策――過去・現在・未来――」『多文化共生
　　社会の探究――外国人と法――』多文化社会研究会.

万城目正雄（2019）「外国人技能実習制度の活用状況と今後の展開」.　小﨑敏男・佐
　　藤龍三郎編『移民・外国人と日本社会』原書房.

Adler, P.S. (1975).*"The Transition Experience An Alternative View of Culture Shock"*,
　　Journal of Humanitic Psychology, 15 (4), pp. 13-23.

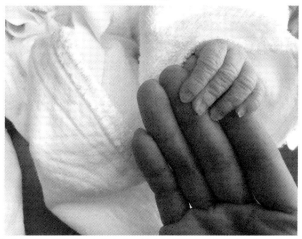

2019年生まれのこの子が20歳になるとき，日本はどのような社会になっているだろう？
（撮影：川村千鶴子）

事前学習の内容

本書を最初から読み返して，議論しきれなかった点をマークしてみよう．

ディスカッションテーマ，ロールプレイのテーマ

Q　2019年生まれのこの子が，20歳になるころ，日本と世界は，どのようになっているだろう？　世界地図と人口予測をみながら，話し合ってみよう．
2019年の統一地方選挙でインド出身の区議会議員が生まれた．日本国籍を取得した定住外国人が政治的発言権をもつことはめずらしくなくなるかも知れない．話し合ってみよう．

Q　20年後，あなた自身は，どのような自己実現を果しているだろうか．望ましい新しい多文化社会をデザインして発表してみよう．

Q　理想と現実は，乖離してしまうことが多い．本書の中でとくに考えさせられた章は，どこであったか，話し合ってみよう．

キーワード解説

1．「社会統合政策」

社会統合とは，文化的多様性を維持しつつ，外国人の権利の保障だけでなく，外国人自身も自立した市民として，地域の構成員として義務や社会的責任も分担することを目指している．

2．「多文化教育（Multicultural Education）」

多文化教育とは，多くの文化を知識として学ぶことではない．哲学的概念であり，教育的プロセスである．多文化教育は，平等（equality）と公正（equity）を峻別する．すなわち平等なアクセスは必ずしも公平（fairness）を保障するとは限らないからだ（『多文化教育事典』：233）．ここに社会統合政策の複雑さ，難しさが込められている．

3．「多文化共創社会」

留学生，難民，障がい者，高齢者，LGBT，一人親家庭，無国籍者，無戸籍者など，多様な人々との相互ケアを通して幸福度の高い暮らしを創造する社会のことを指す．国と自治体，企業，教育機関，医療機関，マスメディア，市民セクターの主体的協働が「共創価値」を発見する．協働共創は「安心の居場所」創出している．川村（2016，2017，2018，2019）

コラム 2　移民博物館の創設と活用：社会統合政策への理解

川村千鶴子

移民博物館は，ヒトの国際移動を編纂し，体系化・ビジュアル化して世代を繋ぐ移民との「接触領域」(Contact Zones）である．移民受入れ国は，新天地に夢を託した越境民の勇気と苦難の歴史に想いを馳せる場を創造してきた．ニューヨークのエリス島の移民博物館，ロサンゼルスの全米日系人博物館，アデレード・シドニー・メルボルンにある豪州の移民博物館，パリの国立移民歴史博物館など観光地化している．シンガポール，マレーシアにも移住史を映し出す移民博物館が点在している．日系人を受入れたブラジルにはサンパウロ移民記念館，ハワイやペルーにも移民博物館がある．スウェーデンの移民博物館は米国への移住史も展示している．ドイツには難民博物館も創設された．2016年アメリカの首都ワシントンDCに「国立アフリカ系米国人歴史文化博物館」が初めて開館し苦悩と栄誉の歴史を学ぶことができる．

ユダヤ人の離散に纏わるディアスポラ歴史博物館は，米国，豪州，ドイツ，チェコ，ハンガリー，スペイン，イスラエルなどにあり，ユダヤ教徒の宗教生活・文化・所産などを展示している．

筆者は，80年代，新宿区歴史博物館の講堂で，明治初頭，中国人留学生や亡命者を受容した地域の協働・共創の実践を学んだ．人の移動の博物館に足を運ぶと都市にもライフサイクルがあることを確認できる．1979年に（社）神戸中華総商会のKCCビルに神戸華僑歴史博物館が開館し，2003年「神戸華僑歴史博物館通信」を創刊し，在日華僑の歴史を伝えている．

2001年には，市民が，職安通りに「高麗博物館」を創設した．日韓交流史と韓国文化との接触領域である．高麗博物館はNPO法人化し，ボランティアが運営し日韓の友好関係を確認する博物館である．2005年，「在日韓人歴史資料館」が南麻布の韓国中央会館に開設された．

ディアスポラ空間では，移民の持つ歴史性・政治性・集団性が可視化され，複数のアイデンティティの狭間に埋め込まれた悲哀・苦悩・孤独・スティグマが包摂されている．多文化社会論は，戦前・戦後に移住した人々の歴史とコリアン・ディアスポラの故郷の喪失や疎外感に纏わるライフヒストリーの学びを欠かすこ

とはできない.

　また日本には海外移住をはたした出移民の博物館がある．横浜みなとみらいの『海外移住資料館』（JICA 横浜国際センター内）に足を運んでみよう．日本人の海外移住は，1866年江戸幕府が海外渡航禁止令を廃止したときから始まり，海外で生活する移住者とその子孫の日系人は250万人に上る．1908年の笠戸丸の内部や持ち物が展示され，2008年ブラジル移民100周年のイベントが開催された．90年の改正入管法施行以後の日系ブラジル人の子孫らのＵターンの歴史と自動車や電機産業など日本の基幹産業を支え，家族呼び寄せと定住化，そして景気低迷後の帰還の歴史も想起させる．本書の日系人とルーツそして共創史に思いを馳せる時空がここにある．1923年9月関東大震災後，多くの中国人労働者や韓国・朝鮮の労働者が加害の犠牲になった．近年のヘイトスピーチに対して2016年には不当な差別的言動の解消に向けた対策法も施行され，国民には努力義務があり，国と地方公共団体には責務があると明記されている．

　このように博物館は，軋轢と排除の歴史を反省し，共創の営みと多文化共創の知恵を学ぶ空間である．外国人材の能動的受入れと技能実習生，特定技能外国人，留学生ら，多文化家族の共創の挑戦に光をあて，多文化共創の実践史を後世に遺すことは，長期的展望を見据える貴重な作業でもある．江戸東京博物館のように多言語対応が常態化し，外国人で賑わう博物館もある．

　令和の時代，既存の博物館に移民史を併設することは，零細・中小企業・監理団体・介護施設・建設現場・農家・医療施設などの悲喜こもごもの尽力と努力や成功例の内実を映し出すに違いない．人手不足の厳しい現実，高齢化と孤独死に「外国人労働者」は，支援の手を差し伸べている．ミュージアムは，みえなかった内実を肌に伝え，政府，企業，大学，自治体，医療施設，そして海外とのグローバルなネットワークを可能にする．ここに，社会統合への視座がひろがり，ミュージアムの休憩所は，出入国在留管理政策を再考する学び舎となる．

　移民博物館は，長期的展望と遠隔地通信による社会統合政策を構築する拠点ともなりうるだろう．是非，多様な移民博物館に足を延ばして複眼的な思考力を身につけてみよう．

技能実習生を適正に受け入れ，地域住民との文化交流も行われ，社会参画が進展している．
就労だけでなく共創・協働の時代を拓くインドネシア人技能実習生との心のふれあいは，未
来の「架け橋」となるだろう．写真提供：宮城県国際化協会 MIA

写真は小学校や高校での国際理解教育にも貢献するベトナム人技能実習生たち．インタラク
ティブな学び舎は石巻・仙台・気仙沼・塩釜でも拓かれ共創・協働されている．こうした実
践が，相互に意識啓発に繋がっているとの結果が得られている．
写真提供：宮城県国際化協会 MIA

付録①──在留資格一覧表

在留資格	本邦において行うことができる活動		該当例	在留期間
外交	日本国政府が接受する外国政府の外交使節団若しくは領事機関の構成員,条約若しくは国際慣行により外交使節と同様の特権及び免除を受ける者又はこれらの者と同一の世帯に属する家族の構成員としての活動		外国政府の大使,公使,総領事,代表団構成員等及びその家族	外交活動の期間
公用	日本国政府の承認した外国政府若しくは国際機関の公務に従事する者又はその者と同一の世帯に属する家族の構成員としての活動（この表の外交の項に掲げる活動を除く.）		外国政府の大使館・領事館の職員,国際機関等から公の用務で派遣される者等及びその家族	5年,3年,1年,3月,30日又は15日
教授	本邦の大学若しくはこれに準ずる機関又は高等専門学校において研究,研究の指導又は教育をする活動		大学教授等	5年,3年,1年又は3月
芸術	収入を伴う音楽,美術,文学その他の芸術上の活動（この表の興行の項に掲げる活動を除く.）		作曲家,画家,著述家等	5年,3年,1年又は3月
宗教	外国の宗教団体により本邦に派遣された宗教家の行う布教その他の宗教上の活動		外国の宗教団体から派遣される宣教師等	5年,3年,1年又は3月
報道	外国の報道機関との契約に基づいて行う取材その他の報道上の活動		外国の報道機関の記者,カメラマン	5年,3年,1年又は3月
高度専門職	1号 高度の専門的な能力を有する人材として法務省令で定める基準に適合する者が行う次のイからハまでのいずれかに該当する活動であって,我が国の学術研究又は経済の発展に寄与することが見込まれるもの	イ　法務大臣が指定する本邦の公私の機関との契約に基づいて研究,研究の指導若しくは教育をする活動又は当該活動と併せて当該活動と関連する事業を自ら経営し若しくは当該機関以外の本邦の公私の機関との契約に基づいて研究,研究の指導若しくは教育をする活動	ポイント制による高度人材	5年
		ロ　法務大臣が指定する本邦の公私の機関との契約に基づいて自然科学若しくは人文科学の分野に属する知識若しくは技術を要する業務に従事する活動又は当該活動と併せて当該活動と関連する事業を自ら経営する活動		
		ハ　法務大臣が指定する本邦の公私の機関において貿易その他の事業の経営を行い若しくは当該事業の管理に従事する活動又は当該活動と併せて当該活動と関連する事業を自ら経営する活動		
	2号 1号に掲げる活動を行った者であって,その在留が我が国の利益に資するものとして法務省令で定める基準に適合するものが行う次に掲げる活動 イ　本邦の公私の機関との契約に基づいて研究,研究の指導又は教育をする活動 ロ　本邦の公私の機関との契約に基づいて自然科学又は人文科学の分野に属する知識又は技術を要する業務に従事する活動 ハ　本邦の公私の機関において貿易その他の事業の経営を行い又は当該事業の管理に従事する活動 ニ　2号イからハまでのいずれかの活動と併せて行うこの表の教授,芸術,宗教,報道,法律・会計業務,医療,教育,技術・人文知識・国際業務,介護,興行,技能,特定技能2号の項に掲げる活動（2号イからハまでのいずれかに該当する活動を除く.）			無制限

在留資格	本邦において行うことができる活動		該当例	在留期間
経営・管理	本邦において貿易その他の事業の経営を行い又は当該事業の管理に従事する活動（この表の法律・会計業務の項に掲げる資格を有しなければ法律上行うことができないこととされている事業の経営又は管理に従事する活動を除く。）		企業等の経営者・管理者	5年，3年，1年，4月又は3月
法律・会計業務	外国法事務弁護士，外国公認会計士その他法律上資格を有する者が行うこととされている法律又は会計に係る業務に従事する活動		弁護士，公認会計士等	5年，3年，1年又は3月
医療	医師，歯科医師その他法律上資格を有する者が行うこととされている医療に係る業務に従事する活動		医師，歯科医師，看護師	5年，3年，1年又は3月
研究	本邦の公私の機関との契約に基づいて研究を行う業務に従事する活動（この表の教授の項に掲げる活動を除く。）		政府関係機関や私企業等の研究者	5年，3年，1年又は3月
教育	本邦の小学校，中学校，義務教育学校，高等学校，中等教育学校，特別支援学校，専修学校又は各種学校若しくは設備及び編制に関してこれに準ずる教育機関において語学教育その他の教育をする活動		中学校・高等学校等の語学教師等	5年，3年，1年又は3月
技術・人文知識・国際業務	本邦の公私の機関との契約に基づいて行う理学，工学その他の自然科学の分野若しくは法律学，経済学，社会学その他の人文科学の分野に属する技術若しくは知識を要する業務又は外国の文化に基盤を有する思考若しくは感受性を必要とする業務に従事する活動（この表の教授，芸術，報道，経営・管理，法律・会計業務，医療，研究，教育，企業内転勤，介護，興行の項に掲げる活動を除く。）		機械工学等の技術者，通訳，デザイナー，私企業の語学教師，マーケティング業務従事者等	5年，3年，1年又は3月
企業内転勤	本邦に本店，支店その他の事業所のある公私の機関の外国にある事業所の職員が本邦にある事業所に期間を定めて転勤して当該事業所において行うこの表の技術・人文知識・国際業務の項に掲げる活動		外国の事業所からの転勤者	5年，3年，1年又は3月
介護	本邦の公私の機関との契約に基づいて介護福祉士の資格を有する者が介護又は介護の指導を行う業務に従事する活動		介護福祉士	5年，3年，1年又は3月
興行	演劇，演芸，演奏，スポーツ等の興行に係る活動又はその他の芸能活動（この表の経営・管理の項に掲げる活動を除く。）		俳優，歌手，ダンサー，プロスポーツ選手等	3年，1年，6月，3月又は15日
技能	本邦の公私の機関との契約に基づいて行う産業上の特殊な分野に属する熟練した技能を要する業務に従事する活動		外国料理の調理師，スポーツ指導者，航空機の操縦者，貴金属等の加工職人等	5年，3年，1年又は3月
特定技能	1号	法務大臣が指定する本邦の公私の機関との雇用に関する契約（入管法第2条の5第1項から第4項までの規定に適合するものに限る。次号において同じ。）に基づいて行う特定産業分野（人材を確保することが困難な状況にあるため外国人により不足する人材の確保を図るべき産業上の分野として法務省令で定めるものをいう。同号において同じ。）であって法務大臣が指定するものに属する法務省令で定める相当程度の知識又は経験を必要とする技能を要する業務に従事する活動	特定産業分野に属する相当程度の知識又は経験を要する技能を要する業務に従事する外国人	1年，6月又は4月
	2号	法務大臣が指定する本邦の公私の機関との雇用に関する契約に基づいて行う特定産業分野であって法務大臣が指定するものに属する法務省令で定める熟練した技能を要する業務に従事する活動	特定産業分野に属する熟練した技能を要する業務に従事する外国人	3年，1年又は6月

在留資格	本邦において行うことができる活動			該当例	在留期間
技能実習	1号		イ　技能実習法上の認定を受けた技能実習計画（第一号企業単独型技能実習に係るものに限る。）に基づいて，講習を受け，及び技能等に係る業務に従事する活動	技能実習生	法務大臣が個々に指定する期間（1年を超えない範囲）
			ロ　技能実習法上の認定を受けた技能実習計画（第一号団体監理型技能実習に係るものに限る。）に基づいて，講習を受け，及び技能等に係る業務に従事する活動		
	2号		イ　技能実習法上の認定を受けた技能実習計画（第二号企業単独型技能実習に係るものに限る。）に基づいて技能等を要する業務に従事する活動		法務大臣が個々に指定する期間（2年を超えない範囲）
			ロ　技能実習法上の認定を受けた技能実習計画（第二号団体監理型技能実習に係るものに限る。）に基づいて技能等を要する業務に従事する活動		
	3号		イ　技能実習法上の認定を受けた技能実習計画（第三号企業単独型技能実習に係るものに限る。）に基づいて技能等を要する業務に従事する活動		法務大臣が個々に指定する期間（2年を超えない範囲）
			ロ　技能実習法上の認定を受けた技能実習計画（第三号団体監理型技能実習に係るものに限る。）に基づいて技能等を要する業務に従事する活動		
文化活動	収入を伴わない学術上若しくは芸術上の活動又は我が国特有の文化若しくは技芸について専門的な研究を行い若しくは専門家の指導を受けてこれを修得する活動（この表の留学，研修の項に掲げる活動を除く。）			日本文化の研究者等	3年，1年，6月又は3月
短期滞在	本邦に短期間滞在して行う観光，保養，スポーツ，親族の訪問，見学，講習又は会合への参加，業務連絡その他これらに類似する活動			観光客，会議参加者等	90日若しくは30日又は15日以内の日を単位とする期間
留学	本邦の大学，高等専門学校，高等学校（中等教育学校の後期課程を含む。）若しくは特別支援学校の高等部，中学校（義務教育学校の後期課程及び中等教育学校の前期課程を含む。）若しくは特別支援学校の中学部，小学校（義務教育学校の前期課程を含む。）若しくは特別支援学校の小学部，専修学校若しくは各種学校又は設備及び編制に関してこれらに準ずる機関において教育を受ける活動			大学，短期大学，高等専門学校，高等専門学校及び小学校等の学生・生徒	4年3月，4年，3年3月，3年，2年3月，2年，1年3月，1年，6月又は3月
研修	本邦の公私の機関により受け入れられて行う技能等の修得をする活動（この表の技能実習1号，留学の項に掲げる活動を除く。）			研修生	1年，6月又は3月
家族滞在	この表の教授，芸術，宗教，報道，高度専門職，経営・管理，法律・会計業務，医療，研究，教育，技術・人文知識・国際業務，企業内転勤，介護，興行，技能，特定技能2号，文化活動，留学の在留資格をもって在留する者の扶養を受ける配偶者又は子として行う日常的な活動			在留外国人が扶養する配偶者・子	5年，4年3月，4年，3年3月，3年，2年3月，2年，1年3月，1年，6月又は3月
特定活動	法務大臣が個々の外国人について特に指定する活動			外交官等の家事使用人，ワーキング・ホリデー，経済連携協定に基づく外国人看護師・介護福祉士候補者等	5年，3年，1年，6月，3月又は法務大臣が個々に指定する期間（5年を超えない範囲）

在留資格	本邦において有する身分又は地位	該当例	在留期間
永住者	法務大臣が永住を認める者	法務大臣から永住の許可を受けた者（入管特例法の「特別永住者」を除く.）	無期限
日本人の配偶者等	日本人の配偶者若しくは特別養子又は日本人の子として出生した者	日本人の配偶者・子・特別養子	5年，3年，1年 又は6月
永住者の配偶者等	永住者等の配偶者又は永住者等の子として本邦で出生しその後引き続き本邦に在留している者	永住者・特別永住者の配偶者及び本邦で出生し引き続き在留している子	5年，3年，1年 又は6月
定住者	法務大臣が特別な理由を考慮し一定の在留期間を指定して居住を認める者	第三国定住難民，日系3世，中国残留邦人等	5年，3年，1年，6月又は法務大臣が個々に指定する期間（5年を超えない範囲）

注：2019年11月現在
出所：法務省出入国在留管理庁「在留資格一覧表（令和元年11月現在）」(http://www.immi-moj.go.jp/tetuduki/kanri/qaq5.pdf) より作成

付録②──在留外国人統計

在留外国人数の推移と日本の総人口に占める割合

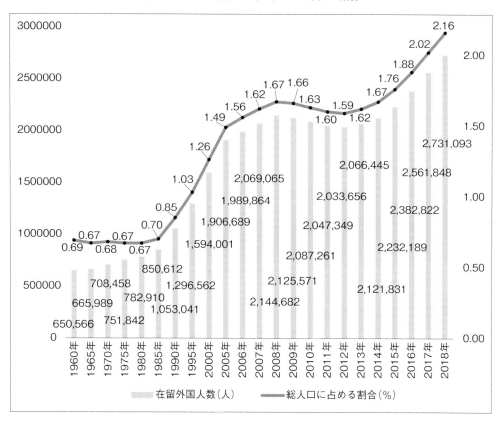

(注1) 統計は各年12月末現在.

(注2) 1985年末までは,外国人登録者数.1990年末から2011年末までは,外国人登録者数のうち中長期在留者に該当し得る在留資格をもって在留する者および特別永住者の数.2012年末以降は,中長期在留者に特別永住者を加えた在留外国人の数である.

(注3) 日本の総人口に占める割合は,総務省統計局「国勢調査」及び「人口推計」による各年10月1日現在の人口を基に算出されたものである.なお,2018年については,筆者が同様の方法で算出したものである.

出所:法務省入国管理局編『平成30年版「出入国管理」』p.21より作成

主な国籍・地域別在留外国人数の推移

(単位：人)

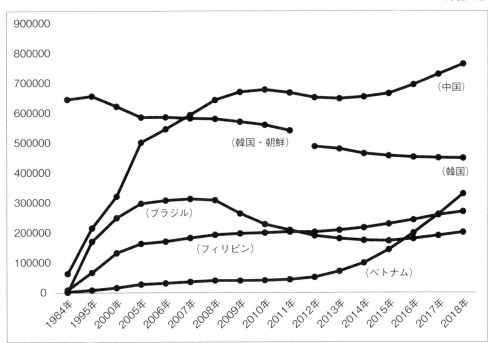

(注1) 2011年末までは外国人登録者数のうち中長期在留者に該当し得る在留資格をもって在留する者および特別永住者の数，
2012年末以降は中長期在留者に特別永住者を加えた在留外国人の数である．

(注2) 2011年末までの「中国」は台湾を含んだ数であり，2012年末以降の「中国」は台湾のうち，すでに国籍・地域欄に「台
湾」の記載のある在留カードおよび特別永住者証明書の交付を受けた人を除いた数である．

(注3) 2011年末の統計までは，韓国と朝鮮を合わせて「韓国・朝鮮」として計上していたが，2012年末の統計からは，「韓国」
と「朝鮮」を分けて計上している．

出所：法務省入国管理局編『平成30年版「出入国管理」』p.22より作成

在留資格別在留外国人数の推移

（単位：人）

		2016年末	2017年末	2018年末	総数に占める割合	過去3年間の増加率
総数		2,382,822	2,561,848	2,731,093	100.0%	114.6%
中長期在留者	教授	7,463	7,403	7,360	0.3%	98.6%
	芸術	438	426	461	0.0%	105.3%
	宗教	4,428	4,402	4,299	0.2%	97.1%
	報道	246	236	215	0.0%	87.4%
	高度専門職1号イ	731	1,194	1,576	0.1%	215.6%
	高度専門職1号ロ	2,813	6,046	8,774	0.3%	311.9%
	高度専門職1号ハ	132	257	395	0.0%	299.2%
	高度専門職2号	63	171	316	0.0%	501.6%
	経営・管理	21,877	24,033	25,670	0.9%	117.3%
	法律・会計業務	148	147	147	0.0%	99.3%
	医療	1,342	1,653	1,936	0.1%	144.3%
	研究	1,609	1,596	1,528	0.1%	95.0%
	教育	11,159	11,524	12,462	0.5%	111.7%
	技術・人文知識・国際業務	161,124	189,273	225,724	8.3%	140.1%
	企業内転勤	15,772	16,486	17,328	0.6%	109.9%
	介護		18	185	0.0%	
	興行	2,187	2,094	2,389	0.1%	109.2%
	技能	39,756	39,177	39,915	1.5%	100.4%
	技能実習1号イ	4,943	5,971	5,128	0.2%	103.7%
	技能実習1号ロ	97,642	118,101	138,249	5.1%	141.6%
	技能実習2号イ	3,207	3,424	3,712	0.1%	115.7%
	技能実習2号ロ	122,796	146,729	173,873	6.4%	141.6%
	技能実習3号イ		0	220	0.0%	
	技能実習3号ロ		8	7,178	0.3%	
	文化活動	2,704	2,859	2,825	0.1%	104.5%
	留学	277,331	311,505	337,000	12.3%	121.5%
	研修	1,379	1,460	1,443	0.1%	104.6%
	家族滞在	149,303	166,561	182,452	6.7%	122.2%
	特定活動	47,039	64,776	62,956	2.3%	133.8%
	永住者	727,111	749,191	771,568	28.3%	106.1%
	日本人の配偶者等	139,327	140,839	142,381	5.2%	102.2%
	永住者の配偶者等	30,972	34,632	37,998	1.4%	122.7%
	定住者	168,830	179,834	192,014	7.0%	113.7%
特別永住者		338,950	329,822	321,416	11.8%	94.8%

（注1）2017年9月1日から在留資格「介護」が新設.
（注2）2017年11月1日から在留資格「技能実習3号イ」「技能実習3号ロ」が新設.
出所：法務省「在留外国人統計」より作成

日本における外国人労働者数と外国人雇用事業所数の推移

(単位：人)

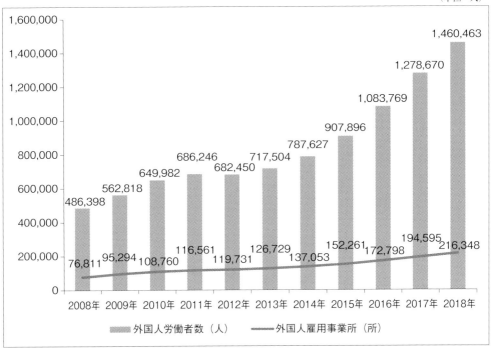

凡例：
■ 外国人労働者数（人）　━ 外国人雇用事業所（所）

(注1) 雇用対策法および地域雇用開発促進法の改正により創設された外国人雇用状況の届出制度に基づき，事業主が厚生労働大臣に報告した外国人の雇用状況（雇い入れ・離職）を集計した結果である．制度の施行は2007年10月1日であり，事業主が届出を怠ったり，虚偽の届出を行った場合は，30万円以下の罰金の対象となっている．
(注2) 各年10月末現在．
出所：厚生労働省「『外国人雇用状況』の届出状況まとめ」各年版より作成

在留資格別外国人労働者数

（単位：人）

		2014年	2018年	構成比	2014年比
	外国人労働者総数	787,627	1,460,463	100.0%	185.4%
在留資格	専門的・技術的分野の在留資格	147,296	276,770	19.0%	187.9%
	うち技術・人文知識・国際業務	104,981	213,935	14.6%	203.8%
	特定活動	9,475	35,615	2.4%	375.9%
	技能実習	145,426	308,489	21.1%	212.1%
	資格外活動	146,701	343,791	23.5%	234.3%
	うち留学	125,216	298,461	20.4%	238.4%
	身分に基づく在留資格	338,690	495,668	33.9%	146.3%
	うち永住者	187,865	287,009	19.7%	152.8%
	うち日本人の配偶者	69,727	89,201	6.1%	127.9%
	うち永住者の配偶者	7,878	13,505	0.9%	171.4%
	うち定住者	73,220	105,953	7.3%	144.7%
	不明	39	130	0.0%	333.3%

（注1）各年10月末現在
（注2）2014年の数値は，在留資格「技術」および「人文知識・国際業務」の合計
出所：厚生労働省「『外国人雇用状況』の届出状況（平成28年10月末現在）」より作成

国籍別外国人労働者数の推移

（単位：人）

		2014年	2018年	構成比	2014年比
	総数	787,627	1,460,463	100.0%	185.4%
中国（香港等を含む）		311,831	389,117	26.6%	124.8%
韓国		37,262	62,516	4.3%	167.8%
フィリピン		91,519	164,006	11.2%	179.2%
ベトナム		61,168	316,840	21.7%	518.0%
ネパール		24,282	81,562	5.6%	335.9%
インドネシア		17,124	41,586	2.8%	242.9%
ブラジル		94,171	127,392	8.7%	135.3%
ペルー		23,331	28,686	2.0%	123.0%
G7／8＋オーストラリア＋ニュージーランド		57,212	77,505	5.3%	135.5%
	うちアメリカ	24,824	32,976	2.3%	132.8%
	うちイギリス	9,493	12,236	0.8%	128.9%
その他		69,727	171,253	11.7%	245.6%

（注）各年10月末現在
出所：厚生労働省「『外国人雇用状況』の届出状況（平成30年10月末現在)」より作成

付録③——日本の外国人労働者　253

		全在留資格計	①専門的・技術的分野の在留資格計（構成比）		②特定活動（構成比）		③技能実習（構成比）	
全国計		1,460,463	276,770	[19.0%]	35,615	[2.4%]	308,489	[21.1%]
1	北 海 道	21,026	3,843	(18.3%)	413	(2.0%)	10,357	(49.3%)
2	青 森	3,137	360	(11.5%)	183	(5.8%)	1,946	(62.0%)
3	岩 手	4,509	458	(10.2%)	60	(1.3%)	2,803	(62.2%)
4	宮 城	11,001	1,746	(15.9%)	98	(0.9%)	3,676	(33.4%)
5	秋 田	1,953	359	(18.4%)	11	(0.6%)	958	(49.1%)
6	山 形	3,754	455	(12.1%)	44	(1.2%)	1,937	(51.6%)
7	福 島	8,130	1,031	(12.7%)	167	(2.1%)	3,337	(41.0%)
8	茨 城	35,062	3,768	(10.7%)	1,206	(3.4%)	13,174	(37.6%)
9	栃 木	24,016	2,195	(9.1%)	1,795	(7.5%)	6,724	(28.0%)
10	群 馬	34,526	3,273	(9.5%)	2,569	(7.4%)	8,201	(23.8%)
11	埼 玉	65,290	7,387	(11.3%)	1,619	(2.5%)	13,150	(20.1%)
12	千 葉	54,492	6,441	(11.8%)	1,233	(2.3%)	11,988	(22.0%)
13	東 京	438,775	135,867	(31.0%)	10,354	(2.4%)	15,182	(3.5%)
14	神 奈 川	79,223	16,893	(21.3%)	1,752	(2.2%)	9,776	(12.3%)
15	新 潟	8,918	1,130	(12.7%)	217	(2.4%)	3,282	(36.8%)
16	富 山	10,334	996	(9.6%)	137	(1.3%)	5,206	(50.4%)
17	石 川	9,795	1,407	(14.4%)	46	(0.5%)	4,793	(48.9%)
18	福 井	8,651	610	(7.1%)	45	(0.5%)	3,908	(45.2%)
19	山 梨	6,910	860	(12.4%)	95	(1.4%)	1,432	(20.7%)
20	長 野	17,923	1,501	(8.4%)	265	(1.5%)	6,357	(35.5%)
21	岐 阜	31,279	2,154	(6.9%)	429	(1.4%)	11,641	(37.2%)
22	静 岡	57,353	5,103	(8.9%)	941	(1.6%)	11,989	(20.9%)
23	愛 知	151,669	19,371	(12.8%)	3,430	(2.3%)	33,310	(22.0%)
24	三 重	27,464	2,127	(7.7%)	560	(2.0%)	8,876	(32.3%)
25	滋 賀	17,238	1,780	(10.3%)	88	(0.5%)	4,071	(23.6%)
26	京 都	17,436	4,690	(26.9%)	469	(2.7%)	3,773	(21.6%)
27	大 阪	90,072	20,173	(22.4%)	2,405	(2.7%)	16,403	(18.2%)
28	兵 庫	34,516	6,253	(18.1%)	543	(1.6%)	9,024	(26.1%)
29	奈 良	4,116	726	(17.6%)	91	(2.2%)	1,805	(43.9%)
30	和 歌 山	2,395	398	(16.6%)	40	(1.7%)	905	(37.8%)
31	鳥 取	2,755	350	(12.7%)	68	(2.5%)	1,519	(55.1%)
32	島 根	4,297	332	(7.7%)	37	(0.9%)	1,934	(45.0%)
33	岡 山	16,297	2,405	(14.8%)	391	(2.4%)	7,704	(47.3%)
34	広 島	31,851	3,245	(10.2%)	940	(3.0%)	15,354	(48.2%)
35	山 口	7,723	825	(10.7%)	152	(2.0%)	3,416	(44.2%)
36	徳 島	4,389	362	(8.2%)	168	(3.8%)	2,869	(65.4%)
37	香 川	8,703	637	(7.3%)	524	(6.0%)	5,222	(60.0%)
38	愛 媛	8,376	795	(9.5%)	620	(7.4%)	5,555	(66.3%)
39	高 知	2,592	338	(13.0%)	48	(1.9%)	1,534	(59.2%)
40	福 岡	46,273	7,511	(16.2%)	526	(1.1%)	10,624	(23.0%)
41	佐 賀	5,258	400	(7.6%)	57	(1.1%)	2,366	(45.0%)
42	長 崎	5,433	955	(17.6%)	217	(4.0%)	2,462	(45.3%)
43	熊 本	10,155	1,366	(13.5%)	167	(1.6%)	6,295	(62.0%)
44	大 分	6,254	671	(10.7%)	77	(1.2%)	3,094	(49.5%)
45	宮 崎	4,144	375	(9.0%)	27	(0.7%)	2,800	(67.6%)
46	鹿 児 島	6,862	696	(10.1%)	62	(0.9%)	4,343	(63.3%)
47	沖 縄	8,138	2,152	(26.4%)	229	(2.8%)	1,414	(17.4%)

（注1）［ ］内は，外国人労働者総数に対する在留資格別の外国人労働者数の比率．（ ）内は，都道府県別の外国人労働者総数（全在留
（注2）在留資格「特定活動」（②）は，ワーキング・ホリデー，外交官等に雇用される家事使用人等の合計．
（注3）2018年10月末現在
出所：厚生労働省「『外国人雇用状況』届出状況（2018年10月現在）」より作成

④資格外活動 計（構成比）		⑤身分に基づく在留資格 計（構成比）		うち永住者	うち日本人の配偶者等	うち永住者の配偶者等	うち定住者	⑥不明
343,791	[23.5%]	495,668	[33.9%]	287,009	89,201	13,505	105,953	130
3,749	(17.8%)	2,664	(12.7%)	1,657	821	27	159	0
193	(6.2%)	455	(14.5%)	299	119	6	31	0
260	(5.8%)	927	(20.6%)	628	244	9	46	1
3,557	(32.3%)	1,924	(17.5%)	1,320	433	39	132	0
189	(9.7%)	436	(22.3%)	327	86	3	20	0
102	(2.7%)	1,216	(32.4%)	925	212	14	65	0
1,093	(13.4%)	2,502	(30.8%)	1,484	517	39	462	0
2,822	(8.0%)	14,089	(40.2%)	6,960	2,489	324	4,316	3
2,118	(8.8%)	11,184	(46.6%)	5,999	1,937	261	2,987	0
2,817	(8.2%)	17,665	(51.2%)	9,510	2,513	442	5,200	1
15,435	(23.6%)	27,692	(42.4%)	16,511	4,903	914	5,364	7
16,786	(30.8%)	18,042	(33.1%)	11,217	3,243	562	3,020	2
165,124	(37.6%)	112,208	(25.6%)	69,170	25,321	3,314	14,403	40
14,464	(18.3%)	36,308	(45.8%)	23,489	5,857	1,246	5,716	30
1,626	(18.2%)	2,663	(29.9%)	1,718	650	26	269	0
520	(5.0%)	3,475	(33.6%)	1,867	613	103	892	0
1,276	(13.0%)	2,273	(23.2%)	1,083	464	32	694	0
253	(2.9%)	3,835	(44.3%)	1,480	599	55	1,701	0
508	(7.4%)	4,014	(58.1%)	2,323	680	102	909	1
1,171	(6.5%)	8,629	(48.1%)	4,926	1,690	195	1,818	0
2,167	(6.9%)	14,887	(47.6%)	8,345	1,800	466	4,276	1
4,074	(7.1%)	35,244	(61.5%)	18,746	4,472	705	11,321	2
17,502	(11.5%)	78,053	(51.5%)	42,597	10,236	1,928	23,292	3
1,549	(5.6%)	14,352	(52.3%)	7,521	1,673	364	4,794	0
982	(5.7%)	10,310	(59.8%)	4,541	1,686	190	3,893	7
4,048	(23.2%)	4,454	(25.5%)	2,904	1,013	132	405	2
28,596	(31.7%)	22,495	(25.0%)	12,670	5,238	832	3,755	0
8,885	(25.7%)	9,811	(28.4%)	5,900	1,907	335	1,669	0
517	(12.6%)	977	(23.7%)	610	197	20	150	0
244	(10.2%)	808	(33.7%)	520	172	12	104	0
188	(6.8%)	630	(22.9%)	431	150	5	44	0
171	(4.0%)	1,823	(42.4%)	506	375	12	930	0
3,247	(19.9%)	2,550	(15.6%)	1,597	591	54	308	0
5,029	(15.8%)	7,283	(22.9%)	4,936	1,087	276	984	0
1,445	(18.7%)	1,885	(24.4%)	1,281	375	53	176	0
265	(6.0%)	725	(16.5%)	389	237	15	84	0
675	(7.8%)	1,645	(18.9%)	856	396	51	342	0
428	(5.1%)	978	(11.7%)	595	252	22	109	0
212	(8.2%)	460	(17.7%)	289	125	10	36	0
20,622	(44.6%)	6,990	(15.1%)	4,310	1,928	204	548	0
1,730	(32.9%)	705	(13.4%)	452	173	13	67	0
1,150	(21.2%)	647	(11.9%)	424	161	12	50	2
906	(8.9%)	1,421	(14.0%)	1,012	302	28	79	0
1,572	(25.1%)	840	(13.4%)	500	251	16	73	0
481	(11.6%)	461	(11.1%)	285	136	4	36	0
536	(7.8%)	1,225	(17.9%)	772	331	14	108	0
2,507	(30.8%)	1,808	(22.2%)	1,127	546	19	116	28

格計）に対する在留資格別の外国人労働者数の比率を示す.

外国人雇用事業所数（事業所規模別）の推移

（単位：事業所）

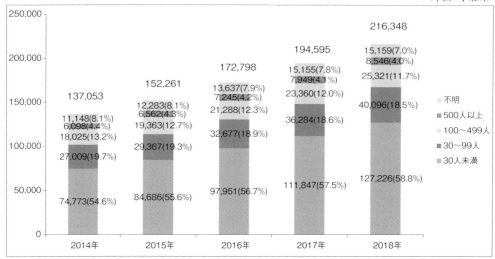

（注1）：各年10月末現在
（注2）：（ ）内は総数に占める比率
出所：厚生労働省「『外国人雇用状況』届出状況（2018年10月末現在）」より作成

産業別外国人労働者（2018年10月末現在：1,460,463人）の内訳

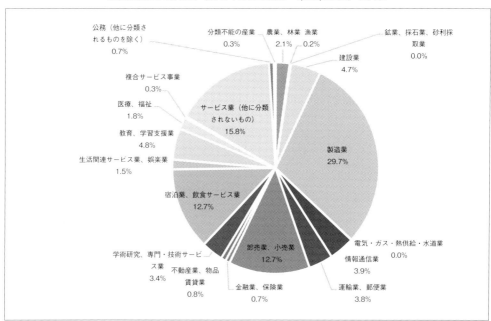

出所：厚生労働省「『外国人雇用状況』届出状況（2018年10月末現在）」より作成

付録④──日本の人口の推移

日本の総人口の推移と将来人口推計

（単位：千人）

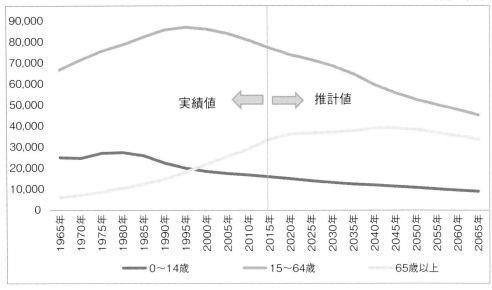

	1965年	1980年	1990年	2000年	2010年	2015年	2030年	2050年	2065年
①総人口	98,275	117,060	123,611	126,926	128,057	127,095	119,125	101,923	88,077
②年少人口	25,166	27,507	22,486	18,472	16,803	15,945	13,212	10,767	8,975
（0〜14歳）	(25.6%)	(23.5%)	(18.2%)	(14.6%)	(13.1%)	(12.5%)	(11.1%)	(10.6%)	(10.2%)
③生産年齢人口	66,928	78,835	85,904	86,220	81,032	77,282	68,754	52,750	45,291
（15〜64歳）	(68.1%)	(67.3%)	(69.5%)	(67.9%)	(63.3%)	(60.8%)	(57.7%)	(51.8%)	(51.4%)
④老年人口	6,181	10,647	14,895	22,005	29,246	33,868	37,160	38,406	33,810
（65歳以上）	(6.3%)	(9.1%)	(12.0%)	(17.3%)	(22.8%)	(26.6%)	(31.2%)	(37.7%)	(38.4%)
⑤従属人口（②＋④）	31,347	38,154	37,381	40,477	46,049	49,813	50,371	49,173	42,785
⑥従属人口指数	46.8	48.4	43.5	46.9	56.8	64.5	73.3	93.2	94.5

（注1）2015年以降は，国立社会保障・人口問題研究所「日本の将来推計人口（平成29年推計）」出生中位（死亡中位）推計値である．

（注2）2014年以前は，国立社会保障・人口問題研究所「2016年版人口統計資料集」表2-5による．なお，統計は各年10月1日現在．1970年までは沖縄県を含まない．

（注3）単位は従属人口指数以外，千人である．

（注4）（ ）内は総人口に占める比率である．

出所：国立社会保障・人口問題研究所「2016年版人口統計資料集」および同「日本の将来推計人口（平成29年推計）」より作成

持続可能な開発目標 (SDGs: Sustainable Development Goals)

目標1. あらゆる場所のあらゆる形態の貧困を終わらせる

目標2. 飢餓を終わらせ，食料安全保障及び栄養改善を実現し，持続可能な農業を促進する

目標3. あらゆる年齢のすべての人々の健康的な生活を確保し，福祉を促進する

目標4. すべての人々への包摂的かつ公正な質の高い教育を提供し，生涯学習の機会を促進する

目標5. ジェンダー平等を達成し，すべての女性及び女児の能力強化を行う

目標6. すべての人々の水と衛生の利用可能性と持続可能な管理を確保する

目標7. すべての人々の，安価かつ信頼できる持続可能な近代的エネルギーへのアクセスを確保する

目標8. 包摂的かつ持続可能な経済成長及びすべての人々の完全かつ生産的な雇用と働きがいのある人間らしい雇用 (ディーセント・ワーク) を促進する

目標9. 強靱（レジリエント）なインフラ構築，包摂的かつ持続可能な産業化の促進及びイノベーションの推進を図る

目標10. 各国内及び各国間の不平等を是正する

目標11. 包摂的で安全かつ強靱 (レジリエント）で持続可能な都市及び人間居住を実現する

目標12. 持続可能な生産消費形態を確保する

目標13. 気候変動及びその影響を軽減するための緊急対策を講じる *

目標14. 持続可能な開発のために海洋・海洋資源を保全し，持続可能な形で利用する

目標15. 陸域生態系の保護，回復，持続可能な利用の推進，持続可能な森林の経営，砂漠化への対処，ならびに土地の劣化の阻止・回復及び生物多様性の損失を阻止する

目標16. 持続可能な開発のための平和で包摂的な社会を促進し，すべての人々に司法へのアクセスを提供し，あらゆるレベルにおいて効果的で説明責任のある包摂的な制度を構築する

目標17. 持続可能な開発のための実施手段を強化し，グローバル・パートナーシップを活性化する

*国連気候変動枠組条約（UNFCCC）が，気候変動への世界的対応について交渉を行う基本的な国際的，政府間対話の場であると認識している.

出所：外務省ホームページ「我々の世界を変革する：持続可能な開発のための2030アジェンダ（仮訳）」p.14

国際的な人の移動 (international migration) に直接関連する持続可能な開発目標 (SDGs)・ターゲット

国際的な人の移動のガバナンス (migration and governance)

10.7	計画に基づき良く管理された移住政策の実施などを通じて，秩序のとれた，安全で規則的かつ責任ある移住や流動性を促進する
8.8	移住労働者，特に女性の移住労働者や不安定な雇用状態にある労働者など，すべての労働者の権利を保護し，安全・安心な労働環境を促進する
17.18	2020年までに，後発開発途上国及び小島嶼開発途上国を含む開発途上国に対する能力構築支援を強化し，所得，性別，年齢，人種，民族，居住資格，障害，地理的位置及びその他各国事情に関連する特性別の質が高く，タイムリーかつ信頼性のある非集計型データの入手可能性を向上させる

国際的な人の移動と開発 (migration and development)

10.c	2030年までに，移住労働者による送金コストを3％未満に引き下げ，コストが5％を越える送金経路を撤廃する
4.b.	2020年までに，開発途上国，特に後発開発途上国及び小島嶼開発途上国，ならびにアフリカ諸国を対象とした，職業訓練，情報通信技術（ICT），技術・工学・科学プログラムなど，先進国及びその他の開発途上国における高等教育の奨学金の件数を全世界で大幅に増加させる．

人身取引 (trafficking)

5.2	人身売買や性的，その他の種類の搾取など，すべての女性及び女児に対する，公共・私的空間におけるあらゆる形態の暴力を排除する
8.7	強制労働を根絶し，現代の奴隷制，人身売買を終らせるための緊急かつ効果的な措置の実施，最悪な形態の児童労働の禁止及び撲滅を確保する．2025年までに児童兵士の募集と使用を含むあらゆる形態の児童労働を撲滅する
16.2	子どもに対する虐待，搾取，取引及びあらゆる形態の暴力及び拷問を撲滅する．

注：邦訳は，外務省ホームページ「我々の世界を変革する：持続可能な開発のための2030アジェンダ（仮訳）」より抜粋
出所：United Nations, Department of Economic and Social Affairs, Population Division (2019) "International Migration 2019: Report" (ST/ESA/SER.A/438) United Nations New York, 2019, p. 56 Table IV. 3より作成

著者紹介

川村 千鶴子（序章，終章，コラム 2 執筆　　別掲）

〈第 I 部〉

明石 純一（第 1 章執筆）

筑波大学大学院准教授，博士（国際政治経済学）
主要業績に『入国管理政策：「1990 年体制の成立と展開」』（単著，ナカニシヤ出版，2010 年）など．
法務省・難民審査参与員，法務省・第七次出入国管理政策懇談会委員，内閣官房・第三国定住による
難民の受入れ事業の対象拡大等に係る検討会有識者メンバー，法務省・収容・送還に関する専門部会
委員など．

村雲 和美（コラム 1 執筆）

筑波大学大学院人文社会科学研究科国際日本研究専攻博士後期課程，日本学術振興会特別研究員
（DC2），国際行政修士
主要業績に "International labor migration of health care workers in Japan under the Economic Partner-
ship Agreement: The case of Indonesian Nurses" The 4th Annual Meeting of the Indonesian Health Eco-
nomics Association など．
第 6 回 APU スピーチコンテスト（AP 言語部門）金賞，「京都大学東南アジア地域研究研究所共同利
用・共同研究拠点「東南アジア研究の国際共同研究拠点」2019 年度タイプ VI

秋山 肇（第 2 章執筆）

立命館大学国際関係学部嘱託講師，博士（学術）（2020 年 3 月取得見込）
主要業績に『日本における無国籍者――類型論的調査――』（共著，UNHCR 駐日事務所，2017 年）など．
NPO 法人無国籍ネットワーク運営委員，日本平和学会広報委員，無国籍情報センター事務局長など．

佐藤 由利子（第 3 章執筆）

東京工業大学環境・社会理工学院准教授，博士（学術）
主要業績に『日本の留学生政策の評価――人材養成，友好促進，経済効果の視点から』（単著，東信堂，
2010 年）など．
文部科学省「留学生就職促進プログラム」選定委員，科学技術振興機構「持続可能な多世代共創社会
のデザイン」評価委員

人見 泰弘（第 4 章執筆）

武蔵大学社会学部准教授，博士（文学）
主要業績に『難民問題と人権理念の危機――国民国家体制の矛盾』（編著，明石書店，2017 年）など．

万城目 正雄（第 5 章執筆　　別掲）

阿部 治子（第 6 章執筆）

自治体職員
主要業績に『多文化社会の社会教育――公民館・図書館・博物館がつくる「安心の居場所」』（共著，
明石書店，2019 年）など．
公益社団法人日本図書館協会「多文化サービス委員会」副委員長，「むすびめの会」（図書館と多様な
文化・言語的背景をもつ人々をむすぶ会）事務局

〈第Ⅱ部〉

李 錦純（第7章執筆）

関西医科大学看護学部・大学院看護学研究科准教授，博士（人間科学），修士（看護学）
主要業績に『在日外国人の健康支援と医療通訳──誰一人取り残さないために──』（共著，杏林書院，2018年）など.
国際地域看護研究会代表，姫路市人権啓発センター運営推進会議委員

山本 弘子（第8章執筆）

カイ日本語スクール代表
主要業績に「日本語学校から見た評価の観点の見直し──ヨーロッパ共通参照枠の視点から──」『日本語教育』136号（日本語教育学会，2008年）など.
日本語学校協同組合理事長，早稲田大学大学院日本語教育研究科非常勤講師

郭 潔蓉（第9章執筆）

東京未来大学モチベーション行動科学部教授，博士（法学）
主要業績に『多文化社会を拓く』（編著，ムイスリ出版，2019年）など.
新宿区「多文化共生まちづくり会議」委員，全国中小企業団体中央会「事業・評価・政策評価等検討委員会」委員

佐伯 康考（第10章執筆）

大阪大学共創機構社学共創本部特任助教，博士（経済学）
主要業績に『国際的な人の移動の経済学』（単著，明石書店，2019年）など.

〈第Ⅲ部〉

申 明直（第11章執筆）

熊本学園大学外国語学部東アジア学科教授，博士（文学）
主要業績に『東アジア市民社会を志向する韓国』（編著，風響社，2019年）など.
NPO法人東アジア共生文化センター理事長

伊藤 寛了（第12章執筆）

帝京大学経済学部国際経済学科専任講師，博士（学術）
主要業績に『「難民」をどう捉えるか──難民・強制移動研究の理論と方法』（共著，慶應義塾大学出版会，2019年）など.
公益財団法人アジア福祉教育財団難民事業本部（前職），東京外国語大学非常勤講師

錦田 愛子（第13章執筆）

慶應義塾大学法学部政治学科准教授，博士（文学）
主要業績に『移民／難民のシティズンシップ』（編著，有信堂高文社，2016年）など.

加藤 丈太郎（第14章執筆）

早稲田大学大学院アジア太平洋研究科博士後期課程，日本学術振興会特別研究員（DC2），修士（国際関係学）
主要業績に『多文化共生 人が変わる，社会を変える』（共著，にほんごの凡人社，2018年）など.
法政大学兼任講師，聖心女子大学・東京女子大学非常勤講師

編著者紹介

万城目 正雄

東海大学教養学部人間環境学科社会環境課程准教授
国際研修協力機構を経て，2016年より東海大学にて現職
専門は国際経済学，修士（開発学）．
主な著書に『移民・外国人と日本社会——人口学ライブラリー18——』（共著，原書房，2019年），"Human Capital, Agriculture, Trade and Globalization-Pathways to Achieving Economic Development in Asia"（共著，The Economic Association of Saga University, 2016年）など．

川村 千鶴子

大東文化大学名誉教授，多文化社会研究会理事長．
博士（学術）．大東文化大学環境創造学部教授（2013〜15年同学部長），日本島嶼学会理事，日本オーラル・ヒストリー学会理事，移民政策学会理事などを歴任．
主な著書に『創造する対話力——多文化共生社会の航海術』（単著，税務経理協会，2001年），『多文化都市・新宿の創造——ライフサイクルと生の保障』（単著，慶應義塾大学出版会，2015年），『多文化社会の社会教育』（共編，明石書店，2019年）など多数．

インタラクティブゼミナール
新しい多文化社会論
共に拓く共創・協働の時代

2020年2月28日　第1版第1刷発行

編　者　万城目正雄・川村千鶴子
発行者　浅野清彦
発行所　東海大学出版部
　　　　〒259-1292 神奈川県平塚市北金目4-1-1
　　　　TEL 0463-58-7811　FAX 0463-58-7833
　　　　URL http://www.press.tokai.ac.jp/
　　　　振替　00100-5-46614
印刷所　港北出版印刷株式会社
製本所　誠製本株式会社